U0919855

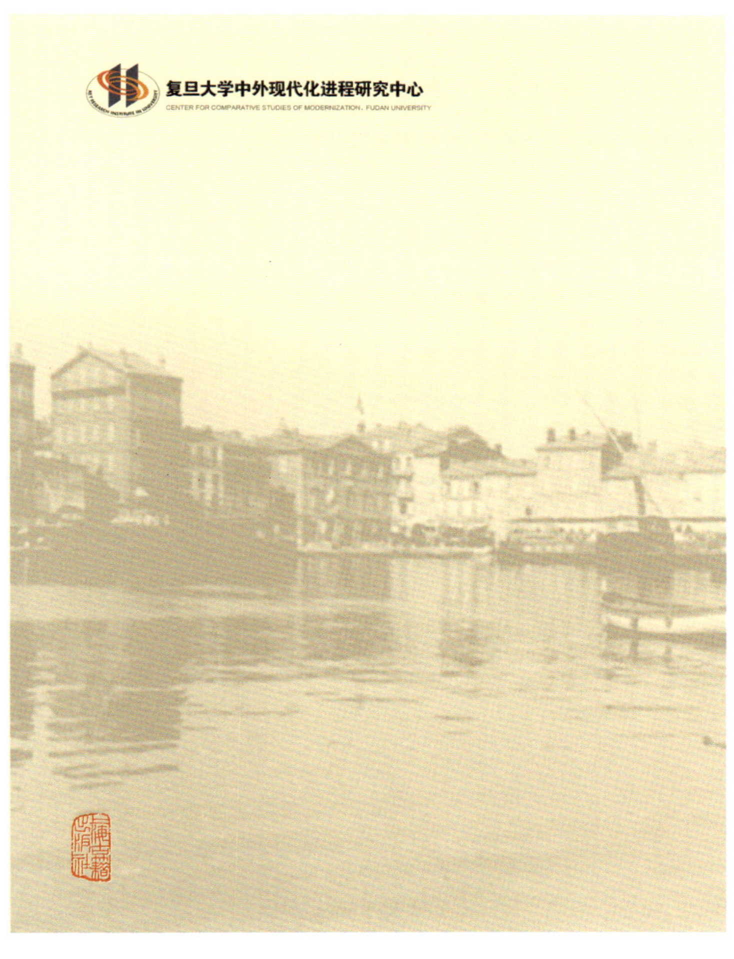

近代中外交涉史料丛刊

四國遊紀

凤凌 撰

赵中亚 整理

近代中外交涉史料丛刊

第一辑

复旦大学中外现代化进程研究中心　主编

本辑执行主编：张晓川

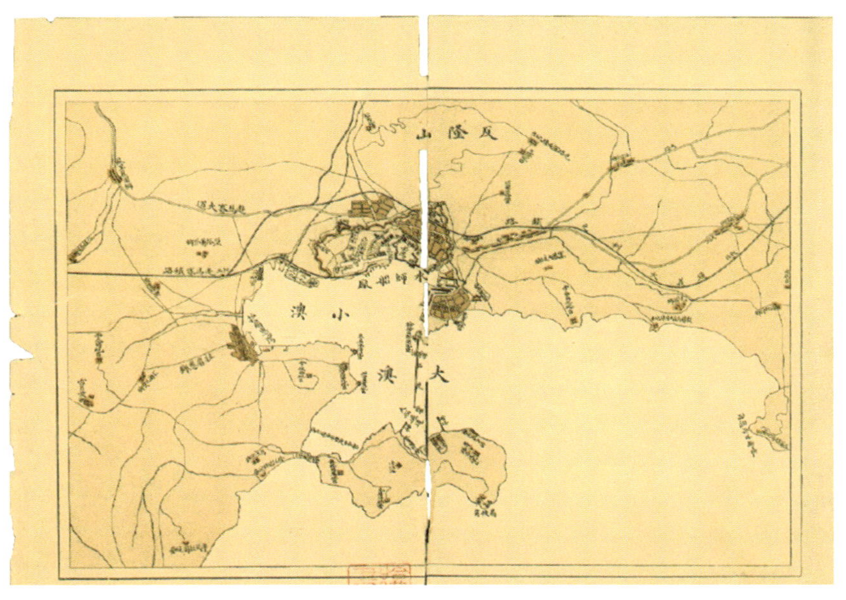

法国都隆海口[①]

① 图版图片均引自凤凌所著《四国游纪》红格本，现藏哈佛燕京图书馆，本图经馆方授权使用，特此致谢。

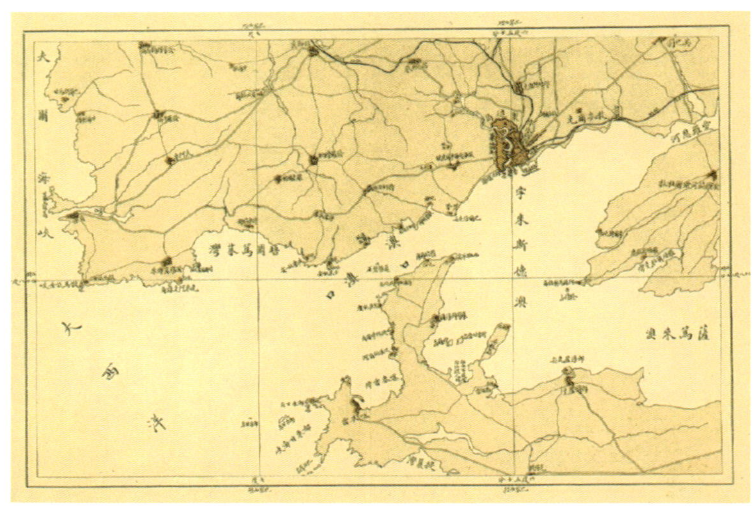

法国孛来（雷）斯（司）德（特）澳口

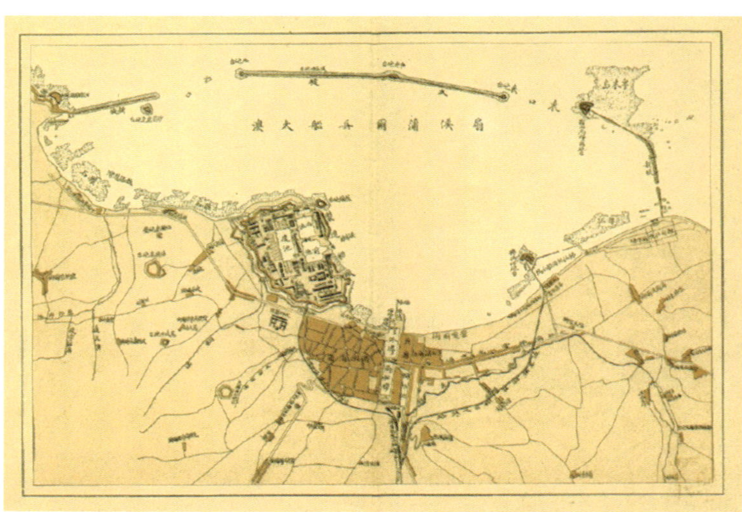

法国扇侯蒲尔兵船大澳

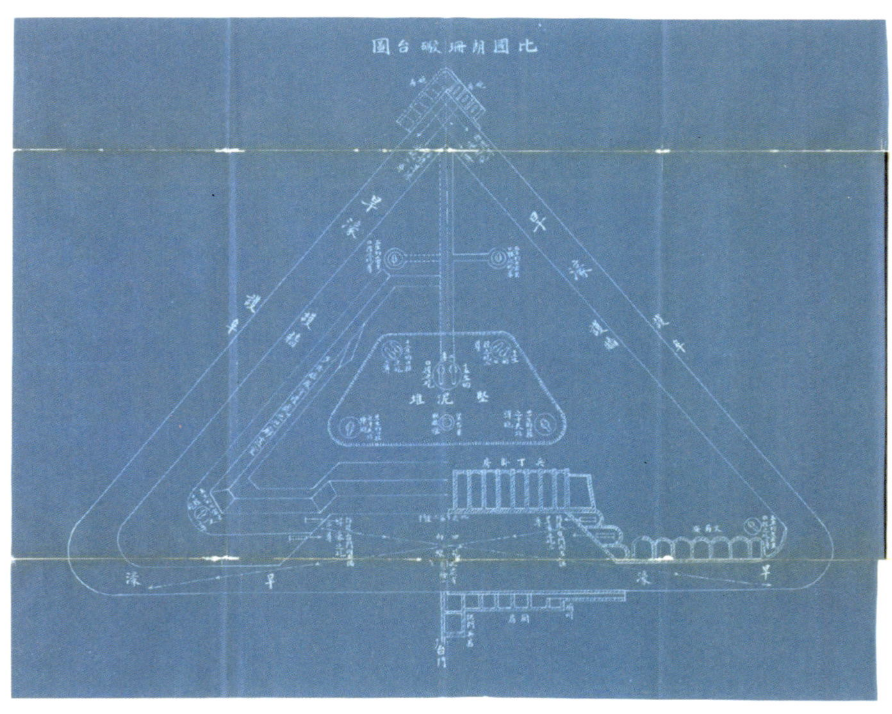

比国朗珊炮台图

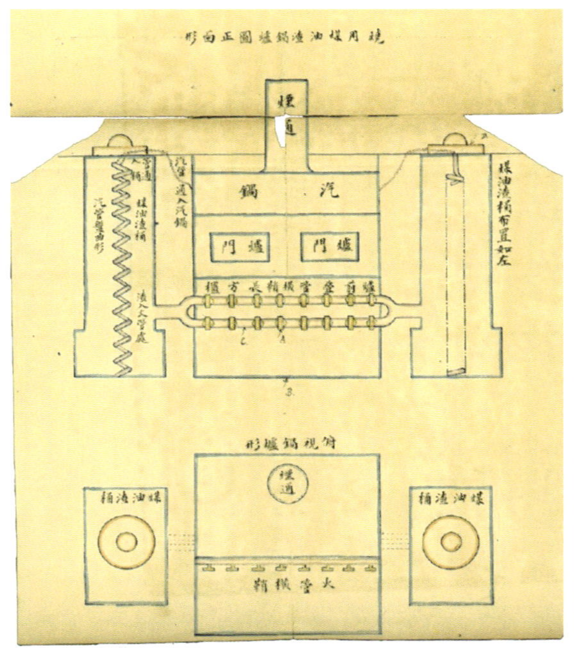

煤油渣锅炉正面图、俯视图

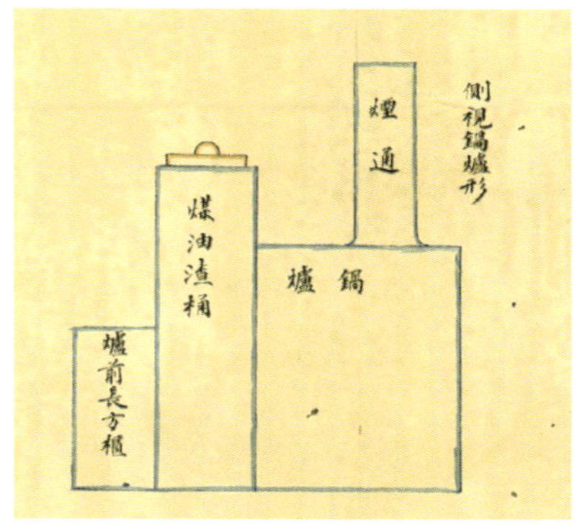

煤油渣锅炉侧面图

总　序

梁启超在20世纪初年撰《中国史叙论》，将乾隆末年至其所处之时划为近世史，以别于上世史和中世史。此文虽以“中国史叙论”为题，但当日国人对于“史”的理解本来就具有一定的“经世”意味，故不能单纯以现代学科分类下的史学涵盖之。况且，既然时代下延到该文写作当下，则对近世史的描述恐怕也兼具“史论”和“时论”双重意义。任公笔下的近世史，虽然前后不过百来年时间，但却因内外变动甚剧，而不得不专门区分为一个时代。在梁启超看来近世之中国成为了“世界之中国”，而不仅仅局限于中国、亚洲的范围，其原因乃在于这一时代是“中国民族连同全亚洲民族，与西方人交涉竞争之时代”。不过，就当日的情形而论，中国尚处于需要“保国”的困境之中，遑论与列强相争；而面对一盘散沙、逐渐沦胥的亚洲诸国，联合亦无从说起，所谓“连同”与“竞争”大抵只能算作“将来史”的一种愿景而已。由此不难看出，中国之进入近世，重中之重实为“交涉”二字。

“交涉”一词，古已有之，主要为两造之间产生关系之用语，用以表示牵涉、相关、联系等，继而渐有交往协商的意思。清代以前的文献记载中，鲜有以“交涉”表述两个群体之间的关系者。有清一代，形成多民族一统的大帝国，对境内不同族群、宗教和地域的治理模式更加多元。当不同治理模式下的族群产生纠纷乃至案件，或者有需要沟通处理之事宜时，公文中便会使用“交涉”字眼。比如“旗民交涉”乃是沟通满人与汉人，“蒙民交涉”或“蒙古民人交涉”乃是沟通蒙古八旗与汉人，甚至在不同省份或衙门之间协调办理相关事务时，也使用了这一词汇。乾隆中叶以降，“交涉”一词已经开始出现新的涵义，即国与国之间的协商。这样的旧瓶新酒，或许是清廷“理藩”思维的推衍与惯性使然，不过若抛开朝贡宗藩的理念，其实质与今日国际关系范畴中的外交谈判并无二致。当日与中国产生“交涉”的主要是陆上的邻国，包括此后被认为属于“西方”的沙俄，封贡而在治外的朝鲜与服叛不定的缅甸等国。从时间上来看，“交涉”涵义的外交化与《中国史叙论》中的“乾隆末年”基本相合——只是梁启超定“近世史”开端时，心中所念想必是马嘎尔尼使华事件，不过两者默契或可引人深思。

道光年间的鸦片战争，深深改变了中外格局，战后出现的通商口岸和条约体制，致使华洋杂处、中外相联之势不可逆转。故而道咸之际，与“外夷”及“夷人”的交涉开始增多。尤其在沿海的广东一地，因涉及入城问题等，“民夷交涉”蔚然成为一类事件，须由皇帝亲自过问，要求地方官根据勿失民心的原则办理。在《天津条约》规定不准使用“夷”字称呼外人之前一年，上谕中也已出现“中国与外国交涉事件”之谓，则近百年间，“交涉”之对象，由“外藩”而“外夷”，再到“外国”，其中变化自不难体悟。当然，时人的感触与后见之明毕竟不同，若说“道光洋艘征抚”带来的不过是“万年和约”心态，导致京城沦陷的“庚申之变”则带来更大的震慑与变化。列强获得直接在北京驻使的权力，负责与之对接的总理衙门成立，中外国家外交与地方洋务交涉进入常态化阶段。这是当日朝廷和官员施政新增的重要内容。因为不仅数量上“中外交涉事件甚多”,“各国交涉事件甚繁”,而且一旦处置不当,将造成“枝节丛生,不可收拾”的局面,所以不得不“倍加慎重”,且因“办理中外交涉事件,关系重大”,不能“稍有漏泄”,消息传递须“格外严密”。如此种种,可见从同治年间开始,“中外交涉”之称逐渐流行且常见,“中外交涉”之事亦成为清廷为政之一大重心。

在传统中国,政、学之间联系紧密,既新增“交涉”之政,则必有“交涉”之学兴。早在同治元年,冯桂芬即在为李鸿章草拟的疏奏中称,上海、广州两口岸“中外交涉事件”尤其繁多,故而可仿同文馆之例建立学堂,往后再遇交涉则可得此人才之力,于是便有广方言馆的建立。自办学堂之外,还需出国留学,马建忠在光绪初年前往法国学习,所学者却非船炮制造,而是“政治交涉之学”。他曾专门写信回国,概述其学业,即“交涉之道”,以便转寄总理衙门备考。其书信所述主要内容,以今天的学科划分来看大概属于简明的国际关系史,则不能不旁涉世界历史、各国政治以及万国公法。故而西来的“交涉之学”一入中文世界,则与史学、政教及公法学牵连缠绕,不可区分。同时,马建忠表示“办交涉者”已经不是往昔与一二重臣打交道即可,而必须洞察政治气候、国民喜好、流行风尚以及矿产地利、发明创造与工商业状况,如此则交涉一道似无所不包,涵纳了当日语境下西学西情几乎所有内容。

甲午一战后,朝野由挫败带来的反思,汇成一场轰轰烈烈的变法运动,西学西政潮水般涌入读书人的视野。其中所包含的交涉之学也从总署星使、疆臣关道处的职责攸关,下移为普通士子们学习议论的内容。马关条约次年,署理两江的张之洞即提出在南京设立储才学堂,学堂专业分为交涉、农政、工艺、商务四大类,其中交涉类下又有律例、赋税、舆图、翻书(译书)之课程。在张之洞的设计之中,交涉之学专为一大类,其所涵之广远远超过单纯的外交领域。戊戌年,甚至有人提议,在各省通商口岸无论城乡各处,应一律建立专门的“交涉学堂”。入学后,学生所习之书为公法、约章和各国法律,接受交涉学的基础教育,学成后再进入省会学堂进修,以期能在相关领域有所展布。

甲午、戊戌之间,内地省份湖南成为维新变法运动的一个中心,实因官员与士绅的协力。盐法道黄遵宪曾经两次随使出洋,他主持制定了《改定课吏馆章程》,为这一负责教育候补官员和监督实缺署理官员自学的机构,设置了六门课程:学校、农工、工程、刑名、缉捕、交涉。交涉一类包括通商、游历、传教一切保护之法。虽然黄遵宪自己表示“明交涉”的主要用意在防止引发地方外交争端,避免巨额赔款,但从课程的设置上来看包含了商务等端,实际上也说明即便是内陆,交涉也被认为是地方急务。新设立的时务学堂由梁启超等人制定章程,课程中有公法一门,此处显然有立《春秋》为万世公法之意。公法门下包括交涉一类,所列书目不仅有《各国交涉公法论》,还有《左氏春秋》等,欲将中西交涉学、术汇通的意图甚为明显。与康梁的经学理念略有不同,唐才常认为没必要因尊《公羊》而以《左传》为刘歆伪作,可将两书分别视为交涉门类中的“公法家言”和“条例约章”,形同纲目。他专门撰写了《交涉甄微》一文,一则“以公法通《春秋》”,此与康梁的汇通努力一致;另外则是大力鼓吹交涉为当今必须深谙之道,否则国、民利权将丧失殆尽。在唐才常等人创办的《湘学报》上,共分六个栏目,“交涉之学”即其一,乃为“述陈一切律例、公法、条约、章程,与夫使臣应付之道若何,间附译学,以明交涉之要”。

中国传统学问依托于书籍,近代以来西学的传入亦延续了这一方式,西学书目往往又是新学门径之书。在以新学或东西学为名的书目中,都有“交涉”的一席之地。比如《增版东西学书录》和《译书经眼录》,都设“交涉”门类。两书相似之处在于将“交涉”分为了广义和狭义两个概念,广义者为此一门类总名,其下皆以“首公法、次交涉、次案牍”的顺序展开,由总体而个例,首先是国际法相关内容,其次即狭义交涉,则为两国交往的一些规则惯例,再次是一些具体个案。

除“中外交涉”事宜和“交涉之学”外,还有一个表述值得注意,即关于时间的“中外交涉以来”。这一表述从字面意思上看相对较为模糊,究竟是哪个时间点以来,无人有非常明确的定义。曾国藩曾在处理天津教案时上奏称“中外交涉以来二十余年”,这是以道光末年计。中法战争时,龙湛霖也提及“中外交涉以来二十余年”,又大概是指自总理衙门成立始。薛福成曾以叶名琛被掳为“中外交涉以来一大案”,时间上便早于第二次鸦片战争。世纪之交的1899年,《申报》上曾有文章开篇即言“中外交涉以来五十余年”,则又与曾国藩所述比较接近。以上还是有一定年份指示的,其他但言“中外交涉以来”者更不计其数。不过尽管字面上比较模糊,但这恰恰可能说明“中外交涉以来”作为一个巨变或者引出议论的时间点,大约是时人共同的认识。即道咸年间,两次鸦片战争及其后的条约框架,使得中国进入了一个不得不面对“中外交涉”的时代。

“交涉”既然作为一个时代的特征,且历史上“中外交涉”事务和“交涉”学又如上所述涵纳甚广,则可以想见其留下的相关资料亦并不在少数。对相关资料进行编撰和整理的工作,其实自同治年间即以“筹办夷务”的名义开始。当然《筹办夷务始末》的主要编撰意图在于整理陈案,对下一步外交活动有所借鉴。进入民国后，王彦威父子所编的《清季外交史料》则以“史料”为题名，不再完全立足于“经世”。此外，出使游记、外交案牍等内容，虽未必独立名目，也在各种丛书类书中出现。近数十年来，以《清代外务部中外关系档案史料丛编》、《民国时期外交史料汇编》、《走向世界丛书》（正续编）以及台湾近史所编《教务教案档》、《四国新档》等大量相关主题影印或整理的丛书面世，极大丰富了人们对近代中外交涉历史的了解。不过，需要认识到的是，限于体裁、内容等因，往往有遗珠之憾，很多重要的稿钞、刻印本，仍深藏于各地档案馆、图书馆乃至民间，且有不少大部头影印丛书又让人无处寻觅或望而生畏，继续推进近代中外交涉相关资料的整理、研究工作实在是有必要的，这也是《近代中外交涉史料丛刊》的意义所在。

这套《丛刊》的动议，是在六七年前，由我们一些相关领域的年轻学者发起的，经过对资料的爬梳，拟定了一份大体计划和目录。复旦大学中外现代化进程研究中心的章清教授非常支持和鼓励此事，并决定由中心牵头、出资，来完成这一计划。以此为契机，2016年在复旦大学召开了“近代中国的旅行写作、空间生产与知识转型”学术研讨会，2017年在四川师范大学举办了“绝域輶轩：近代中外交涉与交流”学术研讨会，进一步讨论了相关问题。上海古籍出版社将《丛刊》纳入出版计划，吕瑞锋先生和乔颖丛女士等为此做了大量的工作。由于发起参与的整理者大多是研究者，所以大家都认为应该本着整理一本，深入研究一本的态度，这一态度也可以在每一种资料的研究性前言中得以体现。《丛刊》计划以十种左右为一辑，陆续推出，我们相信这将是一个长期而有意义的历程。

张晓川

整理凡例

一、本《丛刊》将稿、钞、刻、印各本整理为简体横排印本，以方便阅读。

二、将繁体字改为规范汉字，除人名或其他需要保留之专有名词外，异体、避讳等字径改为通行字。

三、原则上保持文字原貌，尽量不作更改，对明显讹误加以修改，以〔　〕表示增字，以（　）表示改字，以□表示阙字及不能辨认之字。

四、本《丛刊》整理按照国家标准标点符号用法，进行标点。

五、本《丛刊》收书类型丰富，种类差异较大，如有特殊情况，由该书整理者在前言中加以说明。

目　录

卷之九

卷之十

卷之十一

前　言

1894年甲午战争爆发前夕，海军衙门选派了两名章京随新任大清驻英、法、义、比四国公使龚照瑗到欧洲考察，其中一人即凤凌。后凤凌将其在欧洲考察的经历整理出来，提交给总理衙门，即《四国游纪》；同期，凤凌还完成了一部经过“精选”的日记体著作——《游馀仅志》。虽然时人盛赞凤凌“骎骎与李氏（李凤苞）、徐氏（徐建寅）、薛氏（薛福成）、马氏（马建忠）相颉颃，即置之郭侍郎（郭嵩焘）、曾惠敏诸公间，而亦无愧色”，[①]但其个人以及著作长期以来甚少为人所关注。

迄今为止，涉及凤凌的研究大致可分为两类：

首先是作为史料来源，用于研究1896年孙中山的伦敦遭遇史实。相关研究最早者为罗家伦的《中山先生伦敦蒙难史料考订》，[②]多次提到凤凌的《游馀仅志》以及吴宗濂的《随轺笔记四种》。美国学者史扶邻的《孙中山与中国革命的起源》中有一章专门讨论孙中山在伦敦蒙难的情况，提及凤凌日记，然引用者则为前

① 周文治：《游馀仅志序》，凤凌著，杨向群校点：《游馀仅志》，长沙：岳麓书社，2016年，第6页。
② 罗家伦：《中山先生伦敦蒙难史料考订》，南京：京华印书馆，1935年。

述罗家伦的著作;[1]英国学者福特将凤凌日记里1895—1896年间关于清朝驻英使馆的记述部分译成英文,[2]华人学者黄宇和也利用到凤凌的《游馀仅志》。[3]

其次是将凤凌的著述视为蒙古族文学的一部分。最初只是对凤凌著作进行简单的介绍与评述,如云峰称其“为蒙汉文学以至中西文化交流做出了贡献”;[4]荣苏赫、赵永铣则赞凤凌为“蒙古族作家汉文创作中描写西方社会的开先河者,也是中国近代史上睁开眼睛看世界的先驱者之一”。[5] 再后始有学者较为深入地讨论到凤凌著作的内容及特色,如敖丽晶将《游馀仅志》与薛福成的《出使英法义比四国日记》进行比较分析,讨论《游馀仅志》对同类文献的补充作用,及其在蒙古族文学史上所占有的地位;[6]杨向群在整理《游馀仅志》的过程中,对凤凌个人生平以及《游馀仅志》的内容也进行了较为深入的研究;[7]杨晓敏对凤凌的《四国游纪》(1902年石印本)中所描述的异国形象进行了研究,并指出该著作为中国人提供了非常珍贵而有价值的参考资料,在中外文学、文化交流史

---

① Harold Z. Schiffrin, *Sun Yat-Sen and the Origins of the Chinese Revolution*, Berkeley, Los angeles and London: University of California Press, 1970;中译本为(美)史扶邻著,丘权政、符致兴译:《孙中山与中国革命的起源》,北京:中国社会科学出版社,1981年。

② Joseph Francis Ford,“An Account of England 1895 - 1896, by Fung-ling, Naval Attache at the Imperial Chinese Legation in London”, *China Society Occasional Papers*, No.22, London, 1983.

③ 黄宇和:《孙逸仙伦敦蒙难真相》,上海书店出版社,2004年。

④ 云峰:《蒙汉文学关系史》第3卷,乌鲁木齐:新疆人民出版社,1997年,第311页。

⑤ 荣苏赫、赵永铣等:《蒙古族文学史》第3卷,呼和浩特:内蒙古人民出版社,2000年,第601页。

⑥ 敖丽晶:《简论〈游馀仅志〉的文献学价值》,内蒙古师范大学2009年硕士学位论文。

⑦ 凤凌著,杨向群校点:《游馀仅志》,长沙:岳麓书社,2016年。

上具有重要意义。[①]

总之,迄今为止,较为深入的研究仍不多见,凤凌的生平仍有待挖掘,其在欧洲的考察报告——《四国游纪》得到的关注尤少。本文将从凤凌的生平入手,进而着力探讨其所著的《四国游纪》的生成过程及所具有的价值。

一、凤凌生平之补记

出生年份。《清代官员履历档案全编》里录有凤凌的生平信息:1875 年由贡监生捐兵部笔帖式。两次出洋:一次是 1893 年,经海军衙门考取游历章京,第二年随同出使大臣龚照瑗游历英国、法国、意大利和比利时四国,至 1897 年游历三年差满。另一次是 1899 年,经出使法国大臣裕庚奏调出洋,充三等参赞官;1900 年报捐花翎同知,分省试用,1902 年驻法三年差满。经出使大臣裕庚保奏免补本班,以道员仍分省补用,加二品衔。1903 年经吏部签湖北,成为候补道员,时年 48 岁。[②] 在 1905 年湖北藩署所刊印的《湖北简明官册》中,凤凌"时年五十岁"。[③] 可知凤凌的生年应为 1855 年,其后人所述生于 1850 年的说法[④]应为误记。

出洋次数与去世时间。前述《清代官员履历档案全编》中所记凤凌出洋履职时间分别为 1894—1897 年、1899—1902 年。1903

---

① 杨晓敏:《凤凌〈四国游记〉中的西方形象》,《内蒙古师范大学学报》2013 年第 5 期。

② 秦国经:《清代官员履历档案全编》第 7 册,上海:华东师范大学出版社,1997 年,第 249—250 页。

③ 《湖北简明官册·(补用)道员》,湖北藩署 1905 年排印本。

④ 柏功敫:《晚清民国外交遗事》,北京:同心出版社,2007 年,第 56 页。

年起，凤凌即在湖北为官，1905 年时仍在任。而在凤凌后人的记录里，1900—1906 年间，凤凌身在欧洲，并有许多外交活动，1907 年去世，[①]却没有相关史料可以佐证。

返国后凤凌是否得到过重用。凤凌 1902 年第二次出洋期满，1903 年 6 月 8 日（农历五月十三）抵达湖北省。1904 年，作为候补道的凤凌得到张之洞如下考评："**年力精强，才具明稳，堪以繁缺留省补用。**"[②]然而，直到 1905 年，凤凌仅为补用道，其身前还有五人有更优先候补的资格。[③] 事实上，自 1875 年起至 1907 年三十余年间，凤凌两次报捐，两次出洋，但似乎并未得到重用。

综上，受限于相关文献极为缺乏，我们对凤凌的生平了解也很有限。不过，据前述相关学术史的梳理不难看出，学界对凤凌的注意，更多来自其首次出洋时撰写的《游馀仅志》、《四国游纪》。《游馀仅志》是凤凌日记的节选本，涉及赴欧洲途中、使馆日常，以及对各国军事、工业考察等方面，记录简略，且篇幅有限；《四国游纪》则是在总理衙门所交托的使命下完成的考察报告，很少涉及其日常生活、交际应酬，主要记录的是对法、英、比、意四国军事设施、军工、民用产业的考察。尤其值得注意的是，《四国游纪》不仅有出版发行，还有钞本存世，作为肩负特殊使命的文本，值得深入研究。

二、《四国游纪》文本生产之研究

《四国游纪》的作者问题。在相关研究中，《四国游纪》多被标

---

① 柏功勋：《晚清民国外交遗事》，北京：同心出版社，2007 年，第 47—53 页。

② 《各该员试看期满甄别留省补用片》（光绪三十年七月），赵德馨主编：《张之洞全集》第 4 册，武汉出版社，2008 年，第 196 页。

③ 《湖北简明官册・（补用）道员》，湖北藩署，1905 年排印本。

记为凤凌个人的作品。事实上,在哈佛大学所藏《四国游纪》红格稿本序言里,交代了这部游纪体著述的由来,肩负大清海军衙门特殊使命的凤凌,在对欧洲四国的军事设施、军工、民用产业进行考察之后完成报告,并最终提交给总理衙门,“各该国照准应游之各海口、兵房、炮台、船澳及各军火制造厂埠、水陆武备学堂,均经先后往游,次第考察。当其时则默记铅题,回署后则逐事考求,详加绎述,于各要隘形胜、水陆军情、船炮制造,随所见闻,据实纂记……恭呈钧鉴”,[①]而序言的最后署名是“海军游历章京凤凌”。

那么,《四国游纪》是凤凌独立完成的么?台湾学者苏精认为《四国游纪》是由吴宗濂代作,却未给出任何证据。[②]

吴宗濂(1856—1933),字挹清,江苏嘉定人,早年于上海广方言馆、京师同文馆学习法文,后任大清驻欧洲各国使馆法文翻译。在凤凌考察法国、比利时、意大利期间,吴氏全程陪同,并担任翻译的工作。1897年,吴氏将其考察经历整理出版,在杭州经世报馆出版了《随轺纪游初集》、《续集》,前者主要记述凤凌、吴宗濂考察法国的过程,后者则是两人在比利时、意大利时的考察经历。1902年,《随轺纪游初集》及《续集》被全部纳入上海著易堂出版的《随轺笔记四种》的第四卷“纪游”部分。

在1897年出版的《随轺纪游续集》正文首页标记有“嘉定吴宗濂挹清译纂,蒙古凤凌瑞臣编辑”的字样。类似的情况也出现在1902年出版的《四国游纪》石印本(出版机构不详)中,石印本的序言与哈佛燕京藏红格本无异,仅于文末署有“候选道二等翻译官吴

---

① 《四国游纪序》,《四国游纪》哈佛燕京图书馆藏红格本。
② 苏精:《清季同文馆及其师生》,台北:上海印刷厂,1985年,第206页。

宗濂谨译，海军游历章京凤凌谨著”字样。[①]

然而，在上海著易堂刊印的《随轺笔记四种》第四卷《记游·例言》中，吴氏明言其所作记录，“皆为海军衙门派往英法、义比之游历官代作，以呈译署”。[②]

那么，《四国游纪》是吴宗濂代笔而成的么？非也。因为吴宗濂作为翻译，陪同凤凌考察的是法国、比利时、意大利三国，并未参与英国的考察（当时的翻译是曾广铨以及邓廷铿），而英国部分在《四国游纪》中有六卷的篇幅。那么，凤凌与吴宗濂等人在《四国游纪》成书过程中，究竟扮演了何种角色？

鉴于只有吴宗濂留下考察记录，即与《四国游纪》内容极为相近的《随轺笔记四种》，而在英国陪同考察的曾广铨、邓廷铿则没有，这里将通过对哈佛燕京图书馆所藏《四国游纪》红格本以及《随轺笔记四种》进行对比分析，进而揭示凤凌与吴宗濂等人在《四国游纪》文本的生成过程中的角色分工问题。这里之所以采用红格本而非1902年的石印本，主要基于1897年提交给总理衙门的红格本是目前所见《四国游纪》最原初形态，而在石印本中，序言里署名已发生变化，而正文也非之前的12卷13册，而是按24个主题分装为4册。

先来以1894年6月24日凤凌、吴宗濂抵达都隆开始考察的记载为例。

《四国游纪》红格本卷一中最初考察法国都隆军港的部分：

---

① 《四国游纪序》，《四国游纪》1902年石印本。

② 吴宗濂著，许尚、穆易点校：《随轺笔记》，长沙：岳麓书社，2016年，第424页。

二十四日抵都隆，都隆在赤道北四十三度二十八秒，巴黎东三度三十五分三十七秒。天气熙和，无大寒燠。量以法国百度之寒暑表，通趾不过在十四度左右，英国一百三十度表，则在七十度光景耳。后即赴格朗客寓，格朗者，译言大也。部署稍定，即致函于水师府尹，述明游历缘由，并请订期会晤。旋接回信，订于翌晨十点钟接见。府尹姓维业，由水师学堂出身，历在戎行效力，卓著才猷，叠邀迁擢：一千八百九十年升授水师总兵，旋由海部派驻都隆，总管水师兵船制造工程、沿海炮台及船坞事宜。是官法文称泼来飞迈利低姆，上三字译言府尹，下四字译谓近海者，欲求语义泽成，姑称水师府尹。食俸每年二万零八方四十二生，公费一万五千零四十八方，出门稽查费三千八百八十方二十生，出海巡阅费二万一千六百方，总计岁获法银六万零五百三十六方六十二生。

《随轺笔记》卷四相关部分：

二十四日抵都隆后，即赴格朗客寓，格朗译言大也。因首层房价太昂，故住第二层楼。部署稍定，即作洋函一件，述明游历缘由，并请定期拜会，送呈水师府尹尹维业总戎。旋得回音，订于翌晨十点钟三十分接见。按：军门现年六十三岁，由水师学堂出身，历在戎行效力，卓著才猷，叠遭迁擢：光绪十六年一千八百九十年。升授水师副提督，旋由海部大臣派驻都隆，总管水师船只制造工程，沿海台垒及船坞各事宜。是官法文称为泼来飞迈利低姆，上三字译言府尹，下四字译谓近海者，欲求语义浑成，姑称水师府尹。食俸每年二万零八方四十二生，公费一万五千零四十八方，出门稽查费三千八百八十方二十生，出海巡阅费二万一千六百方，总计岁获得六万零五百三十六方六十二生。方即佛郎克,中国驻法使署报销册沿用方字,兹故仿照,以兹简便。

由上可知,在描述同一事物时,《四国游纪》红格本与《随轺笔记》所关注的内容相近,甚至在行文方式及用语上也非常接近,如《随轺笔记》这句,“是官法文称泼来飞迈利低姆,上三字译言府尹,下四字译谓近海者,欲求语义浑成,姑称水师府尹”,在《四国游纪》中几乎照搬,仅是“浑成”一词写为“泽成”,应为笔误。这类记录中的错误较为常见,如《四国游纪》7月2日参观反隆炮台的文字,“约行二点半钟时始抵山巅,高于海面五百三十四迈当,厂名反隆”,其中的“厂”字也是误写,《随轺笔记》中写为“厥”字;同一段“大门之右有水柜、水管,柜在山穴,容水六万立方启罗,水存由积雨所汇归,而溜以沙屑,其洁可知”,这里“溜”字亦为误写,而应是《随轺笔记》里所用之“滤”字。此外,凤凌在所记录舰船尺寸时,常漏掉舰宽以及排水深度,应该是吴宗濂翻译介绍得太快所致。

但《四国游纪》内的文辞,有时较《随轺笔记》稍雅驯,或与吴宗濂早年即在上海广方言馆学习法语,其传统文化修养可能较凤凌要弱一些有关。如在表达法国前总统去世这件事时,凤凌用的是“服制”,而吴宗濂则用的是“丧期”。而在描述病人的着装时,《四国游纪》中记作,“病人所穿之衣服,皆由院供给,宽舒洁净,更换有期”,《随轺笔记》中记为“盖病人所穿之内外衣服,皆由院供给,宽舒绵洁,体适可知已”。

《四国游纪》与《随轺笔记》差别最为明显之处是与当地官员的交接应酬部分。在《四国游纪》中,这部分往往或略而不记,或出现误记。如在1896年10月16日—29日,凤凌、吴宗濂在比利时考察,曾与比利时外交部、法务部、内政部有过多次接触，《四国游纪》里记录失准处甚多。《四国游纪》将向比利时外交部递交国书的日子系在10月16日，而实际上，根据《随轺笔记》，却是发生于10月17日。就在这一天，比国外务部举行的欢迎凤凌、吴宗濂的宴会上，比国法务部、内政部大臣也都在座。比国外务大臣问到凤凌的任职情况，据《随轺笔记》，凤凌的回答是“**从未厕足兵船，惟在海军衙门为主稿，盖中国海军衙门所司之事，无非稽核、报销、准驳、升转而已，故皆以文员充之**”，《四国游纪》中对此未着一墨。而在宴会聚谈里，比国外务副大臣与吴宗濂聊过很多内容，如陈季同、罗丰禄等人的情况，乃至中国驻四国公使龚照瑗的健康状况；宴会结束后，外务部大臣夫人还向吴宗濂询问中国的婚礼、女子缠足等习俗，并谈到欧洲女性束腰的情况。18日，在接受比国王储接见时，凤凌被问到是否会用法文或英文，在得到否定的答案后，谈话就再次仅发生在王储和吴宗濂之间，两人甚至回顾了之前在俄国的相遇情形。因为凤凌无法参与其中，以至于对18日这次会面中王储所说的一些话，被他误记在外务大臣名下。① 凤凌对涉外交际应酬的省略与误记，与《四国游纪》鲜明的考察报告属性或有关系，与其在与外方接触过程中时常略显尴尬的境遇可能也存在一定的关系。

综上，可以推知《四国游纪》的形成过程。身为翻译人员的吴宗濂等人是与各国官员的直接接触者，也是考察信息的直接获得者；而凤凌除现场个人观察体验外，更多要依赖吴宗濂等人的翻译与介绍。通过吴宗濂等人在考察过程中的口译，凤凌记录下来形成文本底稿。惟有如此，才能解释《四国游纪》与《随轺笔记》相关

---

① 《四国游纪》红格本卷十一；另见吴宗濂著，许尚、穆易校点：《随轺笔记》，长沙：岳麓书社，2016年，第532—534页。

部分文字表述极为相近的情况。而正因吴宗濂在四国考察中确实扮演了极为重要的角色，于是《随轺纪游续集》1897 年经世报馆铅印本以及《四国游纪》1902 年石印本中才会署有“吴宗濂译述”的字样。这种文本形成的过程，与利玛窦、徐光启所开启之口译、笔述相结合的文本生产方式极为相似，却因当场翻译、当场记录，且合作双方皆为中国人，于是可能少了口译、笔述者互相切磋、打磨、润色等环节。然而，即便无法与西人进行直接交流，凤凌对西方近代军工技术的思考与认知在《四国游纪》中仍多有体现。

三、《四国游纪》里的一些特殊印记

在晚清出使日记及游历著作中，涉及异国风俗、新鲜器物、科学技术乃至社会制度诸方面者极为多见。《四国游记》则不同，对社会风俗、政治制度关注比较少，而是以考察西方各国的军事设施、军工、民用企业为直接目的，关注各类产业中的技术进步、现代化程度，也注意到工厂中的男女分工、厂矿内部对职工的教育培训等方面。以往研究已有述及，此处不赘。本文仅就《四国游纪》里的一些特殊印记做些简单探讨：

（一）在考察过程中，凤凌等人仍习惯从中国传统中寻找资源，对西方各国所取得的进步进行合理化解读。

《四国游纪》卷七，在英国格林乌巴特里造机器厂时，凤凌引用了中国经典《大学》里的说法，“《大学》首言格物。格物者，在即物穷理而明其体用者也。乃大道常昭，虽及之海角天涯，终莫由出乎圣人之始教。纵云机心机事，罔弗宜民宜人。以观英吉利制造之盛，凡器物、用物，无在非用其机心以求臻乎其极，利益弥广，斯制造弥精，由是工商得专其利焉。”

《四国游纪》卷十，在观摩英国军队操练时，凤凌指出英国当时的情况与中国古代兵书《司马法》内的观点相符，“国虽大，好战必亡；天下虽平，忘战必危。”凤凌等还从中国士人做诗文的习惯推究西方军械愈来愈精的原因，“翻新出奇，因时制宜，皆赖此为进身干禄之阶，”进而建议中国“但采西国适用之军械一二端，建厂仿造，重大之件兼用机器，仍须多用人工，一俟久而得法，艺精技熟，果有人于一枪一炮之中能变新法，或出奇式者，试之果利，而后予以武官，懋以厚赏，俾人人思奋，自无不竭虑耽精一其心于制造之中，安知中国制造不能蒸蒸日上哉?”显然，在鼓励创新的问题上，凤凌的思考仍较为粗浅。

在考察过程中，凤凌也力图纠正直到 19 世纪后期国人中仍存在的关于西方的一些错误认知。如在《四国游纪》卷九中，凤凌在参观英人会操之后，即感慨“曩闻西人直胫，诚不可信矣”，不过他仍认为英军的操练，“技虽精熟，而举动未免太笨，未若中国单刀花枪之灵巧可观也。”

（二）作为海军衙门的文职人员，凤凌缺乏军事技术相关的知识储备，也缺乏实践经验，但他的考察并非应付了事，而是敢于尝试新事物，并积极向接待方请教。

如《四国游纪》卷十中，在参观英国马克辛炮厂时，凤凌拿起新式的马克辛炮（全自动机关枪）进行射击，亲身体验该枪强大的威力，“当即坐于铁柱皮鞍之上，以一手搬动移炮之柄，而炮随手转，再用大指按炮之簧，如弹丸脱手，复按不动，弹尽烘出，势若飞煌，须臾连发二百五十余弹，更无烟气，亦无火药气味”。完成操作过后，凤凌对马克辛机关枪的炮架产生了兴趣，他认为以中式小推车代替马拉的炮车，携带起来会更为便捷，“马克辛一炮，实属快利，若仿式精制，一炮足以敌百枪。惟炮车须用马驾，炮架必待人移，使若改用中国二把手小车式，换用双轮，俾得稳重，中置炮，旁置弹匣，只须一人推挽，停车立能开放，且车行亦不费周折，当视炮车炮架尤为便捷。”

再如卷十一，在比利时爱斯达尔军枪厂凤凌注意到该厂所生产的枪柄较轻，于是“诘其木质”，得到答案是葡萄木。又如卷十二中，在意大利拿波利官船坞，凤凌发现铁甲船上的鱼类筒座乃新式，而“诘其妙”，得到答复“此式炮座可以对准来船一直竟去，其力则甚猛而有准，不似旧式雷座出筒时势极高，然后沉于水面始能直前，力既缓而无准。至汽机锅炉，式虽稍异，而规矩法门实出一辙，但云新奇灵妙处全在一能增速率耳。”

（三）《四国游纪》还收入有不少中西文化交流以及中外军工贸易相关的文献。

《四国游纪》卷一内，在法国拉扇恩商船厂凤凌记下船主所说的一段话，涉及该厂与福州船政局的人员及物料往来，“伊厂与中国素有交谊，福建船政局总监工魏太守翰曾在本厂习艺。又曾代制船料一副，运往闽厂云云”。而在《四国游纪》卷十一中，在比利时廓格立钢铁厂凤凌也详细记录了该厂与中国之间所发生的事情，如1891年该厂接受湖广总督张之洞派出的二十名学生在厂内学习，并受张之洞聘请筹划湖北铁政局；该厂在张之洞转任两江总督后，仍为其谋划过镇江到南京的铁路，后因刘坤一回任而取消，以致于蒙受了一定损失。

（四）从《四国游纪》中，还可了解当时各国对凤凌等考察者的热情，以及不切实际的期望。

在《四国游纪》卷十一中，时为1896年，凤凌等人在比利时考察时，得到的比方招待规格非常之高，比国外务大臣、法务大臣、内务大臣以及王储都有接见。比利时官方希望推动中比间的商贸活动，并欢迎中国人到比利时设立丝、茶厂以及银行，“公等至此，余等深幸。所有官商厂埠，请随意游观。且本国制造虽不及英、德之盛，而工精料实，尚堪自信。凡一切军火，傥蒙惠顾，比厂自当工料加细，价值从廉，及织造各机器无不备美。本国安法尔司海口商务日隆，贸易之华人往来甚夥，今虽拟添派领事，而大利仍未获于中国。傥能于此埠开建丝、茶商厂，但有交涉，华、比各商觌面商办，不假手于英人，庶免从中夺我利权，则大利自归于中国。公等回华，当以此意禀明政府为幸。”

在《四国游纪》卷十二中，在意大利考察时，凤凌等人食宿参观所有费用都是意方承担，“凌等自到罗马，自游厂日起，凡游各厂车店等费皆海部预备，辞让则至意不肯。”而在考察较为新式的烧煤渣船时，意国官员也有明显的示好举动，“义国政府愿与中国格外联交，故肯开诚相示，然尚详谆谆嘱托慎勿泄于其邻邦也。据称：中国如欲采用，彼国固肯派员到华教导，即中国派员赴义学习亦无不可，事属简易，数月当可学成。但愿中国政府知我义国制造不逊于他邦，堪与英、德相颉颃，但求倘有应需制造，照顾义国商厂，义国非徒获利，实足显制造之精，而交谊自当弥笃矣。”在意大利恩盎萨度船厂，厂主“特令熔成熟钢三桶，浇铜板一方，长约二丈，宽其及半，中作阳纹龙式一条，夭矫玲珑，酷肖中国旗记，两旁作义大利旗式者二，盖藉此所以示敬于中国也。”各国对凤凌等人的接待都非常热情周到，比利时皇储、外交部长、法务部长出席招待宴会，意大利承担参观食宿的费用等等，无非希望得到与中国进行通商贸易的机会，扩大对华贸易，相关技术的出口，显然他们过高估计凤凌等考察者对清廷的影响力。

综上可知,《四国游纪》是考察晚清域外游历文本生成过程的极佳文本,而且其中也包含极为丰富、重要的史料,不仅介绍到西方各国的军事设施、军工企业、军工技术以及各种制度,也还保存了一些其他文献未载的中外技术交流、贸易的记录,值得研究者对其进行更为深入系统的研究。

最后需要说明的是,本书的整理工作是以哈佛大学燕京图书馆所藏之红格稿(钞)本为底本。该书共分为十三卷,十三册,分装为四函,单面每页 9 列,每列为 22 字。其中四卷涉及法国的考察情况,六卷讲英国,一卷比利时,一卷意大利,最后一卷为法国官制。该书稿中有“燕京大学图书馆”“哈佛燕京图书馆”两枚藏书印,可知该书最先藏在燕京大学图书馆,后流入美国哈佛大学的燕京图书馆,其间过程不详。《四国游纪》在 1902 年还出过一个石印本,共四册,不分卷,而是按照考察对象分为二十四节,书中单面每页 17 列,每列 31 字。《四国游纪》石印本中载有红格本中明确交代不能刊行的一些插图,此外,两种版本在文字上差异并不大。在整理过程中,考虑到在《四国游纪》的文本生成过程中吴宗濂确实扮演了较为重要的角色,且其所著之《随轺笔记四种》在内容、语句乃至文字上常有与《四国游纪》高度重合的情况,故而也将该文本拿来与《四国游纪》进行比对,这种做法或不合文本校勘的常例,但从中确实校出凤凌错记乃至略去的一些情况,故而整理者选择了这种方式。因整理者自身学养有限,整理中错误或有不免,敬请方家不吝指正。

赵中亚

四国游纪序

伏思海军游历一差，原资考证，查原奏章程内开：凡有关系武备之厂埠，游历之员皆应随时登记，且目睹与耳食不同，纵未能窥制造之精微，庶可得武备之大略，除有关交涉事件暨各国风土人情当由出使大臣随时咨呈外，谨将各该国照准应游之各海口、兵房、炮台、船澳及各军火制造厂埠、水陆武备学堂，均经先后往游，次第考察。当其时则默记铅题，回署后则逐事考求，详加绎述，于各要隘形胜、水陆军情、船炮制造，随所见闻，据实纂记。游纪体例虽各不同，游历各员应抒所见。

查自海军派委出洋游历，迄今只有六员。前任奉使游历各员，有《小方壶斋》一书，几足以括洋务之大全。若第于成书中搜罗摭拾，必致标榜雷同，且于所见闻诸多隔膜，焉能吻合？况游历之责，要在随所见所闻，切实发挥，至若观台坞之情形，审军械之制式，贵能探其要而抉其精。矧各国制造日新月异，变化万千，匪易剖辨，倘必工于文藻，窃恐辞不达意，反涉铺张。凌窃于游览之余，即所目睹亲经笔之于书，或当时采问，或事后追思，或系臆度，或据传闻，于游纪中自备一格，但期了然心目，亦不过蠡测管窥，聊具刍荛之一得耳。惟海部章程与学堂暨各商厂等书,均系照刻本章程译述,未加修饰,其游纪始于甲午七月,迄于丁酉十一月,分为十三卷,共成四帙,恭呈钧鉴。

海军游历章京凤凌谨述

卷之一

法国都隆海口及制造局船澳兵船炮台

光绪十六年二月二十六日，军机处抄交钦奉谕旨：升任詹事府詹事志奏出使随员请于总理海军事务衙门遴员派委出洋一折，着该衙门议奏，钦此。旋经总理各国事务衙门会奏议准，嗣后遇更换西洋出使大臣时，由总理海军事务衙门酌派章京二员随同前往，俾得游历而资考证等语。于是年四月十五日，奉硃批：依议，钦此。嗣于十九年，前出使英法义比国大臣薛巳居三年差竣，向由总理各国事务衙门先期具折奏请更换，奉旨：派出候补三品京堂龚为钦差出使英法义比国大臣，钦此。旋由总理各国事务衙门咨行总理海军事务衙门，酌派章京二员随同出洋。于十一月初十日，由总理海军事务衙门传知各该章京等在署考试。试毕，奉谕：派出章京彦恺、凤凌随同出洋。于十二月二十日具奏，奉旨：依议，钦此。

二十年三月初九日，章京等自上海附搭法公司奥克绥丝轮船起程。四月十九日，行抵法都巴黎。六月间，蒙出使大臣龚函请法国海部发给游历护照，并札委法文翻译官、盐运使衔、候选知府吴宗濂随同游历，并将所览何项译述禀报等因，遂于二十三日晚八点钟二十五分，自巴黎之南火车站，名里昂，搭车起行。十点钟四十分过拉洛司镇，夜半一点钟十九分过提从镇，黎明三点钟十三分过马宫城，四点钟二十六分过里昂城，清晨六点钟十六分过罚即司城，八点钟零四分过阿维浓城，八点三十一分过带拉司公城。以上所经城镇，均有车站，各停车五分或十分钟不等。十点钟九分抵至马赛车站，守候半点钟，时换车复行，午正十一分钟即抵都隆。计行九百三十法里，一法里名启罗迈当，犹言一千迈当也。按：《外部各国道里表》，中国一里合法国五百七十八迈当。仅阅十六点钟时耳。

二十四日抵都隆。都隆在赤道北四十三度二十八秒，巴黎东三度三十五分三十七秒。天气熙和，无大寒燠。量以法国百度之寒暑表，通趾不过在十四度左右。英国一百三十度表，则在七十度光景耳。后即赴格朗客寓。格朗者，译言大也。部署稍定，即致函于水师府尹，述明游历缘由，并请订期会晤。旋接回信，订于翌晨十点钟接见。府尹姓维业，由水师学堂出身，历在戎行效力，卓著才猷，叠邀迁擢。一千八百九十年升授水师总兵，旋由海部派驻都隆，总管水师兵船制造工程、沿海台垒及船坞事宜。是官法文称“泼来飞迈利低姆”，上三字译言“府尹”，下四字译谓“近海者”，欲求语义泽（浑）成，姑称水师府尹。食俸每年二万零八方四十二生，公费一万五千零四十八方，出门稽查费三千八百八十方二十生，出海巡阅费二万一千六百方，总计岁获法银六万零五百三十六方六十二生。

二十五日晨十点钟二十分，衣冠而往，进谒府尹。府尹立即延见，当派兵官卑里哥随游指引一切。午后，遂与该员同谒水师营务处督办副将萨笃米拿沃。该督办谓：各厂散处坞滨，各船中流停泊，非可徒步而往，当备轮舟渡送。遂与致谢告退。回寓更衣，即同卑里哥至制局。按：此局乃一千六百八十年法皇路易十四所建，督办其事者姓复庞。复庞原著名艺师，凡法皇所收复兼并诸城，悉由彼鸠工庀材，筑垒保护，而各海口之要工亦兼行经理焉。厥后擢升总监工之职，权称其才，而才益得展，所建大工，难更仆数。旋因眷甘克口工竣后，即来都隆兴办制造局务。局在海湾之内，三面环山，天然拱卫。先是都隆一城形甚湫隘，海口名盎利者为旧时船坞，船泊其中，动多触撞，复庞乃一一开拓而更新之，〔固〕其城垣，坚其炮垒。局前又开二池，一名复庞，亦名新坞，足泊兵船百艘。局内各厂，次第起造，闬闳高大，气象万千。迨后拿破仑第三重复扩充，增华踵事，艺学日新，故觉今日规模绝胜当年数倍云。

每一迈当合中国二尺八寸。[①] 制局大门俨若牌坊，四柱用花纹青石，对径约五十生的，高约三迈当，下砌方座，上横石额，颜曰“阿尔失那尔夺拉马利恩纳西乌尔”，犹言“国家之水师制造局”也。额之两旁有捏塑神像二：曰战神，曰艺神。额之上，居中为国旗锚记，左右有含谜人物，气宇森严，规模浑厚，乃法国前君主路易第十五朝时之郎时浮侯、提其爱二人所制也。屋面大幔作椭圆形，其下不但驻有护军稽查出入，且有关役以查兵船水手之夹带私货，又有巡捕以察各厂工匠之偷窃物料，工匠约四千名。有水龙夫役以防意外之虞。入门，卑里哥导至船坞司处，该司亦与会晤，即谕仆从备轮舟接候。由此而出，舟已傍岸，仓位尚宽，足容十人。行数武，抵火器厂。厂前有旧式后膛炮数百尊，盖非尽不可用之物，特以近来炮式愈精，新者既独擅胜场，旧者自相形见绌，故于船中卸下，堆置岸间。据云：此项大炮身短膛宽，不克及远，每开一炮，仅

① 按：据上下文，此句应为衍句。

至十法里以内。旁有新式之炮，大小计数十尊，膛中皆每一迈当，合中国二尺八寸。有螺纹，又称来伏线。身长管细，口径不过四十七生的，每中国二尺八寸合法国一迈当，共一百生的，则每生的即迈当中百分之一。而炮弹所至速率[①]直在三十法里以外以言。炮弹其间亦皆备列，约数百弹。极大之弹，长一迈当有余，重七百八十启罗；每一启罗合中国二十四两。其小式之弹长三十生的，亦有圆式旧弹及弃而弗用者，无不类聚群分，依次罗列，并识炮膛口径于其上，云系备查。惟自昔迄今之炮，有越南炮三尊。一铸“嘉隆十六年丁丑吉月日造，神威无敌大将军十号各三位庚一，装药十八斤，土药三十六斤；再装药十六斤，土药二十八斤；顶药十二斤，铜弹三寸半”。一铸“嘉隆十六年岁次丁丑，命名神威无敌大将军十号各三位庚二，重五千九百四十三斤，通长八尺五寸二分，心长七尺八寸，心径三寸九分”，均铸用汉文。此二炮相对竖立如柱，仰置于总办公务所正门左右。外有一炮，双行夹写，上铸“绍治七年丁未，敕赐保大定功安民和众上将军第三位”，置于红漆木架之上。系于越南开仗时所获，工粗料脆，望而可知为废物。

入门登楼，至军器厅。厅长五十迈当，宽十一迈当。其中陈设罗列三行，极为精雅，皆古时枪刀剑戟、盔甲、弹丸、戈矛、炮铳之属，编作盆景、花木、人禽之式，惟如挂灯式，一盘灯盘数十团，结匀圆上，作大鹰，嘴中含线，环绕数周。此线长四百迈当，一千八百五十五年九月初八日法兵曾以此线贯电，轰破麦拉谷夫炮台而克扇排司笃博儿城。总之，无论何物，悉觉斗合天然，惟妙惟肖，而精光璀璨，净无纤尘，尤可见其人之善于经营，妥于珍藏也。

旋至箍弹厂。弹壳由他处造成，运到此局中发厂加箍。用纯

---

① 按：“速率”一词应为衍出者。

钢,见以宽寸半、五分者,围绕弹口,用机轧转,再入斗机,周围夹斗,凡夹数四箍即熨贴;乃入刨床,膛内刨出螺纹,而弹始成。然弹膛尚须琢磨滑净,另有工人任此操作。

登舟复行,至喀尔诺铁甲船壳内。此船开造于一千八百九十一年七月十四日,而于本年七月十二日下水,适在前总统服制内,故未铺张扬厉。所挂旗帜,俱系黑纱,且仅升半竿以志哀思。原名拉柴尔喀尔诺,即前总统祖父名姓,以其有功于改立民主,故欲垂之不朽,嗣以前总统因公被刺,乃将此船仅名喀尔诺,盖欲(寓)双关之意耳。船长一百十六迈当,宽二十一迈当五十生的,船尾入水八迈当三十生的,压水力一万二千吨。船身上敛下侈,船周铁甲水线带以上计厚二百七十五至四百五十密里不等,船面穹甲厚七十密里。以一迈当作千分,千分之一曰密里。此时正在布置一切,工人数百,从事其间。闻将来舱内拟置机器二具,左右分列,船尾螺轮一具,各得六千二百匹马力,汽力由二十四锅蒸出。每钟速率可行十七海里,每一海里即一千八百五十二迈当。充其量可及十八海里。首尾大炮二尊,口径三十生的;两翼中炮二尊,口径二十七生的,俱用暗藏之旋台;另有口径十四生的之炮八尊,分置周船,又口径六十五密里之小快炮四尊,四十七密里之快炮八尊,梅花式炮十尊,以及放雷炮筒,无不具备。置炮处,首尾离水面九迈当,两翼离水面七迈当,尤为位置得宜,实可豫为算准。闻再阅一年有半,工能告竣,即当出海试行。

是船停泊之处,名喀司的肉,在总局迤西,一千八百五十三年,拿破仑第三开拓至此,其基约广十七爱克带尔,每一爱克带尔,即一万方迈当。陆则填实以造厂房,池则开深藉容船舰,船可紧靠码头,以便上卸机器。码头之上有大厂四所:一熔铁厂,一锤铁厂,一配机厂，一整器厂。皆办船中重大之件，[①]有起重机数座，藉资移运装卸。锤铁系用汽锤，亦有锤机数具，极重者击力六千启罗。配机厂于西历七月中旬毁于火，仅存危墙。其后进之货栈亦被延及，因所储电气、麻屑、兽油皆足以助火力，故毁约至法金六万方云。[②]整器厂中专为修改整旧如新之事，器由他厂造成，运送到此以备入兵船者也。盖各器虽已有规模大制，而精微奥妙尚赖人工，其凿孔、刨光、截长、夹细，莫不精益求精，俾适于用。其后有砖囱一座，高七十二迈当，下脚对径得一十二迈当，作六角式，凡房内四大炉之火焰、煤烟皆由此出。四炉如十字，上有水锅，锅中之汽直贯汽筒，汽筒之汽力激动机杆，而各处支杆即随与俱动。

再进至电机房，是为各厂电灯之源。机共三副，工只六人，电表却无计其数。又至湿电房，电在瓶内，瓶插铁丝。据云备置海底雷船所用者。

二十六日午后，仍由卑里哥带领乘轮舟至对岸，观最重之起重机器。系十年前所造，基址以石砌成，作圆式，对径六迈当，高二迈当有零。上建铁盘一具，如罗盘，炮车可以旋转。铁盘之上建铁房，约高十余迈当。房中安设锅炉各一，生火蒸汽以运活杆。房外正对锅炉处双桅并峙，上敛下侈，每桅高二十余迈当，圆周约八十生的。桅端夹有方筒一具，中孔含一铁杆，能随水力自为升降。铁杆下端有双沟，凡有重件，皆以铁链系紧挂于双钩，机器一开，钩随

---

① 按：作为凤凌欧洲考察时翻译的吴宗濂，亦著有《随轺笔记》，初刊为 1902 年上海著易堂铅印本，名为《随轺笔记四种》，2016 年有岳麓书社许尚、穆易校点本，与《四国游纪》对照之下，即可发现凤凌常有漏记或错记的情况。据《随轺笔记》2016 年许尚、穆易校点本（以后即简称“吴著”）第 434 页，此处原为“熔铁厂皆办船中重大之件”。

② 按：据吴著第 434 页，此处原为“六百万方云”。

杆上,物被钩升,转动铁盘,左之右之,适可而止,即将机器反捩,杆即下垂,物可着地。揉升而上,入铁房,登桅巅,观其施展。适巴黎城外排低肉尔某厂为喀尔诺铁甲船造成之旋台二座运送到局,正用此机。机上施力者二人,而在船系挂旋台之笨工却五六人计阅四刻钟时,悉已布置妥贴。旁有大炮二尊,一口径三十七生的,长五十迈当;一口径三十生的,长十三迈当半。卑里哥云:"此最新之炮也。"是炮膛门机关灵巧,无须左右转移其柄,唯仅置炮身于此。①

旋登复庞铁甲快船。船于一千八百八十三年下水,长八十一迈当六十生的,宽十七迈当四十五生的,深七迈当九十生的。船尾入水七迈当七十生的,压水力五千八百六十九吨。中腰甲厚十六生的,旋台护甲厚二十生的,船面穹甲厚五十生的。② 前后左右大炮各一,口径二十四生的,各重一万五千六百三十启罗。炮身粗且短,盖一千八百七十年之旧式也。其上皆有护罩,且炮之升降旋转,只须一人之力,固甚灵捷轻便。乃自有新式炮以来,而此炮即瞠乎后矣。中舱两旁过道处,排列小快炮六尊,口径十四生的,重四千九百五十启罗,亦属旧式;又十九生的之炮一尊,六十五密里之炮二尊,梅花机器炮十二尊,四十七密里之小快炮四尊,以及鱼雷炮、新式快枪无不具备。底舱火炉十六副,汽锅八尊,蒸汽运机机动,而尾后螺轮二个与之俱动,遂得马力四千一百三十七匹,速率十三海里又百分之九十六。船内弁兵统计四百四十六人。查此船虽系铁甲,而船身已老,只堪为巡弋海边之用,若遇战事,即当退

① 按:此为风凌的发挥,吴著中无。
② 按:据吴著第436页,此处为"中腰厚二十生的,船头甲厚十八生的,船尾甲厚十六生的,旋台护甲厚二十生的,船面穹甲厚五生的"。

藏不出也。

既登扇西尔钢甲快船。船于一千八百八十八年下水，长一百十五迈当有半，广十五迈当，深十迈当六十五生的，船尾入水六迈当零八十生的，压水力五千七百六十吨，风帆得二千一百二十三方迈当。炮位口径十四生的者十，十六生的者八，梅花机器炮十四，四十七生的者六，放鱼雷筒六，雷炮快枪具备。下舱汽锅六，火炉十二，马力一万一千四，机杆每分钟时转一百零三次，速率十九海里又百分之四十四。弁兵五百二十六人。是船之设，专为探报军情及拦截敌国商船之用。今在澳中停火修理，一切器具堆积纵横。船主姓禄尔米，官甲必丹，前三十年曾居中国，北至京都，南临白下，亦水师中一素将也。

旋登耽里白尔铁甲船。船长八十五迈当三十生的，广十八迈当，深九迈当五十五生的，船尾入水七迈当五十生的，压水力七千一百六十八吨。中腰甲厚五十生的，船首甲厚三十七生的，船尾甲厚三十三生的，船面穹甲厚八生的。大炮二尊，置于前后，口径四十二生的，长八迈当，重七万六千六百三十启罗，弹重七百八十启罗，火药足容三百启罗；旋台甲厚四十五生的，上有护罩厚二生的；其旋转升降以及开门置弹，皆用水力。弹药即在炮门之下舱，随降随升，悉用传递活机。此外，有快炮四，口径十生的；又六十五密里之炮二，四十七密里之炮二，梅花机器炮二尊，雷快枪亦皆齐备。行船机器用工字摆螺轮共二具，汽锅十二个，火炉二十四个，每分钟时机杆可转八十七次又百分之三十七，速率每点钟时能行十四海里又百分之四十八。弁兵四百零五人。船乃一千八百八十一年下水。按：以上三船，系在留备之船队中，盖船身已老，弃又可惜，以虽不适用而仍为留防，以待不虞。此次未至地中海与他船会操者，盖不欲船澳虚空，为人掩袭耳，用心诚远矣哉！

二十七日为安息日，船厂停工，兵官放假，当于午后出游，周历全城，旷观形势。城高二丈余，墙作雉堞式，砖石合砌，上覆坚土，外有旱濠，深广在两丈以外。城形如弓背，东、北、西三面环绕，而缺其南面，即制局船澳也。城门有十，曰：模利涌、纳佛、义大利、此门通义大利道，故名。拿忒尔达姆、散楷恩、法郎司、捺西乌那尔、迷西爱栖、麦尔蒲司甘、拉哥白朗。门共三重，外有吊桥。特目下不但无须拔桥，且门亦彻夜不闭，地无盗贼可见一斑。城东游校阅场二，名马囡佛尔、麦尔司。再上为火车货栈，东北为陆军火器栈，而马赛来之搭客火车，则于散搭（楷）恩及法郎司两门之间穿墙而过。正北有二镇，曰散洛克，曰拉司桥。西北为往来马赛之行人孔道。正西有麦尔蒲司甘炮垒。西南为火药厂，厂名迷洛。至大厦层楼鳞次栉比处，俱在城之东北隅，即制局后面也。有水师府尹署、水师词讼署、水师火器局、水师医院、水师学堂、兵医学堂、天主教司铎署、理民讼署、判断商讼署、秉公调处署及帮审局、官学堂、博物院、公书库、藏书二万余。植物园、官银行、电报局等处。虽处市肆，繁华远逊马赛，而枕险桅（扼）流，无懈可击，则实在孛雷司特、扇蒲尔罗、里盎、禄司福尔四埠之上，盖由于山冈环抱，海水潆洄，屏卫既出天成，设防尤极周密也。东南角双峦对峙，一曰猭洛司都尔，一曰爱其依时（特），各有暗垒，其间空隙宽约四百丈，为船澳入海之门户。乃正中更筑长堤一道，叠以巨石，巩固异常，宽二丈，长二百丈，高出水面约丈余，惟两端近峦处各留门数十丈，为兵船出入之所，设有敌船闯进，何难聚而歼旃。然而未已也，爱其依特之西南山角有排拉其爱炮垒，其下变成一湾，湾际伸出一颈，于此又成一山，名扇彼角，上有炮台，曰喀拉格，恰如船澳门外之卫屏。偏东一山为喀尔甘郎，与此相对成犄角势，亦有炮台，名谷尔拿沃尔。此处口门宽约千丈，兵船入澳，先须经此，然后向西转弯，故于正北之沿海山坡，又设炮垒三座：曰马尔格里忒，曰帛楼，曰散鲁依，防敌舟也。如是，而地中海一边遂有一夫当关万夫莫开之势。然尤恐义大利之由后包抄，越山而过，特于东北之果同山、高七百零二迈当。反隆山，高五百三十四迈当。各建巨炮台垒。至此，外之山凹岭隙，依山作垒，凿石为台，暗藏炮火，用固金汤者，更密若繁星，无可指名焉尔。

二十八日，由兵官拉徐耶尔覃带领，乘舟至模利勇船厂。澳中风浪极大，船甚颠摇，水溅满船，行数武，诞登彼岸。迎面即锯木作，基甚广，器亦多。四月前房毁于火，尚未建复，只余危墙破顶，而机器尚适于用，工匠数十名，仍在其中锯木。再进有船壳房五所，俱以砖石砌成，以备造船之用。其座内耸外低，低处临澳，而阻以坚闸，是为安置船尾处；入后愈进愈高，则置船之中段以及船首。两旁搭成木架，如梯形，以备工匠上升配合铁板。船壳造成，始抽坚闸，并撤四周勾搭之物，而船壳自然倒溜而下，以入于水。现因船身竟尚高长，故原有之五棚已不合用，特于其旁另建二所，然皆系木板支架，一即在内造成“喀尔诺”船壳，一正造铁甲快船名“巴司格尔”，长百余迈当。工人百众正在钻孔钉板，见钻之动转，纯用电力，乃从总电气房用电线通来者也。继至杂铁坊，是坊所作之件，皆系船中应用各配件，如铁板则须修剪，铁钉则必镌纹，以及钻眼、压凹等事，一无不需机器。而机器花样百出，皆能从心所欲不逾矩，故人工减而出货多。即如螺丝钉，以三人用机器一副，每可作五千钉之数云。惟锤铁一项，全用人力，不免费用时工。坊之对面，系汽锅火炉总房，以水蒸气汽力推出，而机器之总杆以动，总杆动而各厂内支杆之连以皮带者,即无不俱动。又观屯木厂,高大闬闳,间数甚众,系一千八百四十五年火毁后重建者。其中所储,类如榆木,盖皆造船料也。

旋复渡登乌拉冈鱼雷炮船。是船能行大海,乃一千八百八十七年下水,长四十六迈当零八生的,[①]入水二迈当,压水力一百四十七吨,马力四百三十四,速率二十海里。船面有鱼雷六具,雷筒只有四个,分列左右前后,余二雷备添放也。雷分三截,首截装棉花火药,尖有机簧,被触即爆;中截收空气之力;后截藏机器,自能鼓荡,尾后有轮如鱼尾随之转动。凡雷架于雷筒内,用气力迫之使出,即能入水直冲,可及四千迈当之遥。船首两翼,快炮各一,口径四十七密里,每分钟可放十五弹。船尾下舱为船主及兵官之听事、卧室。中舱为机器房,除用汽机火炉外,有放雷炼气机,据称每一立方生的之地位可作气力一百启罗;有发电生光器,以作电灯;有化咸为淡之器,以作淡水;有引风生凉器,以助火力。舱虽狭小,而布置有条。再进则有小室,如轿形,矗立船面,乃船主瞭望转舵发号施令处也。头舱为水兵卧榻,兵与官合而计之,共三十五人云。

二十九日,由炮队官扒买尔带引,乘舟至船澳之西,恰为居中扼要处。登岸向北,转而西,入小径,于树林翳中,循级而上,见有二石室,高约三迈当,内藏火药二弹。石室上顶,覆以土泥,厚约三尺,上生嫩草,色甚青葱。自外观之,直与培塿无异,行经其下,实如峭壁天成。石室左右,有大炮十尊,口径自十九至二十四生的,命中及远可至八法里。炮门遥对船澳,炮架置半矩形式铁盘之上,以便炮门移向,而且架有活机,一人施力可以转拨自如,令炮升降。

---

① 按:据吴著第440页,此处为“长四十六迈当,宽四迈当零八生的”。

若置药装弹,用机递运,佐以人功,亦甚快便灵捷。

阅毕,由斜径出,登舟至澳口之左,即模利勇厂后之东南角。石冈高十迈当,盘桓而上,炮垒有三:一曰拉玛尔格,大炮有五,口径三十二生的;一曰卜里哥恩,炮共十八尊,口径十九生的,乃备学生操演者;一曰搿洛司都尔,大炮十尊,口径二十四生的。名为三垒,实在一处,不过前后左右次第排列耳。外墙系天生石壁,内建房储备火药,共有十余间。按:搿洛司都尔一垒,原开造于路易第十二,继之以拂郎沙沃第一,而成之于显理第二,其为都隆及船澳之护符,由来久矣。

既而渡过对,即澳口之右,所谓扇彼角者是。茂林葱郁,怪石峻嶒,盘旋曲折,始达其岭,高二十五迈当,即至山腰,豁然平旷,砌有石墙一道,形如半规,长约百余迈当。门外有悬桥一,桥下乃深沟而无水。入门有二炮,口径十九生的,更再进有石室数座,地穴数重,乃为兵房,并藏火药二弹。逶迤稍东,有大炮三,口径二十四生的,以遏敌船入口之道也。以上各炮均系摇柄式后膛螺纹快炮,炮座如车,下有铁轮,轮下有巨铁圆盘,盘上制有弧形之轨道,轮转炮移,无须费力。①

七月初一日辰刻,复谒水师府尹维业,请其介绍函致陆军提督多禄派员领阅高领炮台。府尹立请文案作函,饬仆陪送。当与多禄接晤,始知其所辖各员有事他出,因订于翌日派员偕往。乃折赴营务处,与萨军门订观水师医院。

午后,营务处派兵一名,陪送登舟,以达医院。院在扇彼角之查尔治湾口。至则早有医官首领率其副医迎迓,缘萨提督已寄与

① 此句为吴著所无。

电信，是所豫知。遂派司员一员，带观各处。入门即场地一区，碧树参天，绿荫匝地，两旁长凳排列，藉供病者养病憩息。屋宇一正两厢，计分三层。厢房下层为兵丁养病之所，一室共百余榻。服役乃教门之善女，居正房之下层。中为兵官寓所，一室五榻，华美过之。上为医院办公人员住房。病室内床褥皆莹白一色，地板更净无纤尘，房外皆有长廊，为病愈者、无力者散步，使日光不进，清气大来也。正室与两厢，每层俱架桥以通往来。病者每晨由正、副二医率学生九人验视，所用药材令司药配合，授意于教门善女，俾之照料。善女计二十名，各有专司，除伺候用药外，更有督办饮食、管理器具及收拾病衣者。病人所穿之衣服，皆由院供给，宽舒洁净，更换有期。

后进即山巅，半腰有自来水柜，[①]上用石板盖覆。水自都隆后山发源，以管通接。阶级上进，直达际，见有围墙，内即坟墓。凡病逝于院，未由家属领回者，俱葬此坟。近百冢，各有碑记。院中苍松翠柏，殊非蔓草荒烟。内有丛葬一塚，竖以巨碑。守墓者谓：某年月日勒望司船汽锅爆裂，计伤三十余人，肤无完体，故合葬耳。旋至圆顶之礼拜堂中，供耶稣之母像，闻系病者拜祷之所。前堂有花园，大可四亩，异草奇葩，四时不断。中有水池，池藏水机，喷出之水约高二丈，旁设椅位，病者憩坐，玩水对花，以销忧闷。又有平房两所，分列左右，上有气洞，外备走廊，凡患痘者，置于此所。

出门至码头旁之洗衣局。法以应洗之件浸入水池，时许，取置木桶，桶随机转，而其中衣服自被敲击，加以胰汁渐渐淋入，则所有污秽已漂浮水面，乃始取出，再入碱锅蒸煮，后用清水漂净，而烘晒

---

① 按：据吴著第443页，此处漏掉“形如方规。广四十余迈当，高三十余迈当”。

之,复熨贴于机轴,使其平亮无纹,而服始成。然痘症易于传染,另有汽筒先为浣濯,去其病气,方能并入他衣一同洗涤。院由国家建造,常年经费在水师公帑内支销,而患病入院者仍须贴费若干,即于俸薪内扣留,为数甚微。此院皆(背)[①]山面水,且得海气,洵为养病善地。由此东南以往,[②]即见喀拉格炮垒在也。

初二日,陆军提督多禄派委管炮台官维来克兰尔引领登山。乘车出[③]北角法郎司门,盘旋曲折而上,约行二点钟时,路刚及半,马力已疲,乃先至其旁扒蒙炮台。台式已旧,四十年前所造也。中有守兵四名,炮弁[④]携眷同居台内,兵则八日轮流。见有石室一座,共四间,宽、纵约十迈当,为屯兵藏药之所。上置瞭望台一,约高二迈当。台墙悬一日规,宛如时辰表式。台前有护墙一道,高约一迈当,而俯视墙外,却有二十余迈当,盖墙系天生峭壁,于内开深,筑成台式者也。瞭望台左右,有炮八尊,口径一百二十密里。

阅毕退出,缓步上攀,约行二点半钟时始抵山巅,高于海面五百三十四迈当,厂(厥)名反隆,炮台同名。一千八百七十三年所建,造费不下法金四十万方。东北向为台之阳,墙皆峭壁,俯视约深百丈,遥望仅如危岭,故炮门皆向此边,乃防义大利者也。西南为阴,亦系石冈,高约四五十丈,其上所建炮垒,仅露其半。西向有门,门外有吊桥,入必由此。而此中石室二层,皆有走廊,彼此相对,中成一院,形如椭圆;各室备弁兵寓居,足容六百余众。室顶铺堆厚泥,遍生青草。东边有地道,道旁皆密室,以藏军火者也。大门之右有

① 按:风凌、吴宗濂《四国游纪》1902 年石印本(出版机构不详,下文简称 1902 年石印本)及吴著第 445 页,此处为"背"字。

② 按:吴著第 445 页,"向东北角行"。

③ 按:据 1902 年石印本页八上及吴著 445 页,红格本此处当漏一"西"字。

④ 按:据吴著第 445 页,此处漏掉"一名"二字。

水柜、水管，柜在山穴，容水六万立方启罗，水存由积雨所汇归，而溜(滤)以沙屑，其洁可知。旁有厨房、粮栈，俱甚周密。迤东置六炮，口径一百五十[①]密里；西边有冲天矮炮二尊，弹作圆形，对径五寸，乃一千八百零一年拿破仑第一在多来今属义大利国。所铸者。台阴另有炮垒一座，相距三十余迈当，却在此山之下陂；其间开成一道，如旱濠然，与此相接。此处守台兵现止二十名，八日一轮。台巅南望，都隆城、制造局及澳中船舰隐约间历历在目，西南之拉扇恩湾弟兄石扇彼角，亦约略可辨。东望有果同山，东南见倚、爱二岛，徐爱地嘴横亘于地中海面，或遥相环抱，或酿成港汊，俱足为船澳犄角，形胜若此，亦足为大观矣。

阅毕，步至半途，始乘车疾驱而下。其间道途虽多弯曲，然康庄平坦，无论若何重大军械皆能车运以达台巅；当时开山筑路，盖不知几费人工物力，乃臻于此。兵官谓：都隆一城向来雨少晴多，自各山培种树松柏橄榄树木而后，居民遂得时护甘霖。

初三日午后，地中海会操各船已进船澳，[②]由营务处派委兵官司尔姆带领，乘舟登福尔谜达白尔钢甲船。先谒船主费爱隆，[③]既见总统地中海水师兵船总兵扒沃苏提，当派兵官引导。先至下船观机器房、鱼雷房、弹药房、电灯房，布置整齐，规模阔大。继至中舱观鱼雷筒、中号炮、梅花炮，各有活架，旋转甚灵。试为手摇其柄，炮即随之上下左右，而手中实觉举重若轻，毫不费力。末至舱面，观大炮，登桅竿。大炮共三尊，口径三十七生的，各重六千七百八十启罗，置于旋台之内。台甲厚四十五生的，而上有钢罩护持，

① 按：据吴著第446页，此处漏一“五”字。
② 按：吴著第446页，有法海军方便吴宗濂、凤凌游览而饬令船只提前回埠的记录。
③ 按：吴著第446页，有该船主到过中国多地的记录。

计分首、尾、中安放三处。桅竿二，分置前后，各高十余迈当，对径一迈当，中藏螺梯二座，一备登，一备降也。及巅，有围盘一圈，又谓炮围。内置梅花炮四尊。退而下，至船首，左右见钢炮四尊，闻系接送官长开放礼炮。适值海部尚书福尔自此经过，曾开是炮，计十九响。又云：现今临敌旋炮，除弹中已装火药外，须另加无烟火药，缘较有烟者力既猛而质且轻。若在中号炮中用药，五十启罗足矣，大炮倍之，计须两桶云。查是船火炉三十六个，汽锅十二个，机杆之转每分时得七十二次，马力六千八百十六匹，每钟速率行十六海里。中舱面甲厚八生的，两旁有口径十六生的之炮四，十四生的之炮八，梅花炮十八，四十七密里快炮十二，放雷筒六具。汽机系克鲁苏厂所造，尾后螺轮二具。船身之甲，水线带以上中段厚五十五生的，前半厚四十生的，后半厚三十五生的。船长百迈当，[①]二十四生的，深八迈当五十二生的，船尾入水八迈当零八生的，压水力重一万一千四百四十一吨。弁兵六百四十五名，惟水师提督所带人员，尚不在数。

阅毕登岸，至船样院。院在制局门内之右旁，适过穿廊，甚形晦暗，两旁房间为各艺师办公之所。廊尽入院，墙间摆列白石人像，巨而极笨，皆从旧船拆下，盖昔兵船以此为装饰者。再进一栋，即船样处也，[②]内凡船样、炮样、炮架样、机器样、锅炉样，有木质、铜质、铁质，均造成小式，杂列三行，各标来历。正中桌案上陈玻璃一匣，内线绒方垫一块，上置铜匙一柄，云当年拿破仑第三来厂时局员所献者也。由此前进，两旁有木栏，亦置船样多只，右边为近时兵船之样，左乃古时帆船之样。据闻每造一船，必先构一样，乃

① 按：据吴著第 448 页，此处漏掉“宽二十一迈当”数字。
② 按：吴著第 448 页，关于船样房尺寸更为详尽。

今院内所陈十缺八九。询其故，知有深藏不露，秘未发院，亦有移往巴黎之罗佛尔博物院者。

初四日，由兵官提夫尔带引，乘轮登钢甲船屋司。船主他出，当由小兵官玛尔的呢指引一切。该兵官年及二十，前曾在中国游历，能操日本语，兼识中国数字(字意)。先至中舱，观两翼炮位，计十四炮，口径皆十四生的，能及八法里；另有放雷筒四，鱼雷十具，小快炮十二尊；又口径十四密里之炮八，六十五密里之炮二。复至下舱观机器房，水锅八座，火炉二十四个，尾后螺轮二具，每分时可随杆旋转七十六次，马力八千一百二十四，每点钟行十五海里及百之十三。此外，有火药房、药弹房、电灯房、制水器、升弹、[①]转舵机。舱面钢甲厚八生的。船尾有医室、货房，系备疗病养生之所。进中舱，为各兵官饭厅、寓居之处，亦为款式精洁。继登船面观大炮二尊，头尾各一，口径三十四生的，重五万三千二百三十启罗；船面中腰两旁亦有快炮各一，口径二十七生的。以上四炮皆在旋台之内，台甲钢厚四十生的，均护以钢罩。每台后横洞内各有十四生的之炮一，共计四炮。头尾二桅竿，第一层炮盘各置梅花机炮四尊，其顶有电灯，光能远射。船于一千八百八十六年下水，长百零二迈当四十生的，宽二十迈当，深十三迈当十七生的，船尾入水八迈当三十生的，压水力一万零五百八十吨。船腰护甲厚四十五生的，船首四十生的，船尾三十五生的。弁兵六百三十一名。

阅毕，登麦尚达钢甲船。船主甘郎扒司格，即派兵官指示各件。观机器、火药、药弹、电灯等房，布置与他船不相悬殊，惟其升递火药、药弹用铁轨盘车，似稍有异。铁轨钉于船面之下，系药之

---

① 按：此处应漏一“器”或“机”字。

铁链即于轨中钳着，以手推挽，遂得攸往咸宜。船长百迈当六十生的，宽二十迈当，深十三迈当十七生的，船尾入水八迈当三十生的，压水力万五百八十一吨。船腰钢甲厚四十五生的，船首厚四十生的，尾厚三十五生的。大炮四尊，口径三十四生的，重五万一千八十启罗，分列船面前后左右，各旋台内台之钢，厚四十生的。快炮十六，口径十四生的；又快炮六十五密里者六，四十七密里者十八。机器房分于两行，尾后螺轮二具，下舱火炉二十四个，汽锅八个。机器总杆每分时八十八次，马力万零八百七十七匹，每点钟行十六海里又百分之二，[①]乃一千八百九十年下水，弁兵共六百五十一人。

初五日为安息日，各厂停工，兵官休息，是晚函请陪游各官晚宴，谢其带引之劳。[②]

初六日午后，游拉扇恩商船厂。厂在都隆西南隅海湾中，亦一市镇，居民万三千一百六十余人。其间船厂一所，名福尔时爱桑的埃夺拉梅第丹侯拉南，犹言地中海之锻铁造船厂也。厂分三处，一在马赛，造炮；一在哈佛，造船；一厂此，为三厂之冠，工匠约二千余众。厂系商人纠股而立，每股法银五百方，共十三北（兆）方，现每股票值银五百六十方。总司厂务者，姓拉茄恩。曾云：伊厂与中国素有交谊，福建船政局总监工魏太守翰曾在本厂习艺，又曾代制船料一副，运往闽厂云云。先至大厂一所，中有切钢、钻孔、造钉、锯木等机器，群分类聚，条目秩然。楼上为绘图处、构制船样之所，前代法国、日本、智利所造之兵船，其样尚存；而商船、运船之样，更复不少，统计盖已造成九十六艘。再进系木作，专做船舱内装修物

---

① 按：据吴著 450 页，此处漏掉一“十”字。

② 按：吴著 450 页，“初五日”记述颇详，含有中方官员宴请法国官员交谈之内容。

件，大制虽用机器，加细实赖人工。后厂是为发电运机之总房，器共二副，并列其中，逐日轮用。所有各处机轴及皮带之转旋，皆电力也。澳中泊有船壳五艘：一商船长九十迈当，宽十八迈当，入水七迈当，以备他日往来于马赛、巴西者。又铁甲一船，名蒲维恩，长一百二十迈当，宽二十四迈当，入水八迈当，乃法海部定造为防守滨之用者。船中布置已就，前后俱用旋台，炮之口径系三十四生的，而辅以快炮、鱼雷数尊。据云本年十月工可告竣。此外三船，一系修理，二系新制，皆铁甲兵船也。

初七日晨，往水师府尹陆军提督署辞行后起行，十点钟抵马赛，至冉乃佛客店憩息。午后出观马赛形势，当察其口西向，系停船之处，分新旧二澳。旧澳南北狭而东西长，为天然海湾，但只足以容小船。新澳有四：曰若里爱得，曰拉柴来，曰阿郎克，曰捺西乌那尔，南北长而东西狭，盖用人工造成者也。外绕石堤一道，长三千六百迈当，中腰有活桥二，可以开合。长堤南角上有灯塔，正在旧澳口外。旧澳口边际右有炮台一，名散常；左有炮台二，曰反禄，曰散呢拉，颇觉巩固。另有一垒，无名，在反禄湾角上，恰与新澳长堤南首遥遥相对，足为犄角之助。新澳南口由岸筑出一堤，长二百迈当，中留空隙，以便船只出入。澳中水面平积计一百七十五爱克带尔，澳滨约地一万五千迈当，为上落货物之用。沿澳货栈，房楼宏大，计共占地二十一万九千六百十方迈当，起重机不下六十余副，其力能起一千二百五十启罗至三吨止。灯塔共十四盏，最大之灯在西南角泼拉呢爱巉岩之上，光用电气，三白一红，明灭相间，高六十三迈当，能照四十八海里之远。

初八日晨九点钟，自马赛起程，夜十点钟四十五分行抵巴黎回署。

〔附〕都隆沿革考

都隆本罗马属地，原名耽禄迈尔的俞司，今名都隆，殆"耽禄"之转音。昔以渲染红色重于时，厂在今之勒浮司山脚达尔覃恩谷中。罗马王派有大员督理其事，盖所重在染厂，而初未计及海口也。但地居冲要，屡被干戈。相传纪元前是地毁而复兴者七次，纪元后百余年至一千二百二十五年毁而复兴者九次。每次兴作，必移改城址，末次始择定高阜之区以为栖止，即今城内俗称为旧地段者是。

夫竟委穷源，固觉代远年湮，邈难于考据，然事之信而有征者，实始于九百年后。时亚喇伯人方肆蹂躏，居民大受伤夷，而复继之以北蛮拿尔芒人，屡来侵扰，以致困苦颠连，生灵日蹙。如是者有年，迨列侯阿尔其亚姆第一奄有斯土，抚治弥勤，恩施备至，民始渐得生机，复臻蕃衍。继之者为查尔弗来，又被亚喇伯人所瘐死，遗一女名茜皮黎，以其地售于捺泼尔王一名拿破里，今属义大利。沙尔唐锄，民间颇感王之仁惠。一千三百四十年，[①]禄倍尔前王第三子。准民公举议绅十二员，并设理事局二所。一千二百四十八年，[②]后主柴恩即前王禄培尔之孙女承袭王位，以都隆改为县，设理事官。一千四百八十年，法王路易第十一据泼禄望斯省，遂及都隆，时只于海边有围墙，上建敌楼耳。禄易第〔十〕二一千四百九十八年为继其堂兄沙尔第八，〔沙尔第八〕[③]为路易第十一之子，命于东南地舌上添建一垒，

---

① 按：据吴著第453页，"一千三百四十年"应为"一千三百十四年"（元仁宗皇庆三年）之误。

② 按：据吴著第453页，"一千二百四十八年"应为"一千三百十八年"（元仁宗延祐五年）之误。

③ 按：据吴著453页，此处漏"沙尔第八"数字，实际上路易十二非路易十一之子。

名舺洛司都尔。至佛朗沙沃第一路易[①]第十二之婿，一千十五年登君位。时工始告竣，并于沿海一带及城外各要隘加筑台垒，但未臻坚固。一千五百二十四年，西班牙王沙尔第五之大将蒲尔蓬率军破之，惟舺洛司都尔一垒岿然独存。迨显理第四，一千五百八十九年。因内兄显理第三无子，由众公举入继其位，遂为法王，显理第三即显理第二之子，显理第二即拂郎沙沃第一之子。其时都隆民数既繁，保守之法亦极周密：筑围墙、加堡垛，并添建散得喀耶利恩、散当笃爱恩两炮台，又在海口筑长堤二道，以杀水势，即今之商船澳是。澳旁余地，为停泊兵船及起建制局之处。列侯沙复沃公、爱彼尔浓公合兵来攻，为民击退，而城得保全，显理感焉。一千五百九十六年，守城总督因事远出，显理即托民间照料，并以城钥交之。

路易第十三显理第四之子，一千六百十年登王位。朝，此城既日渐繁兴，与路易第十四前王子，一千六百四十三年为王，年方五龄，母后摄政。重建制局，规模益觉堂皇。一千六百六十年，王巡阅都隆、马赛时，以都隆胜于马赛，不特对众昌言，且于海部档案中亲笔记录一千六百七十年。言："都隆一埠形势利便，为欧洲第一善地，尤宜屯泊水师，装置军器"云云。首相哥尔培欲使都隆为头等军埠，倩工师复庞绘图以呈，重事营造，而卒以工程浩大不能不量力施行。

一千六百七十〔八〕[②]年，都隆大火，民舍荡然，遂多隙地。一千六百七十九年，法在呢培格，荷兰国城名。与西班牙、瑞典订约成

① 按：此处原有"五百"二字，为衍字。

② 按：据吴著第454页标注有"康熙十七年"字样，可知此处当漏一"八"字。

盟,后复在制局前开成一澳,名奴佛尔达尔司,可容兵船百艘,并添建绳缆厂、布帆厂、军器厅、火药场及医院学堂等处,无不硕大崇宏,各臻绝顶。侯爵扇业来即哥尔培之子。克承父职,一千六百八十四年来阅都隆,深知旧式桨船不正(足)以载力大之炮,因令制局重建战船,加高尺寸。水师中自明此道,都隆气象为之一新。同时又运(建)城墙一圈,悉合韬钤之法,并于澳滨维严特、爱其依特、毵洛司都尔、排拉其埃四炮台垒外,建散鲁依一垒。一千六百八十九年,设立水师府尹一官,总制制局船澳及地中海各兵船事宜,都尔维尔即补授是缺第一人也。路易第十四屡兴远略之师,所向披靡,横行海上,皆得力于此。

一千七百零七年,奥国大将军王爵欧然恩、萨复沃公维克笃尔阿梅覃合力大举由陆路来攻,英水师提督苏会尔率兵船四十七艘、炸炮船二十九艘由水路进击。泼禄望斯总督伯爵格利宁闻警驰援,布置速而防守固。欧然恩有退志,维克笃尔阿梅覃不允,竭力合攻,破阿尔的格一及散得喀得利恩垒。乃八月十四夜,格利宁督师一万四千人及城中百姓掩扑敌营,戕萨克逊古丹公,破敌占于(之)散得马尔甘利忒山头,而敌之陆军大溃。苏会尔移船近逼,大放开花炸炮,但猛烈而弹不能准,大半炸于半空,只沉法船二艘,而澳滨炮垒还击之弹不虚发,大创敌船。二十一、二十二两日晚,英师含愧尽遁。

一千七百五十六年,法将里司里安自都隆起兵,乘座茄里重呢爱所统师船一百六十七艘,往克巴尔翁岛,在地中海面,本西班牙地。英人占又还之,英人一千八百八十三年仍之。法往夺,既为西班牙夺回。后有奸臣姓帛里爱名呢谷拉者,得英人之贿,以师船尽行售脱。一千七百七十四年,沙沃收尔公起而整顿,急令造船,则制局中苦无宽地，难以一时并举兴造多船，木匠毕佛进一策，当即采用，令工师克禄沃虐尔如法办理。

一千七百九十三年，法兴举立民主之议，王党内应，引英兵潜入都隆。时拿破仑第一在民党中，为随营裨将，因各大帅会商破城之计，遂据图立说，谓宜先破布的徐孛拉尔带炮台，方可迎刃而解云云。众用其计，遂将敌师逐出，而拿破仑之才艺声名从此大显。英师濒行，焚屋宇，杀民人，残暴不仁，于斯为甚。拿破仑既充民主，以都隆为沿海邑城，即王位后，令制局中添造新澳二处、炮台一座，炮名即拿破仑，并将一切被毁之堡垒尽行修筑。一千八百三十年，得阿非利加之阿尔及耳，都隆益称重镇。一千八百四十四年，法王路易·非利泼即路易第十六之长孙，父名非利泼，然夫早故。拿破仑第二次出奔后继登王位者，为显理第十，即路易第十五之孙，一千八百三十年为民逐出，遂举路易·非利泼为王。又令在都隆后山造反隆炮台。自此，都隆一城遂觉固若金汤，安于磐石矣。特生齿日繁而嫌隘狭，且制局又占地不少，以致民居稠密，空气阻塞。一千八百五十二年，民主拿破仑第三首次出巡南省，俯顺舆情，饬令拆去北城，大加开拓，而益以三郊之地重为建城。自此以后，都隆无甚变更，日渐富庶，且地介于西班牙、义大利之间，与阿尔及尔又仅隔二日海程，诚如拿破仑第一所言，都隆为地中海总钥，苟非法国依允，他国不能开一炮也。

制造局船澳考

制局分三大所：正中居东北角者，曰阿尔夫那尔夺拉玛恩纳西乌那尔，译即国家水师制局之意；西边者曰阿尔夫那喀司低肉。以上两所共得地二百七十爱克带尔，每爱克带尔即法国百弓见方，亦即一万方迈当。又喀司低肉及米西爱栖池之中有地得三十七爱克带尔。东南者曰阿尔夫那尔模利勇。此厂形如半规，约地一百爱克带尔。

正中制局内有时辰钟楼一座，码头船务司及造船工师之公所，船样院一所，绳缆栈一所，起建于一千六百六十八年，成于一千七百七十八年，始事者为复庞，竣工者为李甘。长三百二十迈当，宽二十迈当，上下两层，四周有亭，上层置绳缆及各项日用器具，下层置各项铁件以及皮带作、绳缆作。此外有镀铅作，另于一所小屋内，系将铁钉、铁片、铁链等具浸入锅（铅）炉，镀以薄铅一重。铁器作系制厨下锅炉、炉灶、淡水等器，据闻此器每点钟可作淡水三百忒尔。即一立方尺迈当中十分之一。打铁作其大同于绳缆栈，如转柁（舵）器、铁锚刺、船舵柄等，遇有损伤，在此修理。中有巨锤一，重一千五百启罗。

船桅厂在局之尽头，房分二层，下层制桅梗、帆杆，上层造布帆、船桅。厂之左右，有造船棚一所，高三十五迈当，宽二十二迈当，长八十二迈当；又有一所，为修小船只之用，只有石座而上下周围无遮蔽处。货栈一所，内储紧要物料及各种油漆、火器。场一方，堆积大小火炮、药弹等类。军械院一所，藏各项枪刀，如古董陈设。修船坞三：一系一千七百七十四年工师克禄沃虐尔所建，形如大船，砌以坚石，前面用闸，后面有吸水器；一系工师培尔那所建，其式同上；又一坞较大于前二坞，造费甚巨，可容大小数船同时修建。

喀司低肉厂内有镕（熔）铁厂，镕（熔）冶船中大件；铁锤厂系将船中应用之件锤击得宜；配机厂，房屋现遭火毁。击器厂、[①]总

---

① 按：据吴著第459页，“击器作”即吴著中“打铁作”，漏掉“与正中制局无异，惟规模较大”。

机房。[①] 修船坞三所：一长百迈当，宽三十迈当，[②]时挖去坚石三千立方迈当，泥沙碎石四万立方迈当，底铺石板厚五迈当。周围砌成石纹（级），前面有闸，闸之两端有门，可以放水入内，后有吸水机器，引水入于地道。又一坞，造法如前，惟长二十迈当，四周无石纹（级）。其三较前二尤长，阔可容三层舱之大船。[③] 外有杂货栈、铁锚场并洗衣、宰牲、堆煤各房。

模利勇厂以造船为专业。北有二池通澳内，储榆、杉二木，上压铁块，俾浸水中，以免干裂。池南大屋一所，为木栈，乃前被火毁复建修造者。栈之对面房内为熟铁厂，[④]及一切钢料。西头转湾有造船房五所，另有二所较长且大，但上无遮蔽。机器锯木一厂，适遭回禄，尚未重建。

局厂之前有大池四：东西者曰维爱依，曰复庞；迤西者曰喀司低肉，曰米西爱栖。每池各有边限，以西门得土及砖石筑成围堤，堤各有隙，彼此相通，可行舟楫。内所常泊者，小鱼雷艇及码头应差小火轮舟。极东一边，介乎维爱依池及模利勇池之间者，名巴尔迈尔商，为商船埠，中宏（泓）深十三迈当，依岸深五迈当，故大半商船可以停泊码头。池以外为澳，内漂锚记百余号，凡兵船入澳应泊何号，须听水师统领之命。现计各项甲船、大小快船、运船、巡船，计有八十七艘。

迤西一湾，即拉赛恩。东北首辩洛司都尔炮台与南首爱其依得炮垒针锋相对处，为澳之门限。中有长堤一道，空其两端，以便

---

① 按：据吴著第459页，"击器作"即吴著中"打铁作"，此处漏掉"一所，内有汽锅、火炉，为各作机杆转动之源"。

② 同上，此处漏一句"深十迈当"。

③ 同上，遗漏"及二号船一只同时修理"。

④ 同上，此处漏"专作船中铁板、铁钉"。

船只出入。堤以内曰小澳,为常泊兵船处;堤以外曰大澳,护以扇彼角之喀拉格炮垒,[①]但以小澳中绰有余地,故船只可无须泊此也。夜间有灯塔四:一在散芒特里埃之堤尖,高十六迈当,火白色,明灭相间,每四秒一明,光可及十八法里之遥;二在犻洛司都尔堤尖,高十三迈当,火绿色,微(彻)夜通明,光可射九法里;三在继爱倚堤,光高十三迈当,火红色,微(彻)夜通明,光可射十法里;四在阿恩沙带之西南极,灯二盏,不甚高,火绿色,微(彻)夜常明,光可射五法里。此大小船澳之大略情形也。大澳之东由喀尔甘郎恩山,恰与扇彼角相对,上建炮台,西向夹攻可阻敌船之投隙而入者。喀尔甘恩之东南有徐爱湾及徐爱角,亦足为东边卫屏,故亦有炮台以为犄角。诚所谓备豫不虞,无微不至欤!

法国水师官级考

法国水师官级计分十一等,恰与中国武官制隐相合符离,虽名目不同,字义迥异,但欲为比较牵合,姑按次序以法音拼成华音,而仍注中国官级于各官名称之下。一曰阿米拉尔,提督。译即航海首领,今法国有此名,现无是官。二曰维司阿米拉尔,总兵。共三十九员,译即航海首领之副,年六十五岁当休致,食半俸。三曰贡忒尔阿米拉尔,副将。共三十五员,译意即近乎航海首领,年六十二岁当休致,食半俸。四曰喀闲(闭)耽恩夺浮沙,参将。共一百十八员。浮沙译即大船,夺虚字,喀闭耽恩即领袖,中国由英文译称甲必丹者是,合而译之犹言大船领袖耳,年六十当休致,食半俸。[②]

---

① 按:据吴著第460页,此处漏掉一句“维业德澳之散鲁依炮台”。

② 按:据吴著第461页,此处漏掉数句:“五曰喀闭耽吾夺福里嘎登(游击),共二百十八员。福里嘎登译即单炮垒之战船,余同上。年五十八岁当休致,食半俸。”

六曰里安脱囊夺浮沙泼勒谜埃尔克拉司，都司。共四百四十四员。泼勒谜埃尔克拉司，译即头班，里安脱囊即代缺，犹言长官出缺，可以护理耳。七曰里安脱囊夺浮沙夺雪共特克拉司，守备。共四百零二员。雪共特克拉司译二班，余同前，年五十三岁当休致，食半俸。八曰盎扇业夺浮沙，千总。共五百十六员。盎扇业系古时战阵执纛者，犹言大船之旗官耳。九曰阿司毕郎夺泼勒迷埃尔克拉司，把总。共一百五十三员。阿司毕郎译即学优望重者，犹言头班优生耳。十曰阿司毕郎夺雪共特克拉司，外委。共六十八员，犹言二班优生。十一曰爱来佛夺雷谷〔尔〕捺佛尔，额外外委。共七十五名。雷谷尔捺佛尔译即行船学堂，爱来佛即学生，犹言行船学堂之肄业生耳。

水师经费总数

法国每年用款，向由执政预为核定，请于议院，议院允准，户部方能照数发给。本年水师经费，内而海部尚书、总办、章京，外而提督、统带、弁兵、水手以及制造船只津贴、医院等项种种杂费，计开法银二百六十七兆五十七万一千五百二十八方。[①]

① 按：据吴著第 317 页，此处所据为 1895 年法国海军军费。

卷之二

法都巴黎维尔纳夫三查尔时炮台

巴黎城外大小炮台计有二三十座，掩藏甚密，不轻示人。设有人私自窥探，或用摄影镜映照，或以管城子描绘，皆有厉禁，一经查获，无论何国人，皆以奸细治罪。

光绪二十年十月二十日，章京彦恺因丁内艰请假回华。章京凤凌自应照常游历，呈请出使大臣龚咨请法外部转移兵部发给准照。二十八日拜谒总督沙茜爱当，由该督选得维尔纳夫三查尔时炮台一座，并云："本国炮台概不准他国查看，今公等由中国远涉，自应择其善者为观，并请于翌日往晤营务处督办，面订游期，俾得派员照料"。三十日往谒督办，订于礼拜六午前十点钟前往游观，是日即十二月初三日也，并云所派陪游之员当在炮台相候。

至日，凌偕翻译官吴宗濂于午前八点钟出东南角之茄尔门。一路树木萧森，街衢宽坦，两旁房楼亦甚高华，不减城中景象。惟是日微雨狂风，稍觉寒凛。

午前十点钟，抵维尔纳夫三查尔时，乃一高阜之市镇也，隶赛纳爱屋沃时省，处巴黎东南，相距十五法里，居民三千余家，滨临塞纳江，为依爱河之汇流处。河长九十法里，自泼罗樊城北起至此而尽,可通小火轮船及运货船舰。

地势甚高,盘桓而上,始及台门,已有兵官在彼守候。旋见该员萨雷司,筑造炮台是其本业,现今台虽造竣有年,不时稽查俾免损坏,是非精明其事者不为功,故各炮台皆有此等专员。该专员先领至后面,随进围墙内。墙厚十余迈当,中有瓮洞,逶迤而进,渐觉低深。及底,有圆铁架一座,屹然高峙,对径二迈当有奇,高倍之,下端有铁链,链动而架即俱动,四面旋转如磨盘然。上列二炮,口径一百二十密里,能及四法里遥,发无不中。架顶系圆铁罩,厚十生的,[①]罩傍有二孔,微露炮口。倘欲使炮口对准何向,则炮架下盘有向度尺,欲开何度,即将架盘转至何度,自然百无一爽,而炮之后膛更可略微升降。膛后有盘车,能将地隐中之炮弹运装入炮。而炮架墙上置有电钥,用手按之,弹即出轰,缘膛上本有电线通接电钥故也。

继入地隐,见有盘车、汽炉、水龙、手架各一,盘[②]预备递升炮弹;汽炉、水龙、手架三项则为转动炮架而设。汽炉生火煮水,蒸汽运轮,套以皮带,即可牵转炮架。水龙系在墙隅,下端插入水池,抽提龙头,自生水力。水力至百二十度为限,过限则有裂器之虞,故墙上系有一表,标明水力度数,但看表针,即知水度。手架系用人力,只须一人执其柄而摇之,则炮架自然旋转。此三件原不必同时并用,设三者之中有损毁,可以轮流替代耳。

旋望台顶,见圆罩如铁锅形覆之其上,不知者实不料其中藏二炮也。况罩之周围,依稀培养小树,盖令人难窥觉。兵官谓:"此炮位系备击塞纳江之来敌。设使敌之炮弹中我炮口,原属可危,然非

---

① 按:吴著第465页,此处为"四十生的"。

② 按:同上,此处漏一"车"字。

易耳。兹设铁罩以覆之，即使炮弹着于铁罩，则弹必滑至罩傍松土中，不能炸裂，[1]炮台之布置实觉万妥万稳矣。”嗣由复道至台墙之四隅密室中，有梅花炮数尊，炮口皆向旱濠，防敌之偷入也。濠宽三迈当，深约两倍，旁有大井一，盖备缺水时吸饮者。现在台中之水，系由自来水公司接济，其藏水处另有石柜。

旋至军器房，见有口径一百五十密里之炮数尊，每尊备弹七百个，弹重四十五几娄。[2] 弹有二种：一系炸弹，如竹筒式，长尺许；一系无烟火药之弹，底阔首尖，临敌择用，因时制宜。更有口径二百二十密里之开花炮二尊，洋名麻耳低嗳尔，长一迈当半，用时仰天施放，弹由半空落地即炸，可击逼近之敌。据云大小炮位共有二十余尊，现因承平，故皆收藏，临用只须数时，即可布置齐全。此台对径近百迈当，周四百迈当，形作长方，外绕旱濠。内有兵房、军器房、粮食房、火药房，凡百余间。亦有作两层式者，上层系兵官所居。有时可屯二千五百兵，目下系第三队之[3]步军二百五十人驻扎其中，由守备拉佛尼尔统带，每八个月一调，及期即当拔队往他处焉。时该统带亦至，遂与同游。

末至大门瓮洞，不啻京师之城门，而尤觉黝深，离洞口外墙之三迈当处，有铁门两扇，厚寸余，上有长方孔无数。门外有木质地板两块，厚半尺，两旁有铁机，由二兵摇机，两板即开，向上竖起，紧贴于墙。其下露一坎，深约五迈当。统带谓：“此则于敌逼近台门时始用此法，以图近击敌人，断其进路也。”遂令开门悬板，如法试之，果见灵便异常，毫不费力，霎时仍归原位，可任人行。遂出大

① 按：1902 年石印本页十五下，及吴著第 465 页，此处多出“故此”两字，语义表达更明白。

② 按：1902 年石印本中亦为“几娄”，然该词在本书中多用“启罗”之译名，吴著亦然。

③ 按：吴著第 466 页中此处为“水师步军”。

门，见门首正中有石匾一，额上镌台名，左有一千八百七十年，右有一千八百七十六年之年号，[①]问其故，知系一指开工，一指落成。台墙用西门德土及散石和结，上面复培松土，厚约二迈当，俱生丛草，远望竟如土山。且旱濠周围皆有土墩，比台微低，约数法里，惟正门外开成甬路一道，通至镇市。

阅毕，统带招凌等至其私第，出示中越界图，有书洋文者，有书洋文兼汉文者，盖渠前曾随孤拔攻闽、台，继而会同法国监置界石委员法兰亭在广西镇南关外与中国委员办理界石事宜，是以有此界图。统带谓中国委员当时与彼甚为相得，并无棘手情事，惜其于地理不甚了然耳。移时辞归，该统带率众兵官步送，相视登车而返。

〔附〕法国水陆弁兵额数考 一千八百九十四年光绪二十年[②]

陆兵分十九大队，计步兵三十一万七千零五十七人。

马兵七万五千一百五十七人。

马十三万五千二百三十九匹。

炮兵七万三千八百六十九人。

随营工匠一万一千零三十九人。

夫役一万一千八百四十人。

大小营官八百四十八员。

武衙及武备学堂共一万九千零九十处。

巡兵二万五千名。

---

① 按：1902 年石印本此处记为，“左右有一千八百七十六及一千八百七十年之年号”，亦误；吴著第 466 页中此处为“左为一千八百七十六年，右为一千八百八十”，附有清帝年号。

② 按：“法国水陆弁兵额数考”一节为 1902 年石印本所无。

武弁二万六千七百六十三员。

国家有事时可增兵至三百七十八万四千人，内战兵及备兵二百万人，守土兵一百零二万二千人，守土战兵七十六万二千人。

兵船三百八十八号。

水师兵丁六万八千名。

法国海部拟于一千八百九十五年添造兵船数目

在光绪二十年十二月初十日①

大钢甲船一艘，价值二十七兆五十一万三千三百六十六镑，定于一千九百年告成；报信快船一艘，价值二兆四十万七千一百八十八方。以上二船均在官船厂制造。新式大快船二艘，价值十八兆三十六万九千一百三十方，定于一千八百九十九年告成；二号快船一艘，按照覃喀尔特式，略为变通。价值八兆二十三万三千一百二十五方，定于一千八百九十八年告成；三号快船二艘，专为巡守远海之用，各值四兆三十万七千四百零三方，定于一千八百九十九年告成；大洋鱼雷船二艘，一名德那尔，一名芒徐呢，各值六十万九千四百九十八方，一定于一千八百九十六年，一定于一千八百九十七年告成；头等鱼雷船五艘，各值四十一万五千零十四方，定于一千八百九十八年告成；另有装于夫特尔快船之鱼雷船五只，各值十三万八千方，定于一千八百九十六年告成。以上十七船均在商厂制造。迨以上各船开造后，法国战船之在厂兴作水配器或成而待试者，计有八十四船，极大铁甲船九，护岸甲船三，头等快船八，二等快船十，三等快船五，装载鱼雷之快船一，鱼雷船一，报信鱼雷船

① 按："法国海部拟于一千八百九十五年添造兵船数目"一节为1902年石印本所无。

二,报信快船二,单炮船一,大洋鱼雷船七,头等鱼雷船二十六,可以装载之鱼雷船八,海底鱼雷船一。此八十四船中,计有二十六船在官厂定造,余皆造于商家船厂,鱼雷船四十一只,亦在内也。但自一千八百九十四年三十一日起,内四十九船已可供差,正在试验则只有三十五船,尚在厂中兴作以迄成功耳。一千八百九十五年,当费八十六兆十万四千五百二十九方,以办军器、鱼雷而供水师之用。

法国战船改换快炮 在是年十二月初十日[①]

法海部定于一千八百九十四年起,拟将战船上中号大号口径之炮尽行改用快炮。凡北海、地中海之战船,业已陆续回坞,当于数礼拜中在制造局提装快炮。查此项快炮已装于极东海面——即(印)度洋面之战船矣,一则停泊中国以保商,一则将赴马岛以资征讨。但只除旧更新,尚嫌单弱,故于霍乞开斯之梅花炮外,更添马克绥拿登飞特之快炮。马克绥炮为近今最精最凶之器,业已无人不知。德奥二国之水师已有此项炮位,而法国水师亦当于一年内齐备之。此炮只有炮膛一管,装药装弹皆有活榫,每分钟时能开千响,足抵五十人每分钟时开放快枪二十响,药弹即用格拉及勒培尔枪之子,子储炮架之内,计有二千八百八十个,只须一动炮架,其子自入炮门。海部尚书欲令船中炮手熟悉其法,故令五战埠各派人员于本月初一日来至巴黎。每水师船厂则派正副炮弁二员在水师总厂中学习马克绥炮之动法、配法、拆法及收拾法。当其在巴黎时,设使轮应登舟前赴属地,则即豁免,学成

---

① “法国战船改换快炮”一节为1902年石印本所无。

后给予凭照,各归本厂,即委其在军械所及战船上教授各炮手以新法云。

尚论各国行船速率 法国海部刊论

近数年来,行海事宜大有进益,而速率要当首屈一指,宜各国海部今皆着意于此也。商船固须借重速率,而兵船则尤以速率为最要关键。假使此国有兵船一队,船数不多而船行颇速,彼国兵船既多、器械亦利而船行独慢,则此即不必与彼争横于海面,而可直轰其海口。且兵船迟钝者断不能阻碍敌人之商务,缘商船皆有极大之速率故也。速率之蒸蒸日上,实足令人触目警心。尤甚者,莫如法国之鱼雷队。回忆此等小船,每钟能行二十海里,一海里合一千八百五十二迈当。已觉心满意足,时尚未久耳,乃一千八百九十一年,都隆之商家船厂所造能行大海之雷船二只:一曰爱克来,尔能行二十一海里又十分之五;一曰喀皮尔,能行二十一海里又十分之六。一千八百九十二年,哈佛尔海口工师拿尔芒造成特拉公一船,能行二十五海里;一千八百九十三年,制造"郎西埃"一船,能行二十五海里又十分之八;又造施佛利埃一船,能行至二十七海里又十分之三。以上数目,皆载之官报,信而有征者也。本年英厂开造捉雷船二十只,每船压水力二百二十吨,其式悉如乌尔勇一船,此船通址速率能行二十八海里又百分之二,目下海面之上以此船为最速,但不久当又有加乎其上者。现今拿尔芒厂正造福尔旁鱼雷一船,能行三十海里,业已算准,与陆地火车之能行五十五法里半者正相合符。一法里即一启罗迈当,启罗即千字之别名,一启罗迈当犹言一千迈当耳,当合中国二尺八寸。如此速率,尚未有一国设法办到也。仅仅四年之间,而速率竟增十海里,可见雷船进境之速，出人意表矣。[1] 商船大有裨益也。快船亦可保护本国商船之故。以今各国海军现用及新造之快船而论，则冈叭呢阿、吕喀呢阿实可以睥睨一切。快船中可与二船角胜速率者，惟美国之新式快船似有几希之望，内造成之第一只船名哥隆皮阿。美报谓其新近试行速率之加竟出望外，因此飞拉覃尔飞地方之克郎泼厂获所许之奖洋三十五万元也，试行时，曾得非常速率，每点钟能行二十五海里又百分之三十一，竟似大号快船之速率。惟美人独得先声，为各国之冠。岂知哥隆皮阿一船，于极大速率外，更有精足器械能御炮火，装煤秘法足备一百零五日之用，如每点钟行十海里光景，共走四万七千法里，可以无须添装煤块也。若只据此船速率所言，则美国海部侍郎语人曰："照余愚见，苟有十二只快船同此速率，而保护商船之法仍如现在情形，则不拘何国商务，皆足以摧毁无遗，并无论彼国索赔如何凶狠，甲船如何猛厉，办理如何严辣，而自足以使之无从攻我也"云云。夫以同类之船造成当须时日，哥隆皮阿实有一无二，则大号邮船所惧者惟小鱼雷耳。幸而此项雷船力量薄弱，行大海中，得风平浪静，方可追及邮船耳。总而言之，此乃目下各种船只之速率实考也。然则速率其已臻极顶乎？未也。而在造船之家实可毅然以决谓：船行之速率原无止境，诚难以定界限也。据彼等意见，以为配合各种钢铝及他项材料，足以得至轻之质，极大之力，以驯致乎经久耐用，再于无穷速率外，深求水之阻力、机之进力、油汁代煤之法、汽锅布置之良，则纵使今日所造之诣已臻超绝，而速率要尤有进而益上之势也。

---

[1] 按：据1902年石印本页十七下，此处有"究其所以得此明效者，以其配用新出之五金材料，而又加用半硬之钢，故较为轻灵坚结，船壳薄而分量亦减也"等语。

卷之三

法国孛雷司特海口

法郎西五大海口，而孛雷司特一埠次属第二埠，在法都巴黎之西，计程六百二十四法里。合中国一千零九十二里。实属天然险堑，其间暗藏炮台，隐而莫见者计二十余处，他国知其名，究莫探其底蕴。

光绪二十一年正月初十日晚八点钟，在巴黎之巴那司火车站搭车起程，往游该埠。沿途所经城镇共二十一处，巨城凡四：一曰勒芒，隶沙尔德省，跨沙尔德河，居民五万余人。有谳署、官塾、教堂、书库及博物院、织厂，出麻布、筛纱、手帕、棉布等物，生意以蜡、蜜、牛、羊、鸡、鸭为盛。一曰来恩，隶伊尔维纳省，在伊尔及维雷纳两河汇流处，居民六万余众。有平反署、大书院、律学、文学、艺学、医学、枪炮学等各书塾及藏书库、博物院、植学院、植物园等，土产出帆布衫、袜，而漂蜡、硝皮、染色均各有厂。一曰散帛里安，隶哥忒狄拿尔省，跨哥爱河，距海三法里，海口名来甘，称善埠，居民二万。有谳署、官署、水学塾、藏书库、农牧会、织厂，出绒布、麻布，海道生意尤盛，捕捉鲸鳖渔船俱在此装备器具，北省之铁料、木料亦运至此焉。一曰马尔来，隶飞呢司耽尔省，跨两山之腰，而柴尔洛及甘尔郎两河适在其间汇流，遂成商埠，乃便且稳之船澳也。居民二万余众。有炮台一,名笃罗,藉资守口,为法皇拂郎沙沃第一所建。有谳署、官塾、水学院、制烟厂、农牧会。异地之货俱此屯聚,栈房极巨,至宽道旱桥、火车经其上。水槽、医院,亦皆具备。商务甚旺,土产出牛羊油、腌肉、蜂蜜、黄蜡、油籽、皮张、麻布、纸张、马匹、铅料及捕捉鲸鳖之器。

十一日晨九点钟三十分,抵孛雷司特,寓贡的囊带尔客店。午后三点钟,往谒代理水师府尹副戎夺古尔的尔。该员本水师营务处总办,因正任府尹培司那擢升海部尚书,继斯任者尚未简员,故循例摄事。该副戎谓:渠于一千八百六十二年,同治二(元)年。曾随其水师统领泼陆耽襄助中国攻剿发逆,在相近上海之南棋澳①一役,泼陆耽阵亡,渠亦受伤,事后论功曾得中国银牌一面,时渠自水师学堂习业既毕,刚为二等优生也。凌等遂答以"得聆明教,藉悉殊勋,不胜欣幸之至"。夺复谓:"公至敝处,拟观何项?"复告以"特阅贵处制厂、兵船、炮台"。夺谓:"炮台分隶兵部、海部,须有该二部之特准凭据,方能领阅,余皆可惟命是从,当于翌日午后派员带领并备轮舟迎迓。"

十二日午后两点钟,代理府尹之中军夫尔呢爱来寓,同赴水师制局。局在奔飞尔特河之两岸,适在山坡之下。东岸有货栈一,长一百六十法尺,中国四十四丈八寸。建于一千七百四十四年,内储水师需用各件。栈之北首立一孤亭,乃发货人员办公之所。南首亦一亭,即船埠司之公事房,上建钟楼,形如方斗,四面可观时刻。后有一院,院底有材料房三,货栈四。当前即甬道也,中置石座一,架上有铁炮一尊,长七法尺,中国一丈九尺六寸。乃自千八百三十一年

① 按:据吴著中第469页,此处为"南桥"。

取之于阿尔及耳者，相传此炮于是年为义大利浮呢司人所铸。又有石像一尊，在石砌水池之上，亦得炮之年所获。[1] 货栈北有房屋，长四百法尺，中国一百二十丈。下层置船中杂具，中层制造布帆绳缆以及装饰等件之作，上层置行船各器。此屋开造于一千七百四十四年，成于一千七百六十五年，时已久而工已伟矣。门前沿河，崖岸积炮、聚铁堆如山势，炮弹、铁锚之属积亦缤纷。后面房屋一正两配，长一百五十四法尺，中国七十一丈一寸二分。内储粗麻麻布及兵房应用一切。又药房一所，凡有益于人生之事，皆在此间办理，所有药学、化学、格致学三项源流，各有师讲说，传授生徒。此外有制麻厂、小木作、柏油栈。又有起水机二副，每副马力八匹，通扯每钟起水十四吨。木料厂一，得五千七百二十五方法尺。锯木厂长一百法尺，中国二十八丈。凡锯、刨各事悉用机器。其储淡水之箱及橹桨划船，均有耑厂修造。又伤科医室及扛台受伤人之卧榻，亦皆备齐。再进有堆煤场，长一百零八法尺，三十丈二尺四寸。宽四十法尺。十一丈二尺。造船棚六所。由此迤逦至西北，有储木栈、油漆厂、船桅栈也。渡浮桥过河之西岸，有火器栈、划船小火轮栈、小木作、修船坞、食货栈、熔铁厂、剪铁厂、铁链厂。铁链厂中工作不用机器，惟有一万启罗重之大铁锤三副，藉击烧红整铁兼凿各孔，余用人工逐件击打。盖用机器为之，链必不坚，故也。

旋登小轮舟，渡观孛女司甲船。船体钢造，长一百十三法尺九十五生的，中国三十一丈七尺零六分。宽二十法尺十八生的，中国五丈六尺四分零四。深十二法尺五十七生的，三丈五尺一寸九分六。入水八法尺，二丈二尺四寸。压水力一万零九百七十八吨，船面一百四

---

① 按：吴著中第470页，为一千八百零三年而非一千八百三十一年，且注明为嘉庆八年，可知凤凌所记为误。

十三方法尺。水线带以上船身全甲，俱厚四十生的；中国一尺一寸二分。船底外甲厚十生的。二分八厘。炮台三座，甲厚四十至四十五生的。中国一尺一寸至一尺一寸三分四厘。船面之甲有厚至五六生的至十生的者。大炮三尊，口径各三十四生的，二在前，一向后，长十五法尺，及远二十法里。又十六生的之炮十尊，分置船之左右上下；六十五密里之炮四尊，四十七密里之炮八尊，小快炮八尊，雷筒六个。汽锅、火炉俱由培尔维尔厂制。船尾螺轮二具，速率应得十八海里。船本为罗里盎埠官厂所造，一千八百九十一年下水，水兵定额六百六十六人，而布置炮械、安排器具，则在孛雷司特。去岁十月工竣试行，所有水线带以上之钢甲竟致全浸水中，细加考察，盖比原定之压力计溢四百吨；而火炉烧煤又极耗费，核算之每点钟须烧煤一启罗八百格拉模，方可得机器之一匹马力。有此二弊，遂不适用。当奉海部尚书福尔现为法国总统。[①] 之谕，将船面、船心物件，重加拆改，就简删繁，架放快炮之二桅亦须去其一也。匠人数百，正在作工，刻下工尚未竣。

由上而下，周阅各舱，但见器悉簇新，物尽重叠，即如船主至机器房发号施令，[②]除用传声筒外，并有电灯盘，一盘作圆形，对径约二尺，其中备有各种号令做成字样，船主欲令何字显出，一拨电钥，其字即大放光明，此固为他船所无，其余类此者不一而足，故虽有小疵，大纯难掩。导者谓：此船身分，实在各船之上，外人不察，徒肆雌黄，良为可惜。但经此次修改后，当臻美备，遗憾毫无云。

阅毕而出，见沙尔马德耳钢甲一船，壳成而机器未备，其中物

---

① 按：吴著中第 471 页，称法国总统福尔已薨，经查福尔至 1899 年去世，故吴氏所记有误。

② 按：据吴著第 472 页，为“船主发号令至机器房”，较凤凌之意更为明晰。

件纵横，碍难厕足，但记其船身长一百十五法尺，中国三十二丈二尺。宽二十一法尺，五丈八尺八寸。深十五法尺，四丈二尺。入水八法尺，二丈二尺四寸。压水力一万一千八百八十二吨。中腰水线上甲厚四十五生的，中国一尺二寸四分。水线下二十五生的，五寸七分。前后甲厚一百零五密里。二寸九分四。炮台四，甲厚三十七生的。八寸五分九厘六。乃于一千八百九十三年下水也。

复渡海登然恩莫泼钢甲船。船于一千八百九十二年下水，盖备巡护海滨之用船。长八十六法尺零五生的，二十四丈零九分四。宽十七法尺，四丈七尺六寸。深六法尺九十六生的，一丈九尺四寸八分八。入水六法尺七十一生的，一丈八尺七寸七分。压水力六千五百九十吨。水线以上中腰甲厚四十六生的，一尺一寸四分。船头[①]三十六生的，八寸五分。船尾四十一生的，一尺一寸五分。水线下其甲俱厚二十五生的，五寸七分。船面甲厚十生的七密里。三寸。其间之炮有十生的口径者四，六十五密里者二，四十七密里二，梅花炮十，放鱼雷筒二具。机器马力七千五百匹，暗轮二具，速率十六海里。汽锅、火炉各十六副，乃拉各吕飞达来之制也。水兵二百九十九人。船面炮台，前后各一，甲厚四十五生的；一尺一寸四分。大炮二，口径三十四生的，八寸五分二厘二。长十五法尺，及远二十法里。炮膛在匡郭护罩中，而前半炮身并无遮蔽，凸出于外，台动则炮与俱动，可以三面旋转。炮左之前面罩墙留一孔，瞭向处也。开炮、装药弹俱用水力，而辅之以人。

十三日午后，仍由昨弁带领，乘轮舟至海口，登博尔达船。是船全身木质，机轮尽去，不能行动，永远抛泊，藉作水师学堂。长七

---

① 按：吴著第473页，此处为“船头水线上甲”。

十余法尺，宽在十法尺外。船分三层。首层为官兵之卧室、客厅、饭房，医生之医室、药室，学生之书库、书桌、仪器室。二层为演习炮枪处。三层即船顶，中有三桅，各系软梯，备学生之缘梯上桅也，下张绳网，防学生之失足下坠也。学生七十五人。每日有一定课程，所学系测算、步伐、施炮、开枪诸技。由教习督率另坐他船出海巡行，俾之耐习风涛，熟谙沙线；或划船游玩，或登岸打靶，亦由教习调遣。教习二十二，提调四，统带一，无一不由水师兵官升擢者。水手二百：百人知武技，不啻帮教，凡演枪、演炮，皆能相助为理；百人作粗工，为洗扫收拾等务。自兵官以迄水手，皆有俸有饷，惟学生除饭食衣服由船供给外，却须每年纳资于国：第一年法银五百方，第二年七百方。二年为期，期满学成，作为优生分插各船，藉资历练；不成则撤，此生即无复有水师兵官之望矣。故学业无成者，亦觉时所少有。学生年岁以十六七为度，先须试以本国文理及史记、算法、舆地诸学，如能兼悉他国语言文字，尤属见珍，入选后方准入堂肄业。以上所云，乃该船武员所告。

继承出示勒倍尔枪。查此枪之管旁，另有一管，谓之弹栈，中有伸缩法条，满装可得八弹，又一弹置于膛口，又一弹置于膛口下之凹内，共计十弹。膛口之弹一经发出，凹内之弹即进膛口，栈内之弹即至凹内，只须拨动枪簧，弹自连续以出，不啻一气呵成，直达二法里外，置人于死可无噍类，是谓法国家近式之军枪快枪。此枪式乃法提督勒倍尔管理之火器会中研究而得者，法国据为独得之秘，不肯出卖于人。昔有某兵官偷窃一枪卖于普人，彼未出境即被查出，遂获重罪。

阅毕，又令数水手作开炮诸状。炮虽旧式，然甚灵便，大小共二十余炮，以之指示学生，诚属绰有余裕也。

周历之余，达于船底。此间本锅炉机器室，现改作斗剑、打棍之房[①]，兼演放手枪处。其后为电灯室，发电之机有二，随时轮用，以防损坏。其前即杂货房。至水手学生之卧具，则系晚间支搭，晨起收藏。其卧具用夹袋厚布，中置被[②]而无枕，长五尺，宽尺许，两端以绳系于船墙之铁圈，即足以供偃息。

阅毕，复登小轮船，开往商船埠，观八十四号之雷船。长三十五法尺，九丈八尺。宽三法尺三十三生的，九尺二寸四分八厘四。入水二法尺，五尺六寸。压水力五十三吨，马力一百三十四。鱼雷二炮：一在船首，置定不移，只能向前冲出；一在船面中枢，放于雷筒之内，而雷筒三面旋转。此处雷船计共十有四只。雷船隘小，地位无多，故另有不动之木船一只，名那罚来者，在彼驻泊，满储饷械以供各雷艇之用，其中有修雷炮之室，工匠数十人，机器五六具，逐日从事修理各雷。

阅毕，折回制局，入船样院。院在局门右首，楼之首层，样皆木制，半属旧式，约数十只，内有中国之六门枪快船、长江炮艇各一艘。

十四日午后，中军杜忒利佛来寓，当即同车往观水手公所。入门迤右即大厦一栋，计长一百二十五法尺，三十五丈。宽二十法尺。五丈六尺。楼凡三层：首层下即办公所、粮食房、斗剑房、枪刀房、修械处、洗浴房以及石印、医药、养疾、监禁各所。首层楼房有军乐房、算学房、凡水手之欲充支应者，须习算法。藏书之库、观书之室、奕博之厅，及铺陈食具、裁衣各房。裁衣房中剪裁各水手之衣裤等件，分派女工八百名领回缝制，工成即缴。其料不外大呢、麻线布，

---

① 按：吴著中第475页，为“体操厅”。
② 同上，此处为“中置褥，上置被”。

数岁约制二万余套，费用一百五十万方。每四方合银一两，共三十七万五千两。[①] 至二层、三层，乃各水手之卧室，约四五十人合居一房。卧具之式及支搭、收藏，悉如水师学堂之制。所中原足容三千水手，刻下仅有二千光景。一入此所，即须改装，穿水手衣服，乃得领饷。饭食亦由所中供给，有大厨房在，固无须于自行造饭焉。饮酒食肉皆有定数，秩然井然，不闻争竞，虽群居杂处，亦复肃静无哗。其已在兵船服役之水手，倘登岸迟归无处栖宿者，所中另有专房以处之。管理公所总办，系水师中之甲必丹一员，辅以帮办兵官四员。其兵官常川驻扎，总办仅于日间一至，查问各事耳。正中乃大院落一区，其左即厨房。后进有平台一所，乃水手打棍盘杠处[②]，中置木架，下堆浮沙。旁有运物上船之手车数辆，及可以拖拽之铜炮六尊，各水手每三四日例须操演一次。

十五日午前，至水师府尹处辞行，并谢其照料之意。该府尹深以未能领阅炮台为歉。凌告以"在都隆得蒙府尹维业通融办理，领观炮台，以致此次仍未向海部二部领得查看炮台之据，此余等之疏忽。我公守法维谨，余方钦佩之不暇，更有何意不满。况贵国都隆各堡及巴黎城外炮台，余等已得窥其崖略矣。"午后二点钟搭车起程，翌日晨四点钟始抵巴黎。适有特聘俄国之王爵棠星使之春亦于是晨由马赛戾止焉。

〔附〕孛雷司特方位

孛雷司特处西经线自巴黎起算。六度四十九分三十五秒，北纬

① 按，吴著第476页，为"四十五万九千四百十八两零七分"。以四方为一两计算，吴著数字有误。

② 同上，为"体操处"。

线自赤道起算。四十八度二十三分三十五秒，隶飞呢司耽尔省，如中国州治，周围有土城。地多雨水，近日天气严寒，故大放晴。居民七万五千八百五十四人。一千八百九十二年官册。除管理地方事务之州牧外，驻有水师府尹一员，统辖北海兵船，故有制造船厂一所，约四千工役。厂设于二山之坡，分门别类，各有专司。二山分列东西：东为孛雷司特，西为雷哥佛朗司，中间即兵船埠，俗称奔飞尔特。其为河者，是乃海中潮信灌入也，直至北口为止，北口以上尽系淡水。二坡本皆纹石，质既坚结，势亦嵯峨，最高处距海面三十五法尺，九丈八尺。当时直凸至今日之埠岸，盖费二百余年之大工，忍心耐性，余力不遗，始得开成坦道，以起建厂房也。然尚有因势利导之处，缘其间有四谷；一名维尔纳夫，逶迤而下，直抵忒罗郎；其二自甘利奴来以成冬纳勒黎湾；其三自奔塔呢阿而下，直抵今之奔塔尼阿四池；其四即现在之封耽恩街，至尚排特河。河之长广，计自南口至北口，长三千法尺，八百四十丈。北口至极北界，长二千五百法尺，七百丈。统扯河面之广得百法尺，二十八丈。潮落时水深十法尺至十三法尺不等。二丈八尺至三丈六尺四寸。有浮桥三，铁桥一。铁桥在南口，可以启闭，开则半桥向北折转，半桥向南折转，以让大舟之进；闭则彼此连接以便行人。此桥于一千八百六十一年造成，而雷哥弗朗司遂与孛雷司特通连，并作一城。南口即船澳，兵船下碇处也。目今各兵船适赴他埠，故除水师学堂薄尔达外，只有锚记漂泊其中。澳东有长堤三：二堤东西分列，自岸造出，斗入澳中，南端有灯塔各一，相距数十法尺；另有一堤，横亘其前，恰为屏卫，此堤西端亦有灯塔一座。三堤之中，即停泊商船处，故称为商船埠，而雷船亦借泊其中。堤内西北岸有修船坞四，东北岸有水中修船坞一，宽广得十二爱克带尔。

船澳形势

大凡船在大西洋中，但觉浩浩无垠，海天一色。尽向东行，则见乌爱桑岛，巉岩壁立，气象森严，周围不下十八法里，三十六里。附岛洲峪更仆难数，是为孛雷司特口外之天然屏卫。折而往南，经夫尔峡、依禄沃时峡及散纳旋涡，此三处礁石甚繁，径行匪易，必须熟谙一切，方可前进无虞。过此险要，即至新月形之大池，池西北界散马依安尖，其右为培笃莫浅湾；东南界喀麦雷冈，其右有喀麦雷浅湾。再折而东北，是为船澳口门，厥名哥雷，北即格郎米奴尖，南为客毕杉尖，相距近四千法尺。中国一千一百二十丈。稍进，正中有磐石一座，名迈戆，兀然屹峙。自此以往，计历五十(千)法尺，一千四百丈。方抵巴尔徐克尖、西班牙尖之间；然此间口门渐狭，两尖对处仅宽一千八百法尺，五百零四丈。其内始为船澳。一路前行，左右顾，见于高岗之上、半山之腰或近水际，有炮台、炮垒二十余座，环伏如虎之负隅，密为窥伺，敌船实有不能闯越之势。在巴尔徐克尖或西班牙尖之上纵目远眺，则见汪洋浩淼，凡孛雷司特澳及萨笃来澳在东南角。之景色，不啻尽在目中，而危崖峭壁、山角水湾，错杂相间，远处之爱罗尔恩河、东北。乌尔恩河，东南。亦复隐约在望，颇极苍翠之大观。孛雷司特澳长八法里，中国十四里。宽五法里。八里又十分里之一五。兵船泊此，与船厂呼应极灵。至萨笃来一澳，昔有水师总兵德佛那尔者，时孛雷司特澳与萨笃来澳尚未如今之分析命名。曾言孛雷司特澳之妙处，系因澳面廖阔，便于泊船。自隆特岛、郎浮乌克炮台间至萨笃来河，此河在东南，与澳同名。外长三千笃沃司，古尺名，即今之六尺。截长补短，恰得面积二千笃沃司见方之地，深自八托至十五托不等,每托合一法尺六十二生的。底皆淤泥,毫无沙碛,足容兵船四百艘,稳而且安,即欧洲各国之水师兵船聚集其中,亦复绰绰有余地云。

船埠形势

船埠者,即奔飞尔特河也。河身自西北向东南,适中处转而西南,及口,又向东南以入于澳,曲折有致,深广合宜。凡兵船外壳已成而内具未备者,则在此安插布置。又运物应差之小船,亦于其中停泊。两岸皆制局房屋。试在大铁桥上举目纵观,实有气象万千之势。西南而望,见远处之郎浮乌克地方隆岛、忒来培弄岛、麻尔岛;以及船澳之半。近处左岸有旧式炮台一,矗立凌霄,气势雄厚,谓系罗马人所造,今充陆营兵房。其下稍远,有电灯标记室、扒尔乌提克之炮堡、堆煤场、量潮尺、运桅机及都尔维尔码头。右岸即雷哥佛朗司,高处有卜爱忒及飞侯阿司佛尔之两炮堡以及火器各库房;其下沿河一带,有粮食栈及常排尔忒码头。向北一望,则又别开境界,尤觉豁目爽心:雷哥佛朗司一边,有火器房,间数众多,又有水手公所,高踞山巅,有俯视一切之概,邦带及阿坞熟铁厂及各项作场;孛雷司特一边,低处有忒罗郎坞、货栈、帆栈、缆栈、器栈、医院,高处有天文坛,旁围树木,景极清幽。再进登卜爱提坐尔冈以望,则见柏油栈、起水机、储木栈、冬纳黎坞及其旁之锯木厂、斫轮厂、卜爱提坐尔之储煤场、蒲珊黎扒格时之造船棚,以达北口之外。雷哥佛郎司一边,有码头及各项房屋,甘利浮尔常之储煤场。及萨罗平洲,洲极高竣,自用炸药轰去后,现已有极深之船坞。此外,如扒尔夺那佛之造船棚,亦觉恢恢乎有余裕也。然则两山夹峙之间,一水滐洄之际,应有尽有,色色皆精,左之右之,头头是道,境虽狭而不形其狭，工虽繁而不苦其繁，足见累年缔造之苦心，当代经营之绝诣也。彼能于一粒粟中现十丈金身者，何足以喻此力量！

薄尔达水师学堂考

法国水师学堂原有二所，一在阿来，在南境，属茄尔省。并无大河；一在王恩，在西境，为麻尔皮盎省之会城，处孛雷司特东南。虽临大西洋面，而船只入口甚艰，然水师学堂已肇始于此矣。一千八百十年，法皇拿破仑第一谕令移至孛雷司特及都隆二埠。海部尚书夺克雷拟在陆地设立，水师提督某遂以此奏请。拿破仑曰："是同于马队学堂之设于船上也。"提督曰："并不相同，王其鉴之。"拿破仑曰："实属相同，不必再辩。今只问贵督，如在水底教育孩童，俾之成立，君知其益乎？"答曰："未也。"拿破仑曰："若然，且俟君等思得善法，再作计议，目下姑在水面教育若辈以试之可耳。"自有此谕，海部不敢违拗，遣学生二百名至孛雷司特，置于都尔维尔船，又百名至都隆之提甘司恩船，是为水师学堂设于船上之张本。惜不数年，而拿破仑兵败身俘，二船遂不能振作。追维陈迹，惟知其于艺学、文学及行船诸法，俱属不甚著重，当时所教，不过如今之水手学堂。一千八百十四至三十年间，路易第十八、沙尔第十相继为王，竟将此二学堂裁撤，另设一塾于盎哥来恩。彼处虽有绿水，然距海甚遥。尤奇者，塾在陆地，既无大舟，又不置炮，学生御绸袿高冠，日在河中打桨闲游，即为功课。迨路易非利泼登位，颁行新政，其注意之第一事，则迁回水师学生于船上，船即薄尔达也。是为孛雷司特永有此船充当水师学堂之始。

孛雷司特临大西洋，水流风信、雾气潮头皆极危险，足增学力而助智囊，诚为水师学堂之绝妙位置。且大西洋行船极难之处，尤莫如孛雷司特口外，如乌爱桑之暗礁、拉时拂隆浮峡、夫尔峡，径行皆非容易，须具绝大本领，方能攸往咸宜。是以考求行船事宜必以孛雷司特为庄岳，远在都隆之上也。都隆出机器士，而孛雷司特则有薄尔达船培植水师将领。

船泊奔飞尔特河外之里许，正对船澳口门。从前大西洋之巨浪直扑以进，薄尔达船每有左欹右侧、前仰后合之势。近自三四年来，在口门横筑一堤，刻下工虽未竣，然其址已成，露于水面；法以大方石块用船装运，逐日按照部位用机器悬掷水中，积久而继长增高，露于水面，乃始以西门得土砌筑石堤。故当风涛大作之余，至此顿杀其势，船身只微动已耳。此船于四十年前名恩特来毕特，原只二层，今则上面添造一层，藉为散步之地。三桅屹立，网悬其下，两旁窗口俱用白染，外观颇觉雅隽玲珑。至其内布置装修，亦与从前迥异。先则置炮之处，今为读书之所，几净窗明，有条不紊，书案上俱镌临敌被击之船名；入夜即为学生睡卧之处，其铺程俱悬于两旁钉上。中段有后膛各炮，以备诸生演试。后面即枪架，约百余枪。其旁为学生用馔房，先进诸生居于船右，新进诸生在于船左，其处镌阵亡将弁姓名。头桅周围为洗浴所，至曩之机器锅炉房，已改作斗剑打棍之厅，装饰齐整，窗穴光明。此外，有兵营教习之房。书库一所，藏书万卷。器具式样房一所，物件众多，小巧精工，备考博物院。全船置电灯，照耀通明，无微不烛，故工作便易，而回禄无虞。特此船虽有炮位，虽有桅竿，而以机轮尽去，实若置定不移，只有长泊澳中。于是另有二船为之辅佐：一名石农，一名蒲该维尔，每七日开行二次，礼拜四、六。装载全船学生或在澳中行走，或在外海环游。学生皆须亲自操作，或扒桅以张帆，或换旗以传话，或在炉房运煤烧火，直与寻常之水手无异。有时登岸赴机器学堂之场操练枪法，有时在船操演炮法，而文学、艺学、外国语言文字学皆在课程之内，各有督教之人。

船中规矩耑尚整齐严肃，先进诸生固不得因学业稍长，傲视后进，而后进诸生在先进之前亦须必顺必恭。船右既为先进诸生所居之处，后进者即不得在彼扰乱。平时呼先进者，必称莫须约某，犹某翁某兄之意。不得单呼姓名，违者罚在尾桅旁圈禁数时。每月房虚、星卯为假日，或上街行走，或回家望亲，步履须极安详。设是日能至戏团观剧，即为彼等之幸矣。但此等之幸，却非人人能有，盖有大半学生，由师率领登舟出澳，至海滨荒僻所在另寻消遣之法也。消遣无非陟岭登山，探幽索隐，间或罄其腰囊，购带食物，携至岸上，席地坐食，即为至乐之事。然所餐不过粗食，缘身无余款，所领零费每七日只得二方五十生故也。外此不准多带分文，虽有家资，不须私给，珍宝、时表亦在禁例，此盖寓崇俭黜华、蒙以养正之意也。第一年功课毕后，诸生即能屡屡出海，登蒲该维尔船，先赴附近各地，继至乌爱桑、杜阿纳男及罗里盎等处，迨此等水道明白熟习，始至芒斯海中，或泊扇蒲尔，或近散玛六、哈佛尔、腾甘克诸口。于斯时也，先进诸生已升二等优生，预备速行，则登依飞然尼船，赴葡国之利士蓬埠或阿谷尔岛，法属之鸣尔低呢格岛，在中美洲。南美洲之于吕该，河名亦国名。阿洲南岸之喀泼，英属。或散得爱来恩岛，属英。在大西洋中，拿破仑第一曾为英人拘禁于此。或必来，希腊国埠名，在地中海。或冈堤，土国岛名，在地中海。或阿力山得埠，埃及国地。或依爱尔岛。近都隆。各家属如欲通信，皆可按程寄递，此乃第二年之课程也。诸生经此阅历，果有心得，学业大成，而后再由海部分置兵船，俾资历练。

附：他处学堂表

一人之聪明有限，何能并作兼营，当今之艺术虽繁，要可因材施教，此法国所以有各种学堂之设也。即如孛雷司特一埠之水师项下，计有水力学堂、绘图学堂、医药学堂、步队学堂、船坞学堂、管理杂账之微弁学堂、管理支应之文员学堂、水手头目学堂，此外有如：

制器学堂，一千八百五十一年九月二十四日饬建，可容学生百八十人。午前听师宣讲理蕴，午后至厂修理兵船所用之各机器。外另有粗工七百人，归该生等指示调度。学成后拨入兵船。

水手启蒙学堂，一千八百三十二年饬建于陆地，三十六年五月迁至船上，今仍之。人数近千，学习船中一切职司，统以甲必丹一员，为兵船总统所辖。此船现泊口外。

水师恤孤公塾，一千八百六十二年十一月十五日设立，塾在制局旁之西北角，房屋甚为宽大，可容学生八百名。日间攻读各书，伙食由塾供给，夜亦住宿其中。凡水手及制局工匠去世，遗孤年在七岁上十三岁内者，则可入此公塾。其经费由国家所拨、善姓所输，即其房屋亦由天主教士所献。此项学生原备将来接续先业，故塾中造有船式之阴棚一所，各生在内爬柱登高，藉以操练筋骨，而实已隐习行船诸技耳。①

---

① 按：此节下原有“法国海部拟于一千八百九十五年添造兵船数目”、“法国战船改换快炮”二节，与卷二相关内容重合，删。

卷之四

法国扇蒲尔海口炮台

扇蒲尔，英称削浦。亦法兰西五大海口之一也，虽称海口，实一战埠。巴黎居中，埠在西北，距离巴黎三百七十一法里。中国六百八十九里又百分里之二十五。光绪二十一年二月十八日晨八点钟，自署起程，至散拉石尔车站，乘火车往游该埠。沿途所经城镇计有十七，其间最巨城镇：一曰爱佛雷，为于尔省之会城，滨临依东江，江多汊港。豆麦生意最为繁盛，斜纹细布及五彩玻璃为工作之冠。居民万七千人。一曰里齐安，隶喀尔罚度省，都格、屋尔皮哥两河适在其间会流。水源汇归于荒僻谷壑，城外宽衢夹树，苍翠迎眸，而多年之古屋旧舍尚有挺立如初者。闻系前一千四五百年之间。作厂盛织麻布，生意以牲畜、家禽、酒果、乳油为大宗。居民万七千人。一曰冈，乃喀尔罚度省之会城，跨乌尔恩江，距海十六法里。合中国二十八里。有运河一道，内为埠岸，外通大海，凡杉木、棉花、煤铁，皆能运入，而田畴所产亦能运出，民以作菜油、烧陶器、织纱罗、养马匹为业。居民五千。一曰排伊缘，本古时培珊之都会，今隶喀尔罚度省，如县治然。跨乌尔河，城颇荒冷。有博物院一，内藏法后麦低尔特之锦毡。作厂出沙罗、磁器。居民九千。

午后四点钟，抵扇侯蒲尔。查是埠原县治，隶芝司省，濒海为埠，其间为堤浮忒、洛忒培克两河入海之处；防卫甚严，亦称繁要，然以水师战埠而论，则次居第三。居民四万，道途平坦，楼舍整齐，洵嘉城也。

二十九日午后二点钟，往谒水师府尹法总兵居浮侯维尔，立即延见，谓俟翌日派员陪游，当与水师营务处商订（定）一切。旋往制厂，拜晤水师营务处督办爱司冈特。据言：北海大队战舰，惜已开赴孛来司特，今澳中所泊者，不过修理之快船数艘，然亦足寓目。此外有炮台数处，亦可往观无阻。惟本局距城稍远，明日当派小轮舟相迓云云。遂令其仆邀中军勒飞帛佛尔入见，乃与订约而别，遄回寓所。

寓名阿米洛耽，在商埠左岸。埠长四百零八法尺，合中国一百十四丈二尺四寸。宽一百二十七法尺，合中国三十五丈五尺六寸。可泊商船数十号。迤南为陆，即埠之尽头处，泊有商船。北口有活桥，遇大船进，即可移桥放行。桥外河道，厥名外埠，长三百法尺，中国四十八丈。宽二百三十法尺。合六十四丈四尺。再北有狭港，长六百法尺，合一百十八丈。两旁有堤，斗入澳中，而东堤尤长，上建灯塔。外即驻泊兵船处，是为船澳。是澳原以人工起造，工程之巨，甲于欧洲。东西长七法里，合十二里又百分里之二十五。南北阔四法里，合七里。面积得一千爱克带尔；每爱克带尔合一万平方法尺，则一千爱克带尔共合中国二千八百万平方尺。但其中水浅之处甚多，一经潮落，大船每致触碍，故实可泊船之地，仅得二百爱克带尔。合五百六十万平方尺。澳正北有长堤，横亘东西，藉杀浪势。当年创造时，两次为浪冲刷，卒以志坚力果，克底成功。当事工程之伟，造费计用法金六十七兆方。堤基用石填成，底宽二百法尺，合五十六丈。逶迤而上及于水面，计宽六十法尺。合十六丈八尺。基成，用西门德土垒成坚墙，即以为堤，宛如石壁。长三千七百八十法尺，合一千零五十八丈四尺。宽九法尺，合二丈五尺二寸。高过之。潮落时全露于外，潮涨则掩三分之二。堤脚则护以石岸，高二十立方法尺。合五丈六尺。堤面上靠海一边亦有护墙，高一法尺六十六法寸。合四尺六寸四分八，厚二法尺半。合七尺。堤之正中有炮台一，名桑忒拉尔，稍左有恩耽俟梅提爱尔炮台，右端有炮台一，谓之东炮台，左端一台谓之西炮台。以上四台各有灯楼以照行舟。西炮台之外一小堤与沙罚虐克炮台遥对，其处名西口，为大船出入之径。东炮台正对卑来岛，有捺西岛那尔炮台为掎角之势，其处即东口也。

三月初一日午后，至制局水师营务处，登火轮小舟至码头。中军勒飞帛佛尔引至炮库。库中存储后膛快炮数十尊，大小口径不一，启开炮门皆极灵便，无须三移其柄。炮膛皆有螺纹，闻螺纹之制能使炮力倍加，以其弹在膛内，药力相攻，旋转而出。库外方场堆置巨炮之弹数千枚。继见铁板一块，长约七尺，高二尺余，厚三寸许，中含炮子二，未曾炸开。乃前中法有事时，法船拉格里索尼尔铁甲为基隆炮台所击中，故是厂割留是板，镌明某年月日在某地受创，以作纪念，而示来兹。

旋至军械院。院在首层房楼，器凡五万件。以旧式之刀矛戈戟凑成各种形势（式），如人禽花木。其新式火器则有勒培尔枪、格拉枪及散耽低爱恩之手枪，类聚群分，排列井井。更有小炮一尊，乃一千六百九十二年五月二十九日法与英荷海战时所失，越一百五十年始从海底捞出。

复登瞭望楼，全局在目。制局大门之右有木料厂、锯木所、船样院、划船厂；左有炮队房、杂货栈、船工处；过桥迤左即水师营务处、稽查所、船务司等办公之地；再进有船桅厂、锤铁厂、锅炉厂、炼库；此外有火药房四所、屯兵房四所、医院一所。其地址共有八十五万平方尺。中国二十三万八千尺。局在扇蒲尔之西北角，形如蟹，大门南向，西有二门，东边临澳。南、北、西三面俱有土墙，高约三丈；墙外有濠，阔约四丈；濠外筑土堆，如卫屏。东北角土墙置炮十二尊，乃礼炮也。日前[①]英女主至此，升炮二十一响。局之中间有三池，潮过时水深九法尺，可泊船四十艘。二在右，曰泊池，藉泊船艘以资运物，泊池之右即炮库；曰前池，有口通澳，以便出入船只。一在左，曰后池，乃泊船装修之所。此三池分则为三，合即为一，缘有活桥活闸，可以启闭。桥共五座，运动极灵。池旁有船坞十四，备船入内，闭闸放水藉修船壳。又极北至东南另有小河二道，上亦建桥，以便行人，下亦建闸，而资放水。

局于一千八百五十八年落成，距英兵登岸占据时适越百年。落成日，拿破仑第三躬亲行礼，并邀女主维多利亚莅止焉。

初二日午后，仍由勒飞帛佛尔引导，登拉多司忒来维尔钢甲船。船主引古夫派武员雷翁培居导观一切。船首尾有圆铁巨罩炮台各一，内藏十九法寸口径之炮，中国五寸四分二。左右有耳台[②]六座，内藏之炮皆十四法寸口径，中国三寸九分三。炮架系都隆商厂工师嘉泥所制，转捩极灵，升降亦便，一切转动纯用电力。兵官谓：电力较水力为妥，缘水管倘有破裂，全船之炮皆不能动，若此则罔有疏虞，可以分节补救，是虽同有一弊，而电力之弊较轻耳。继入机舱，机共二副，一前一后，其式异于他船。机动轮旋，分运螺轮二具，可得马力七千二百匹。船身宽十四法尺，三丈九尺二寸。长一百

① 按：吴著第490页，“日前”作“前年”。
② 按：吴著第490页，作“小炮台”。

零六法尺，二十九丈六尺八寸。深八法尺二十七法寸，二丈三尺一寸。入水则通址只有五法尺八十四法寸，一丈六尺三寸五分二。压水力四千七百四十五吨。水线带上前后左右甲厚九十二法分，二寸五分七。至其炮台及舱面之甲厚亦如之。速率每点钟行十九海里。是船于一千八百九十二年下水，而船内装修今始告竣。

阅闭，仍乘小轮船，诞登彼岸。至造船厂，见二等快船二艘：一名喀萨尔，仅成船壳之底；一名提翁拉，船壳已将造竣，工人数百正当敲钉钻孔时也。

旋出厂登车，行十余里，至西北角之甘哥维尔炮台，后进形如半月，矗立海滨，高约四丈，阔亦如之，用石垒成，宛如峭壁。墙角即海滩，墙头泥土约厚四尺，遍生青草。上置炮位，分列于东、北、西三处，每处有后膛炮六尊，炮口向澳，口径皆二十七法寸，七寸五分六。盖防敌舟拦入也。墙下有甕洞，药弹火药在彼积存。台之中枢为场地，左右有二层楼房数座，以备弁兵居住。台之前面有城墙一道，势如弓背，恰将后进之墙两端包括，高厚不甚悬殊。外绕壕沟，壕沟宽约二丈，正中有悬桥一座，为入台之道，过桥后方为台门。现当承平之际，故守台军士只有二百人云。

由此而着归鞭。道经小堡阿麻夺拉梅侯炮台，当即下车入视。此中仅有炸炮四尊，长四尺，口径三十法寸，八寸四分。临海护以短墙，中间有屋一所，守台室也。其人他出，故未晤面。屋前院落，略种花草，木栏围处即属堡门，不知者几以为田家宅舍耳。

初三日，午后由水师府尹之中军卑利纳尔带引，乘车行数里，至东北隅之拂拉芒炮台。台向正北，形如圆斗，造法及高厚尺寸略与前台等量。居中有石室，室外护石墙。自墙右进，即夹卫，卫左有小门，入即火药房，黑暗如夜，逼视始知有巨铁药箱，分排数行，高及屋顶。导者随手于一箱之上将螺钉旋去,即洞开,提示火药一包,卷于麻袋之中。药色甚黑,形如三角,粒大如指。室内药箱殆有千数。旋赴室后,廊下有四十二法寸一尺一寸七分六。口径之炮弹,及小式[①]炮弹数百枚,云系由修理之战船卸下暂寄存者。又至一室,内储快炮所用之梅里呢特炸弹数百枚,弹尖作黄色暗记也,亦兵船所暂寄。查梅里呢炸药,为法人多尔班所创,其色淡黄,其质胶腻,装入弹时,如油汁灌,久而始干,凝结不解,其妙处系能不先不后触物即炸。多尔班以秘法售于国,颇得善价;而官厂即据以仿造,益加精炼,颁用各军。此项炸弹,上截储炸药,下截装火药,式与枪弹相仿,故能迅捷开放耳;非若旧式巨炮,先装弹子,后装火药,废手即不免稽时矣。阅毕登台墙时,适风狂雨急,几于立足不牢,环顾一周,见有三十二法寸八寸九分六。之后膛大炮十二尊,次第匀列,炮口皆向北、向西,盖北为卑来岛旁之东口,西望隔澳即制厂也。

自炮台出,至水师府尹处辞行。府尹谓:“近因天气不佳,碍难遍阅,不然尚有海中石堤可供瞻眺,惟海浪汹涌,未便请游”,并云“本年八月总统福尔将莅临此间阅视船操,届时尚希惠临”等语。凌等答以“虽未遍观贵处要隘,然于制造之精,防卫之密,业得窥见一斑,秋间如能得暇,定当不负雅嘱”。遂辞而出,复至营务处辞谢。当晚函请陪游等官来寓同馔,彼皆惠然肯来。[②]

〔附〕扇蒲尔沿革

扇蒲尔一隅,史家谓前为罗马所辖,故当中古之时,犹称该萨

① 按:据吴著第 492 页,为“中号”。
② 按:据吴著第 493 页,只有一人来赴宴。

蒲尔——该萨，本罗马王讳；蒲尔，镇也。今称扇蒲尔，其为转音也无疑。威零贡敢郎朝，是地为拿尔芒境中四大城之一，其海口亦船只所乐趋。非利泼乌居司德朝，视为入法之孔道。一千三百四十六年，英王爱陀阿尔第三率师围攻，伤夷甚众，卒致不克而退。一千四百十八年，英人贿通是地总督，遂得进占。一千四百五十年，法人逐去英人，地仍归法。一千六百八十六年，艺师复庞饬令拆去土垒砖墙，重建捍卫之具，惜乎因事中辍。一千七百五十八年，英人乘虚袭之，停泊各船尽遭烧毁，岸边新筑之堤、高埠、新建之闸一律被拆。英人退后，颇觉大伤元气。殆路易第十六为王，始复兴工修建，时一千七百八十四年，并饬筑堤于海。嗣法立民主后及拿破仑第一，以其地对英国，甚为关心，曾来察看，一千八百零三年，添造兵船埠头，计成三地（池）。一千八百三十年法民内乱，王显理第十在此登舟窜逃。路易非利泼时，接办前工，不稍怠懈，至一千八百五十三年拿破仑第三，始庆落成，统计所费约用法金二百兆方，所成之工，长堤、大池、即兵船埠头。炮台、船澳、制局是也。自是而扇蒲尔乃觉固若金汤，安于磐石，英人亦不敢有窥觎之意。

扇蒲尔形胜

扇蒲尔处北纬四十九度三十八分三十四秒，巴黎西三度五十七分三十七秒。沿海一望平阳，惟东南一带尚有高阜，居中者名罚来利爱，其岭距海面一百十法尺，三十丈零八尺。厥名罗尔，势极峻峭。上建炮垒，一千八百五十三年开工，逾年而毕。此垒颇能统护全澳，惟今火器日新，此垒尚未足恃。其外有电局一所，登山远眺，则山脚有公家花园、商船埠、热闹市、兵船澳。澳外有长堤，堤之正中有桑忒拉尔炮台，右端有东炮台，左端有西炮台。堤以外澎湃汪洋,即大海也。堤右对面有那西乌纳尔炮台,以防澳之东口;堤左对面有萨罚虐克炮台,以防澳之西口。右边稍进,有制造局厂、乌梅炮台、水师校阅场、甘哥维尔炮台。综观以上情形,觉齐整胜于都隆,开展胜于孛来斯特,而其天险则又在都隆、孛来斯特之下,然人定胜天,工程巩固,已然猛虎在山、百兽却步之势。甚矣,自守有方,原足以默消外患耳。

卷之五

英国乌立区官炮厂纪游[①]

光绪二十一年三月抄，章京　业将法国照准应游各海口、厂埠、台澳逐次游毕，并将所阅各处形势随时译述，缮本寄呈出使大臣龚办理。兹于四月间，复具禀呈声明游历法国差竣，应请往游英国，旋经批准饬赴该国游历等因，遂于五月初一日，偕仆从一名，于午前十一点钟，由署起程至嘎尔拘挠北火车站。午正开车，至阿明车站，停车五分钟时，复行四点半钟，至嘎利海口登船，五点钟三十五分行抵杜甫尔英国海口，复乘火车，于八点钟始至伦敦维多利亚车站。旋至使署谒见出使大臣龚，呈请照会英国外部，并请派委英文翻译官一员随同游历。旋奉札派驻英三等参赞官兵部员外郎曾广铨会同前往游历。

本月十二日，接准英外部照复文凭，先游乌立区官炮厂。于十四日晨九点钟自署起程，至粉司北里巴克火车站乘火车前往，途中车站六处，每至车站必一停，至伦敦桥车站易换火车，又停六次，始抵乌立区修船厂之栈，少停复行，径达乌立区制局，换马车诣局。

---

① 按：1902 年石印本页三十二上，注明本节为“参赞官兵部员外郎曾广铨译，海军游历官兵部主事风凌著”。

投刺出示护照，门吏入为通报。帮办水师都司喜发出迎，入办事厅暂坐。该都司云："本局总办因公赴伦敦，某当派守备多生陪游。"即传多生入见，略谈数语。与该都司握手告辞，该守备即陪章京凌等周游各厂。

乌立区制造局为英国官商各厂之最巨者。局中统计车床五百余具，以供各厂之用，距地约有五十尺之谱，转皮轮四千零七十七副，局之东南、西南两角，设有汽机各一具，每计六十余匹马力。大门随墙矗立，势若牌楼，并无门瓮。入门迤右，树林一簇，周横铁链，林内铜炮一尊，置于铜架上，炮与架一色，皆凿花纹，色若古铜。该守备谓：曩时土英交兵，乃获于土耳其者也。入置弹房，已成之弹，分类堆积，种类繁多，各标签记。但初时枪弹铅子用纸包裹，今改用镍，即所谓洋白铜者。质甚轻，较善于纸。再进内间，见有熔铅、抽铅各机工人数十，各执其事，熔铅者以火化铅，无甚新奇，抽铅者系以机器抽铅成条，再截短条以作弹丸。入左厢房，内系专制大小炮弹之弹簧者，簧有碰炸式，有考验时候式，各极灵巧。复入精工厂，此厂专造弹壳，先以小铜圆饼放诸压重机内，迭压以数次，压成弹壳之形，谓之压抽法。再由西巷入药箱处，箱有木质、有铅锡质：木质者，外包铜片，镶以四角；铅锡质者，亦镶铜片，兵船用之，取其质软而轻，固不用铁，以防意外之虞。厂之迤北另有一所，乃专为比较弹壳及弹子大小重轻之处，若衡量稍差，均不适用，务使一律匀齐，再加润色，方能入选。出厂过院，入模范房并刷印局书处，迤逦前进，至其中堂，见有大小炮弹、炸弹罗列满案，历来此局所制各式之弹，均存一二枚，上标签记，储此备考。堂之右间，房甚宏阔，长六十英尺，此房陈设各式炮弹之破开形式：每弹分中剖划，弹内机簧显露于外，寓目了然；四壁列图，凡弹之尺寸重轻注明于上，以备参考,种类纷繁,难以枚举。惟孔明灯英名八纳属特。弹尤新奇,以一圆饼平分为二,中置一布伞,伞下以铁链连有一碗,碗底有小孔,碗中盛满药料,药料由孔中透出,即变为火,明亮异常,用时向天施放,伞即旋起,火光大燃,可于黑夜间探观敌情。然虽制有数具,闻尚未试用,诚恐我欲观敌而反为敌所观我,故至今用袱包裹,尚存库中。堂之左间,有大小地雷二,雷形如鼓,两端细而中粗,均用棉花火药,一容一千英磅,一容一百英磅,火药或用碰式簧,或用电气开放,发无不中,实为裂地炸山之利器也。局中铁路纵横,别有小火车以通往来。维时已将散工,乃暂行告退,出局约订下午两点钟续游,退觅客店少息。

午后二点钟进局,该守备仍来陪游。入木工厂,厂分数所,有造箱处、箍桶处、刮板处、锯木处,专造火药箱桶。该守备谓:每礼拜能成桶四千余,箱六千余。再进铜帽厂,专造快枪、新枪、手枪各种铜帽,每礼拜能成四百万枚。出厂前进,又有一厂,乃铸炮弹处,内有镕(熔)钢锅数具,中间有一圆池,池之周围罗列弹模,炉在墙外,墙通一孔,中置一管,如中国之滴水式,钢自炉中镕(熔)冶,钢汁由管中流出,外承一管,下端设有一铁车,置钢锅于其上,锅与管上下相对,见红水下流,涌如飞瀑,火星万点,散若飞花,殆流盈锅,数人拽车前进至弹模处,依次灌满乃止。出厂至储弹场,场中大小炮弹堆积缤纷,几无容足处。场之东北,临河有小码头一处,有船往来载运军火器械,船吃水不过二十二寸,盖水浅难容大船故耳。过官鞍库,库中有全分鞍辔万余分。此外,尚有试炼处、称货处,皆与他厂无异。由此而往入造炮厂,入门迤逦,见有汽锤数具,重者至四十吨,轻者仅二吨。旋进一厂,系造巨炮处,所制自七磅重至二十五磅重之弹。登楼而上,乃制炮身上下配件之所,如炮耳、炮箍，乃后膛机器之类。转至一区，为攻炮膛厂，膛中螺纹又名来伏线。由此厂成造，内机器数座，每座侧有来伏线形模一具。该守备谓：制来伏线一艺，其工最为精细，如稍错规模，则前功尽弃，炮作废物，故人工薪水极大，非有奖励不肯充当是差云。旋入东间，乃验炮处，凡炮工已半成者，悉由此处试验果否工固料实，验后再运至成炮厂。厂与验炮相近，入门即见罗列后膛炮数尊，有已安膛门者，有未安膛门者，大者口径计有十三英寸半，小者口径计四英寸，炮身皆仿阿摹士庄氏后膛机式，然式亦不一，有新式者，有旧式者，更有极旧之式者。查六英寸八分口径之新式陆路行军后膛快炮，用弹重二十五英磅，速率每秒钟时至千六百英尺，每分钟能施四弹。此炮之新奇处，在于后膛机，乃阿摹士庄厂所创之式。今所观者，为英国炮位中之第一尊，英兵部现已会议，将各处小炮均照此式改制，以归划一。旁置一炮，能开十二英磅重弹，其后膛机亦阿摹士庄商厂所制。又有大小二炮，大者重百吨，口径十六英寸，小者重二十吨，皆用电气开放。此外，有哈凯师快响炮数尊，能施六磅重之弹，口径不过六英寸，其后膛机较巨炮之机器尤觉灵捷。凡在此局所制之炮，较商厂所造者益加精固，惟需时日较久，开造一小炮，须时至少六个月。故今仍在商厂所造者居多。该守备讳而不言，此固凌等悬揣之意也。炮厂之旁一所，专造炮上之眼线，画明表度之高低、偏正，按度线而制成之。再进有钢丝炮厂，法以先造炮身，其身较平常之炮身稍薄，再用钢丝围绕之，多者至六十余重，少者十余重，所用钢丝形扁而体方，有长至一百零八英里合中国三百十九里四分。者，可尽绕于十二英寸口径之炮。据管厂官云：凡炮身绕钢丝，其利有三：一则近今之炮，弊在体重，改用钢丝，可轻十分之一，若加其重数，竟可减轻一半；然本局恒从稳慎处求之，故多不过减百分之十余分。陆路行军,减一分即有减一分之利,渡江越岭,其益良多。二则燃炮后,炮身必大热,炮身既热,则必涨大;倘炮身质中于制造时稍有差处,是以毁其原形,致此炮不能复用,甚至炸裂伤人;绕以铜丝,则身质略能退让如橡皮然,故炸裂之患稍减。三则制造亦稍简易。该守备谓:此法甚妙,行船多或用之。至我国专门讲求制炮艺师,亦皆赞美。惟阿摹士庄从前未肯仿造,缘斯厂不以此炮成名;今购办者渐多,现亦兼造钢丝,颇得利益云。现在此厂所制有十三英寸口径之炮一尊,炮身重四十六吨,正在缠绕钢丝之时,用机二具,一炮置其上,炮身自转,一机如辘轳,上缠钢丝,此炮亦局中新造最巨之炮也。旋至军需库,此处不轻许入游,非为机密起见,实存慎重之心,入门须另穿套鞋,缘库中所储火药、硝磺、棉花火药、无烟火药、栗色火药,分类存储,法令极严,碍难进阅。遂出厂门,乘坐小轮车至总办公务处留名而退,并与该守备商订于翌日下午再来观试炮场。引路人送至局外,登车回寓。查此官炮厂所制各炮与他厂所异者,凡有四端:

一、摇柄式后膛机器。须六寸口径以次至极小之炮始能安用,此皆阿摹士庄厂所制,是其专长,且经国家保其权利,故他商厂不能仿造。

二、本局所制新式螺纹摇柄套轮后膛机器。法将螺纹摇柄卷动,套轮因之自旋,而机亦动,能使炮之后膛门自开,不似旧式开放之难。惟式较新,尚无图式可考。

三、大小炮用钢丝缠绕,炮身尤固数倍,制工则稍减,炮质亦稍轻且免炸裂之患。

四、哈岂凯师快响炮。今安用摇柄式后膛机,较平常之后膛炮更觉捷便。

十五日午正入局，该守备陪游，特备局中小轮车一驾，后拖带官客车一辆，邀凌等赴试炮场。是场距局门约合二里余，路经局中围墙里许，逾过运河二处，始抵是场。管炮场官亦与阅（陪）阅。遥见矮屋一栋相连，中分四间，培满浮沙，使阻炮弹，仍不至损伤。左边有试炸弹铁架一座，体透玲珑，以大罩小，共置四层，高约二丈，宽丈五尺余，式如城瓮，两端皆空置炮于内。盖恐炸弹有失，反裂炮身，铁块飞散，以致伤人损物，用此架层叠罩护之，以防不测，且令炮声之震稍减。右边一场，地址微高，旁有存储各种炮弹一所，长二丈余，阔丈余，两端亦空，更无窗牖。门户左右，安放子弹百余种，大小不一，皆为试弹之用。其形略与寻常所用之弹稍异，平常之弹皆有锋尖，试弹之式形若截筒，两端匀齐，似无分首尾，且弹皆中空，欲试时始装火药，如此每弹可用数次，不至大受伤损也。场之周围，地阔十余里，而试炮之处至炮垛垛如屋式。相距仅五十余丈。时日因风大起，故未试验新炮，尚有已备妥之大小炮位十余尊，均俟翌日风定时方试。

阅毕，即与管场官致谢辞归。旋至造炮车车轮厂。厂分数处，先入木料厂。厂中但锯整木，略成规模，即送入细工厂为之削平，再过宝砂布，使其光滑。旋往造轮厂，而新奇机器尤多，自粗木料至成轮轴，无往非机器所成。一种为比目机，一端置木于其中，一端有铁模，机动则木自削成，与模丝毫无别，顷刻立就。至其制轮之法，先将铁模烧红，置于圆铁盘上，复将木轮数块即扶条棍放于模内，用机力攒挤，而模内各分件即合成一圈，沉于铁盘之下水池中，使木见水则涨，金见水即缩，一涨一缩，两相合辏，浑如一体，极为坚固，较用铁钉木塞则又高出一筹矣。出厂迤逦行至一所，乃锅炉之总房也，所有各分厂汽机之汽，均由此房内发出，用铜包铅管传送至各处。统计锅炉三十余副，马力无从考查，视需用之多寡酌汽锅之马力，势必日日不同，然自来尚无三十炉而一时并用者，锅炉之大小不一，大者计得马力二千余匹。然锅炉尚无新式，皆购自一厂。虽官厂亦不能自制，缘商厂造此式锅炉系专长之艺，均经国家保其权利，不准他厂仿造；且既受其保险之资，自莫能与之争利，如阿摹士庄之后膛摇柄式之机，此局中但制炮身，其后膛机则仍购自阿厂，虽国家购买，价无稍减。阅毕，乘火车周游全局。查局之周围约十四五里余，形式非圆非方，参差不齐。还至制局办公所下车，该守备送至局门而别。

十六日，晨九点钟回署。

乌立区一城距伦敦城，由火车站起算，计程十英里，合中国三十三里三分。水道十二英里。合中国四十里之谱。城后有山名打枪，有坪名普郎司。叠德河沿有官码头二处，商人西门士之电线厂在焉。城内有养生局、自来水公司、煤气火公司，皆本城绅商经营，兼有赏罚勒令之权。地不甚阔，合华里十余方里，居民五万余人。其制造局共用男女人工计一万五千名，炮厂用人计二千五百余名，工人半属本城居民。又有养老院、贫民院二处。

英国格林呢址水师学堂游纪

光绪二十一年五月十八日晨八点钟，章京凌①等自伦敦使署至钦司克罗士火车站，起程往游格林呢址水师学堂。当即拜谒水师提督恒格纳布，不晤。副办都司德恩福接见，当派一员导引游

① 按：《四国游纪》1902 年石印本中此处为“凤凌”全名。

阅。先入书库，库房计长六丈，宽四丈余，内藏书六千余，计万余卷，皆机器学、化学、算学、格物学、行船、测量诸书。有管书官四员。其书卷但准在库中查考，不准携带出库，以防遗失污秽，章程甚严。库中古董、古字、古画悬陈壁案，中间设有书案，上陈笔墨文具，以备诸生供用。继入饭厅，厅长八丈余，宽约五丈，内列椅位二百五十座。其立定章程四十一条，照译如下：

一、饭厅伙食之费由总办提督酌派数员承董其事。学堂之提调官、都司，奉海部谕派为首事。向来总办提调所派首董，计有都司一员，参将二员，守备二员，千总二员，水师实任官一员，各员均由本部党中公举。每年时届九月间，复由首领派千总五员承办各事，凡仆役人等有犯规不法情事，相应告知，此五人分别惩办。又于礼拜二，首董齐集办事，是日如有三人到学，凡事即可开办。

一、除经提督视谕外，不得变通章程。

一、凡欲举行之事，视众论然否以决从违然否，相参从众为断。凡于分派值事之事，则有伙食、茶酒、仆役一也，弹子房、吃烟房、花厅二也，打球、踢球、玩戏等事三也，跳舞宴谯四也。

一、每礼拜开其详细帐目清单一次，每年五月间核销帐目、清理款项一次。

一、凡学堂一切使费，惟首董可以公代欠款。

一、本学款项均存银行，如取用款项，须有首董中三人画押，方能取与。

一、凡入厅用饭者，曰海部所派来学诸生、学堂都司及办事各官，皆预捐足资，享一切权利；教习及不在学堂内之当差来学者，不享权利，如愿入厅，按每半月捐资一次，格外优待，由提督谕准。其准入厅者，或列名于海部名单之官，曾经在本学未超等之学生，或由首领准其入厅,以及外国客官及属国客官,学堂之帐房、都司、教士等人。伙食每日一先令六本士至三先令不等,公费每月十八先至一镑,游戏费入厅时十先令,银器费初入厅时一镑,此后十先令,学堂中各官但只出费一次。

一、请客外费另有价单。

一、使人寄送信件及取物件,距学堂不得逾二英里,约合中国六里。脚力钱另有价单。

一、伙食等费,须每月六号以前按月付讫,不准拖欠。

一、用人之工费、号衣及纸张、笔墨、新闻纸、零用,均归公款开销。

一、公款倘有盈余,以开销外用之费如木器、弹子桌、打球场等项,皆由首董酌拨亏欠。

一、首董准于每礼拜开讌之晚请客三名,先行关照,又可请打球踢球之客午餐。

一、如开讌之期有客,由各位摊派讌客等费,若大请公客,亦酌量摊费,惟酒帐及客用酒帐自付。

一、每日早七点钟四十五分至八点钟四十五分时早饭,十二点钟五十分至一点钟四十五分时午饭,七点钟三十分晚饭,过此当另外开报。

一、学堂各官弁,除因病外,不得在房中饮食开饭。

一、所有另外开销,每日登牌,是否相符,个人自算。

一、凡各员酒帐与公帐无涉。

一、酒帐帐目每季由首事核算销帐。

一、凡承办伙食人,须立亲笔字据,自称已通晓条例、饭厅伙食章程。

一、打球戏牌之费，按月清帐，赏给仆役。酒钱须既清伙食各费之后，将离是堂之时，方准酌给。

一、各员伤损物件，由首董酌罚赔补，不以物之价值为例。

一、凡用人皆随时在差所伺候，不得擅离。

一、厅内不得私贴告白。

一、首事坐中桌之南方，副首二员坐两左右桌之西方，又副首事坐左右桌之南方。

一、饭前饭后祷谢天主之文，由教士颂读，各员立候颂毕，方准入席离座。

一、每晚饭后，各员举觞上君主寿，各员不得先离席位。

一、如中桌未满，各员不得坐左右桌。

一、凡不在饭厅用饭者，请书名于专簿。

一、凡有客之日，用饭时须穿大服。

一、凡上条陈及有议论，请书于专簿。

一、仆役有错，不得面斥，可书登专簿。

一、国家所派员弁之跟役，均须于用饭时伺候，除请病假外，不得擅离。

一、凡各食用之物以及书本，不准携带怀归。

一、凡纸张、笔墨及各物件，不得移往他处供用。

一、息烛之时刻，按学堂章程定夺。

一、外有客房一所，房中不得设谯。

一、每用饭时，各员须穿平时官服。

一、如吸烟者，另有烟房，饭后准其在客厅吸食。

一、戏牌用钱，不得于客厅中用现成之钱，但准各记码号，每次戏牌取桌费三本士。

一、如官员他出，先将地名寓所登于专簿，以便有事寄送信件。

厨房共用厨役二十余名，皆官役夫，浣衣局用女工三十余名，工价由官定。各员之住房分置各所，统计百余间数。

入观画堂。长十丈六尺，宽五丈六尺，高五丈余。入门有石阶，见四壁及顶均油画，极精工，统计大小二百余方。管堂官谓：此堂所绘之画，乃前著名华师索思喜文手笔，英国家曾酬谢之。所绘工价，按每平方尺给与英金三镑云。

又观船样院。堂中四角设有玻璃匣罩数十，内陈各国新旧小式兵轮船样。中有平台一座，长丈余，宽五尺，高约二尺余，绘以淡绿色，如水池状，雕刻水纹波浪，中有置放船只印迹，将小式木船按迹罗列，势犹两国水战各布阵法，形式参差。楼上有兵船所用各机器之小式，然非专家莫能领会。

所游各处，该管董事皆出陪阅。时已逾午，凌等遂与该董事商定下午续游。

午后二点钟时，复入学堂，拜谒总理各馆工课提调官宜文。该提调系刚布理志学院进士，在此学已十有一年。该提调云："本学章程原无一定，缘海部随时变易，要以因时制宜，诚恐立法既久，致生弊端，故恒有改弦更张之事。今请先阅各堂，观其大略。"乃与同游各馆，馆分数所，名虽不同，皆实学也，有化学馆、格物馆、天文学、地舆学、博识院、讲论堂、测学、算学各馆。阅毕，仍往花厅坐谈。相与讨论规模后，仍乘火车还伦敦使署。章程译数(述)如下。

附水师学堂章程 十二条

一、此学堂专为本国水师、印度水师、商人水师各员弁、官学生自备资斧学造兵船各艺及船所用各汽机而设。

一、本学堂专为教授各项官商水师各应知之学，但推求其理，使其学有根柢、灼见真知，各臻其极。然与他学各水师中所习学者，似不相涉，至演习各技，以施行其所学，则又在波斯茅胡海口、叠文波海口两学堂。

一、海部谕，凡各员即升授千总，均当入本学堂肄业；膏伙一节，已经设法代筹，以励学者；至其肄业有成，作为劳绩，以为将来升官之阶。

一、凡已在本学肄业各员，除因有他项事故不同一例者外，如再入学，须查是否离学四年、曾在海上当差二年，方准复入本学，为超等之伍。

一、凡副参游及司机官就学者，应在附近左右觅其寓所，其余各官均在学内寓居，附搭伙食。除被枕外，各房器具皆备，以足供用。

一、凡官弁虽在学堂肄业，曾经屡试不能长进者，不准仍留为肄业生。

一、凡就学者而非各项水师紧要之员及商务水师等弁，年未逾三十五岁者，可由学堂总办准其可否听讲，不必肄业。

一、每年自十月一号起，至明年六月三十号止，为一场，其学即为已成。至如学造船及候补帮司轮两项人员，应自备资斧；学司轮与候补水师炮队官应肄业二场者，亦须自备资斧，奉谕留过二场，准其接住学习，归超等二场肄业生。

一、学堂每年散学二次：为耶稣降生之节凡十日，耶稣升天之节十四日。

一、凡署协、千总等员，与此例不同。

一、此学堂用功之时,每日早九点钟起至十二钟五十分止,下午自二点钟至四点钟止,如造船、司轮及格物、化算各学,至五点钟止。

一、学堂各处,每逢礼拜三、礼拜六下午等日,按时掩门,然亦有数馆特于已完功课之后仍不掩门,应留各门为各员各生到学夜课。

各学堂定章　共五十四条

一、凡千总求取中候补炮官、鱼雷官者,必须实在海上当差一年,然后准入学肄业一场,再派往学习操船,如乙克西能福尔轮等兵船,练习一场,以证其学之实用也。

一、学炮与学鱼雷二班,本学已将两项归为一班。

一、所学各门,曰算学,曰格物学,曰化学,曰修筑炮台,曰制造机器,曰机器绘图,至于鱼雷官之学测量海面,则归波斯茅胡学堂传授也。

一、末次之考试其功格如下:代数以字代数,亦成专家。及三角数推算三角形数之理。记功三百五十次,几何测量记功三百次,流质重学记功三百五十次,动学记功四百五十次;杂问第一次,①如机器、算学、电气之学等门,记功四百次,共当记功二千二百次;杂问第二次记功三百次,微积分用之学记功五百次,共当记功八百次;格物记功九百次,化学记功五百次,制造机器及机器绘图记功三百次,修造炮台记功五百次,共记功二千二百次。通共记功五千二百次。

① 按:此处文字疑有遗漏。

一、凡代数、三角数、几何、测量、重学、机器各门，于耶稣降生之节前考试一次，不复再考。

一、耶稣降生之节于试期既过，凡取中名次高超者，则分别留入超等之二场肄业。

一、凡于五千二百次功之数内，记三千一百次功者，取中头等功牌；记千九百次功者，取中二等功牌。

一、奖赏岁有一次，赏以书册、仪器之类，合价英金二十五镑及十五镑，赏给头等第一、二名。

一、凡在乙克西能及福尔轮登船当差者，当食全俸。

一、协、千总既已知海军事务，取中保荐，按期来学，每年入学日期有表可考。

一、其一类之学曰平常算学，即代数、三角数之类，记功者当五十次；化学记功百次；驾船、航海、天文其理与其用，共记功三百次，航海测量记功百次，使用仪具记功五十次，汽机记功百次，法文记功百五十次，杂问记功五十次，通共记功千次。

一、取中此项之员，其记功有七百五十次者，得二等功牌；记功六百次者得三等功牌。

一、其未得记功六百次者，罚资格三个月，再给一月之限覆试，若仍不堪造就，勒令退革。

一、记功较定额可少三分之一，杂问内之策问可以不必全对。

一、凡知海事取中二等学堂第一类之试，如鱼雷、炮学、航海三门，得有头等二门、二等一门者，准其复入学堂学习第二类。其第二类之试各门：曰航海、天文，记功百五十次；算学、杂问记功二百五十次，动学记功百五十次，重学记功百二十五次，流质重学记功百二十五次，格物记功二百次，共合记功一千次。

一、二次之功格与前次合计共记功二千次，得一千七百次者即升官阶，得一千五百次者给予头等功牌，得一千五百以下者给予二等功牌。

一、海部定例，得头等功牌者视若记录三次，二等二次，三等一次。其章如下：

记录十五次兼有“保升”字样者，候补六个月升补千总。

十四次有“保升”字样者，候补十二个月升补千总。

十四次无“保升”字样者，候补十八个月升补千总。

十三次无“保升”字样者，候补二十四个月升补千总。

十二次无“保升”字样者，候补二十七个月升补千总。

此项人员，均须已过第二类考试者，方能援此例，其有“升保”字样，须学堂总办出具切实考语，如“为人勤能、老成干练”之类，如不能得此考语，候补之期不仅加罚三个月。

一、凡重入学堂各员，学无进境，或品行卑污，应即斥革出学。

一、在学肄业之水师各员，不扣资格。

一、凡水师炮队千总官，须已经考取水师步队千总官，方准入学堂学习。

一、凡所学习各门，自十月一号起，第一年所过末试[①]曰：代数、三角数记功三百五十次，重学、流质重学共记功五百次，动学共记功八百五十次，格致所用算学记功四百次，格致化学记功九百次，法、德两国文字各记功三百五十次，绘不用仪器之图记功百次，共记功三千六百次，至少有此一半之数，方能取中。第二年之末试，战场中土木之工、修筑炮台、战阵舆图、战事史记、法文、德文、

① 按：据1902年石印本页四十上，此处漏有“各门”。

不用仪具绘图，共当记功三百六十次。

一、凡于所学各门，倘能贯通其理，均能记功至百分之五十五分者，亦可取中。

一、取中第一名，赏给佩剑一柄。其第一名，须有切实考语，其记功每百分中六十余分方能取中。

一、既已考取中试三场后，应即咨送兵船学习鱼雷炮学。

一、凡不取中者即行斥革。

一、每日食俸五先令三本士，其在学堂时给与膏伙每日一先令六本士，归伙食公帐。

一、水师步队千总官、司轮官，其进学堂之例，大略与前二项相同。

一、所有末试所学各门分为二部。其第一部曰：听讲格物、化学，论及各质料能受压力若干，斤两之率几何；气学、艺学、火学、汽机学、造船、司轮绘图、新式汽机绘图，共当记功四千六百次。其第二部曰：算学、机器学、汽机，鼓荡船只破水而动各理，共当记功五千四百次。总计功万次。

一、能记功至七千五百次者得头等功牌，五千有余次者得二等功牌，五千者得三等功牌。

一、凡取中者，赴各官船学习绘图，随同阅试新式汽机，修理汽机，以期益进学问。

一、凡已在学堂取中三场各式者，须当差七年，如不愿者，罚英镑五百镑，作为教育之费，仍候海部批准，方可免差。

一、奖赏合置英金二十五镑，或给书册，或给仪器不等。

一、其在学堂之时，仍食官俸。

一、学习造船末试，分为二部，与前相同，惟添拟船式一项，造船算学一项，共当记功万次，其奖赏功牌与前略同。

一、取中之一、二等各功牌者，准其入国家司造船队。

一、食俸之类与前相同。

一、自备资斧，不论外国、本国人学习造船司轮，所学与官学生无异，然须先过入门之试。

一、当先备资斧，每场三十镑，归学堂以供费用。

一、若本国人，准其请入各船坞验看学习。

一、须由海部咨送，方准入学肄业，或由学堂总办批准。

一、三年期满，给以功牌，三年之中可证其学业有成。

一、此项人员寓居学堂之外。

一、水师都司入学肄业，每年准二十九名。

一、除前所述之项挑取所学各门之外，兼学万国公法。

一、取中人员，除自行禀请外，不刻名姓入单，但于花名册内衔名之下加一[illegible]字，以示学问优长。

一、曾经取中水师实任千总官，每年不得过三十五名入学肄业，须先过入门试，方准入学。

一、取中之员择其学优者，由学堂总办保荐。

一、除算学外，各员准其与提调商选各门学问，以期专精，有益于学。

一、如不愿过末场考试者，或过试而不能记功一千次者，作为不记功论，倘有意外情由，海部酌夺可否。

一、凡记功一千五百次者，则于花名册内衔名之下加一[illegible]字，以示学问优长，曾经取中未得此者，另给功牌，牌内书明专精何艺。

一、水师步队官、水师教习、印度水师均与英国水师同一例，援照前例仿行。

一、商人水师官员列防营之次，均与千总之例相同，即寓居学堂之外，仍准其附搭伙食。

一、外国及国家武员，既经由其驻使咨送来学，当备资英金三十一镑十先令，方准入学肄业，仍寓居学堂之外。

英国亚鲁鱼雷船厂

光绪二十一年五月二十一日晨九点钟，由署起程至车站搭坐火车，巳刻行抵爱阿夫祷革师岛，译华文谓狗岛。易车抵亚鲁船厂。

查亚鲁一厂，在伦敦城厢内，距城心约十余华里。厂临太门士江，虽称公司，究属假藉声名，实归商人亚鲁一人经理，纵使有他人购股，则但协助资本，厂中事务概不与问。厂之形势，外狭中宏，门墙湫隘，不甚闬闳。入门投刺，厂商接待甚恭，延入办事厅房少叙，即陪阅船样房。房内陈雷船、汽机、逐件分图及给工匠照造图式，并有木质、有绘画之各船小式。中有一木圆台，计三层，上陈雷船配用各机器之零件及钢、铅、镍之小料，以备比较考证。继观机器制造各厂，皆与他厂所见略同。独汽机锅炉法，用钢管千束，匀列于水锅之下，如人字形，管之口径约寸余，长八九英尺有差，管外面积广阔，火之热度易致相攻，较寻常旧式锅炉省用煤火，且以水化汽时亦觉速。据云：船舰设此式锅炉，于生火后三四十分钟时即能开汽塞门，展轮放舰。然用此锅炉，须兼用逼风扇之机器。其大扇以叠尔特质料制成；质类黄铜，重率与红铜等量。若制小扇机，多用铜质，以铜价较廉，可以减薄，亦避重就轻之法也。故用此炉，必用此扇。现如此式者，厂中分造有二三具。一具正在演试水度之时，见钢管密排，体直无曲，锅炉之大，内外皆可容人，管之位置亦可探手，故洗涤修理不致掣肘。旁有一万二千五百英磅重每磅合中国十二两。之水柜，水至极热，仅得六十度，每点钟能化水为汽至五千吨有半，计合一万一千五百五十英磅之重，若合锅炉面积，每平方英寸计汽得二百英磅，推计七百五十磅合一匹马力，计汽锅每吨重得有马力一百三十匹，是较旧式锅炉显分轩轾耳。

进阅造船场。场临江岸。现造大小雷艇四艘，修造大船上无顶棚，小船系在棚内制造，中有澳大利亚国定造雷船一艘，长百四十七英尺六英寸，中广四十英尺九英寸，正在布置船身，汽机、锅炉尚未安置；其小艇系在船棚内者，壳皆未成。见先立一木模，而后照模式配钉钢板，板拼成后，始将木模拆去，而船下只有木架，旁堆钢条，一任工人配合选用，其中或有伤裂之痕，另置一处，所用皆光明整洁毫无瑕疵。复观船坞，见有俄国所定捉雷船之船一艘，长百九十英尺，最宽处十八英尺六英寸，舵高十英尺，广六英尺九英寸，压水力二百三十吨至二百六十吨；千管锅炉八尊，逼风扇二具，马力计四千至四千五百匹，行率每点钟至三十英里；火舱二所，煤舱容煤至百五十吨；汽机锅炉深七英尺六英寸，计管千竿汽压力计百六十六英磅；船下用双暗轮。复阅第九十号英水师二等鱼雷一船，身长六十英尺，中广九英尺三英寸，马力至二百五十匹，每点钟能行二十八海里；快响二炮分置首尾，鱼雷炮管均未安置，下用单暗轮。又观一艇，与前略同，但船身长百四十二英尺，中阔十四英尺六英寸，马力一千六百匹，设有快响五炮之地位，分布船面，船下亦用单暗轮。又一船名卞甲，乃捉鱼雷船之船，长百九十英尺，中阔八十八英尺，马力三千六百匹，每点钟能行三十英里，汽机二套，船下用双暗轮式，与和尼德船相仿。此外，有该厂自造内河式船三只，计每船长百二十英尺，中广二十英尺，配以明轮带于船尾，汽机锅炉置于船头。闻此三船，均于本年秋季可以告成，船式与穆师纪都安黑日德船略同。又一船，长百二十英尺，最宽处二十英尺，极狭处四英尺，亦用明轮，式与前同。

英水师捉鱼雷船式船名和尼德

查如此式之船，是厂已造有五艘，计长自百八十英尺至百九十英尺有差，中腰宽处自十八英尺半至十九英尺，视船身之短长定船腰之广狭。此船之所以新奇者，亦恃此千管锅炉、逼风机扇耳。船中分置炮位尤属不一，如格林、哈岂凯师、罗登飞各式英国快炮，位置得宜。自每船管带、员弁以次，暨用五十余人。船之马力，亦属相悬，少者仅三千六百匹，多至六千匹之力，力无定率，各由定购之主酌定，然向造此式之船，尚未有过六千匹者。其所用暗轮，大者皆以满干尼师为质，质属金类，外若青铜。质性与铜迥异，小暗轮仍用钢质。查凡新式暗轮，皆用整质件料铸成，可保用坚；若如旧式镶成扇叶，鲜不历久出弊，缘镶工不若整质之妥固也。今大暗轮以满干尼师为质者，取其造轮扇叶较薄于钢，薄故质较轻，以之代钢良甚便耳。

内河船式

按：此式之船，专行内河，不出外海。船底极平，吃水不逾十八英寸，船尾安舵以及明轮，船首置汽机锅炉，使首尾重轻匀称，住舱在船中腰。如此式者，大小原无定制，然该厂历造之船极大者，不过二百英尺之概。此船每点钟能行三十三华海里，且于承平时用之可以载运客货，有事时即可权作炮船，虽不能出海驶行，而于口岸防守，实为稳便。据该厂商云：能于数月间即可粗成一舰。所异者，此式之船，另有新奇制造，能使一船平分为四、为二、复合为一，每于四点钟能分合一次，取其便于运送远国，南亚美利加各国于此厂如此式者已百余船矣。英国国家曾在此厂用阿抡敏尼门质质轻而色白，即白金——《化学考质》称谓。定造一船，嗣因质价太昂，他国无仿造者，价较钢质不止十倍云。

又见鱼雷铁甲一船，船壳已成，装饰、炮位、机器皆未安置，闻于明年西历五六月间即可下水试行。此船较寻常雷船尺寸加大十分之半，所异者，按鱼雷铁甲不得相兼，是船乃照鱼雷船之制法而船身兼用铁甲，惟甲质较薄，系俄国海部订造之式，为他国所无。今英国海部已示知该厂，俟此船下水试行时，当派员来厂验视，若果得力异常，即令仿造矣。

综观亚鲁一厂，凡铁甲、钢甲巨船及头、二等兵船、快船，此厂皆不能兼造，惟造鱼雷船及捉雷船是其专门之业，制造不惜工本，所成之船其精固甲于欧洲，造鱼雷船堪称第一。厂内机器各备汽锤，计有三具刨钢机，一架架上置有刨六刃，能使上下左右旋转，较他厂之机更形灵捷。阖厂工艺，计用七百余众，工倍时增。其最精之制造曰千管锅炉，曰逼风扇，曰内河明轮船，曰整质凿成暗轮，此四端最为新奇，非他厂所能夺其权利也。

阅毕辞归，复乘马车逶迤西行。车忽停顿，缘所经前途系在江内，间有活铁巨桥，正值一船径渡，桥分移于沿岸，迨船过后，见一人立于铁栏前似以人手按机之状，须臾桥乃复合。

卷之六

英国阿摹士庄船炮厂纪游

光绪二十一年闰五月十八日，会同参赞官曾广铨游历是厂。厂在苏葛兰岛之牛加色，所占之地约五里余，宽计里许，内各分厂皆逶迤相连，高阔异常，实出他厂之上。计用工人一万四千余名，遇工倍时，加增人数。各机器厂内，设有大小机器，位置极为周密，殊少空隙，若欲遍阅，须延时日，大率与他厂大同小异，无烦琐记繁言、雷同重复。今谨择他厂绝无而此厂仅有者，剖析陈言，以期有所采择耳。

缩炮衣一法，刱自此厂，炮身之外，套用之钢筒。今凡造炮者，皆仿之。乃向来皆以炮身横放，始加炮衣，现改炮衣竖立，以炮身由上落入衣内，庶免衣冷于还原时更变形体。见一八英寸口径之炮身穿第一层炮衣法，将衣煨红，钢入火即涨大，衣口向上，以炮身从上放落衣内，炮口亦向天，一任炮衣渐冷，衣冷则其质自缩小，还归本原，贴紧炮身，合而为一；又见六寸口径之快炮一尊，亦加第一层炮衣。炮衣者，即炮身各段之钢套筒也。每炮或套衣三重，或加四重。

制水力机器各厂，专造桥梁、河闸、起重水车各机，又造兵船所用水力机器物具，现今英国水师所用者，均造于此厂。其各机具之铜钢配用之件，如齿轮、转杆之类，均各有专机，而轮边之齿杆上之各凹凸处，无不得宜。现造桥梁一厂，尚存巨铁浮桥一座，约长二十余丈，惟时储以待价，因暂停工。

铸铜厂内正当熔铸新配合之铜料，厥名尔司未克铜，其妙在能抽之、锤之，使其长而仍不失其坚，他铜虽亦能如是，惟体坚而性软莫之及也。熔铜之罐，以灰泥合成，色若牙白，陶熔既成，罐由炉中提出。

成炮厂中曾造百十吨重巨炮数尊，然现所制者，仅六十七吨重、十三英寸半之口径者，乃英国水师定制之炮。适有义大利国兵官四员游厂，凌等因与偕游。观演放六寸口径摇杆式电机快炮一尊，先用木塞塞严炮口，复将空铜药筒放入后膛，再以小铜药弹置入巨铜筒中孔内，一人启炮，一人置药弹，一人摇机，须臾连发数炮，微有青烟，不闻声响。试毕，见五六人用力将木塞攻出，见木塞上钉数弹不止，入木三分。

钢丝炮厂，其钢丝亦形扁而体方，制造之法实与乌里区官炮厂之法不甚悬殊。按：此厂原不以钢丝炮著名，惟因式较新，多有购办者，以故此厂兼造之。论者谓：近今用钢丝火炮，讲用缓燃火药如可歹特无烟火药之类，此法必将盛行于世。

攻炮膛、刨炮面之制，各有定机，其最精妙者，莫如造铇膛内之螺纹，谓之来伏线。线有恒率，如每若干口径之内旋转一周是也；更有加紧率，如一周加紧一周，每周较前周所占地步更少，及至膛口，已加紧若干是也。二法是非莫辩，自是难加论断。

试钢一厂，陈设各项验钢性质之具，有牵之使长、压之使短、弯之使曲、火之使软、浸之使硬之机，然后试中纳用分质制器，井井有条。

又有多厂，占地极广，专刨自六寸口径以下快炮，法与他厂异地皆然。又有造水师炮座之厂，乘三磅重至六磅重弹，皆用活机，圆转自如。惟造枪炮弹之机簧，制造既繁，机器亦巧，虽注目审视，终莫明其头绪。铸生铁空心炸弹一厂，虽无奇异，而引者导至，无妨略观。

汽锤一厂，内有汽锤五座，今已改用水力压锤，以免汽锤下击其势太猛致伤其质，莫如水力压锤之从容压下者，百无一失，甚为妥协。今观用汽锤击钢炮身一具，锤下声震若雷，地为之动，据云每锤重合百吨击力。盖自此厂起造大口径之快炮以来，铜质装弹药筒更多讲求，是厂于此类机具尤属齐备。今见由平圆之铜饼用水力压机压成坯形，屡压屡长，至成长筒，谓之冷抽法，不用锤凿，亦无熔铸，竟成整质，水陆两军咸乐用之。闻此厂每月能造大小炮弹至十三万枚之谱，每筒于施炮后尚能复用。近如制造抽钢快炮之弹，亦用水力压机，此最新法也。快响炮身所安用人力各机，尤为精固。所可羡者为保机，乃保护炮手之挡板也，或以钢成之，或以铜制之，板式半圆，高若门墙，半露炮身，后膛藏于板后，板质皆选料配合，极其坚硬，盖用哈蜚氏硬面坚钢，纵令敌弹击中，不致穿透伤人毁机，且较寻常之钢铜板块薄而质轻。其式最新，是厂颇称得法。今英法等国皆用此厂所造者，且自来极大之快炮至六寸口径为止。诚以六寸径弹，人力易于转移，过此者，质量太重，运动维艰，非用机器，殊多未便。今有八寸口径之炮，兵家命为快响炮，因观其试放，细加考核，见用五人施放，但用空心药弹，每三十秒钟时能发三响，合十秒钟时一响，比之英国现用之八寸口径炮每一分三十秒钟始发一响者，当更速矣；又有六寸口径快炮，能于每二十秒钟发四响,此项炮较英人前用之炮弹,式长而装药亦多。以上所阅之炮,皆用新式圆形独心炮座,炮身虽重,因座上机器制造得法,竟能推移,不甚费力,于是随心测量,各炮亦置新式挡板。又有四寸十分之七口径炮快响,安用新式挡板、新式炮座。

熔钢厂,厂较他处尤为宽阔。内铸大块钢料,料与庙宇殿堂抱柱相似,左右有刨钢及攻钢心各项机具,见攻出之钢心,长者约有六、七丈余。此厂凡空心管筒之类,制造繁多。炉中煨有轮船暗轮之空心转杆一具,由起重机自火中提出,安放于水力压机之下,从容周压。据云,锤每一落,重合二千五百吨至四千五百吨之压力,妙在无论制造何物重大之件,一切机器哑然无声,不似汽锤之震撼惊人,且铸钢之锅炉尤为宏巨,机器备用亦多,缘锤压缸料甚费机力,故此厂制造钢料,有另派总办管理,以期专精。

船厂在太恩河之滨,有码头二。见有船装载百吨重之后膛炮一,将运他处,闻系英国水师所购办者。按:此厂专造炮船,而鱼雷非其所长。然放鱼雷之炮筒亦属戛戛独造,近得一法,用可歹特无烟火药能于水面放雷,雷既发出,炮筒中绝少余烬。旋登英水师定造之二等钢甲,观试鱼雷。雷由中舱发出,河中树一帜为靶,雷对帜发,相距远不及里,雷出寂然无声,若鱼之攸然而逝,水面显露其形,所试之雷亦未中帜,盖缘药未装足,不过举其大略耳。厂中曾造维多利亚水师头等钢甲、秘鲁国之耶司米未日阿而得快船、意大利水师之匹莽叠快船,日本前造之游戏娄快船。又曾造钢甲巨舰,长三百八十五尺,广七十四尺,吃水二十六尺六寸,压力一万二千六百吨,马力一万六千匹,速率行十八海里;载大炮十二寸口径、重四十九吨后膛炮四尊,六寸口径快炮十六尊,三磅重弹快炮十八尊,放鱼雷炮筒五具;钢甲带厚自十八寸至十六寸,通扯长二百二十五尺，探敌楼钢甲厚十四寸，照海灯五盏。现造赤里国水师快船名布郎叩恩克拉达，有八寸口径炮二尊，六寸口径炮十尊，快响小炮十二尊。又日本人定造头等兵船一舰正在制造，平水线带系用哈蜚氏钢料，厚计十八寸、十六寸、十四寸有差；船身长四百二十余尺，宽七十三尺六寸；钢甲带之后面有洋杉木樑板，厚四寸；压水力一万二千三百七十吨，全身钢甲计重五千吨，每钟行十九海里，装煤一千二百吨；首尾一十二寸口径巨炮四尊，六寸口径快炮十尊，弹重三磅快炮四尊，马克辛、罗登飞机器炮数尊，药弹房在船之前后分置。据云倭人欲其速成，特加夜工，约在明岁可告工竣。

论船要诀

综观各国水师兵船，为当时之要诀凡有四端：速率，每钟行十九海里以至二十余里，一也；炮须快响，在多不在大，在分不在聚，二也；鱼雷炮筒须在船之当头左右位置，务任专门之学，测量较准，莫使轻发，三也；钢甲不必太重，要在力能御敌，故今多用轻质快炮，四也。近如匹莽叠一船，外国咸称得法之制，而造此船者，其用意曰极快，曰周旋便捷，曰炮火利害，曰左右钢甲不可过厚，但期能抵弹而不致受大毁伤也。此船计长三百二十五英尺，宽三十八英尺，吃水十五至十六英尺，压水力二千五百吨；有龟背形之船面护甲，甲质在船中者厚仅一寸，斜处甲厚三寸；载有六寸口径快炮六尊，四分寸之三口径快炮六尊，哈岂凯师机器炮用弹重六磅者十尊，一磅重弹者六尊，马克辛、罗登飞十密里迈当快炮四尊，放鱼雷炮筒三个；每钟能行二十一至二十二海里。至其炮之位置得宜，在六寸口径者四，四寸四分寸之三口径者四，均安置于上船面：其六寸口径者，特于船之左右、前后，分中凸出，能直向前施放；六磅重弹之炮朝前二尊，分于左右各一，均在船首；又二炮向后，亦分左右；其余小炮布置有法，鱼雷炮筒一在船头中线上，其二筒分置两翼，前后二桅皆有炮围两重，各置机器小炮于周匝。至于所有汽机、锅炉，均在水线之下舱，火药、炮弹各房亦在水线之下。其水线甲带下之舱有若干水柜，每套汽机锅炉皆有专房，房之左右即装煤之舱。煤舱近依火药、药弹之房，缘煤舱所以在水线下者，以煤砖可以当钢甲，固能保火药、药弹，所以煤较钢为有用，又可减用钢板。此船之炮位布置周备，左宜右有，更无顾此失彼之虞，况煤舱又用多间，获益良多，非第取其不能透水，即使敌弹击中，不过废一煤舱，船仍自若，断未有弹既透甲，复能透煤，又复穿透他处也；使果有余力，必为击中水柜，柜中之水通于海面，若煤与火药已皆半尽，令海水入舱，反使安稳，将船压平，不惟无忧反为可喜，故煤砖能御弹，法又出于钢甲上也。如遇炸弹，亦无从施其技，弹在煤中炸裂，煤之性与沙土同功，实能以柔克刚，纵弹由煤中脱出，击中舱内钢板，弹块已碎，亦欲炸而无力矣。而更有可采者，斜形之甲较厚，甲之费用减省尤多，今六寸口径之炮弹能透十五寸厚之甲，而最厚钢甲未有过二十一寸者，然欲求真能御敌之甲，即硬面坚钢亦莫能或遏也，但不过求略能使弹虽透而船不至大伤，仍能临敌，斯亦可矣。故今用煤砖补甲质不足，如此不至因甲重受累，且煤砖仍用之烧炉，一举两得，何乐而不为此！此船马力计自七千一百匹至一万二千匹，装煤自二百吨至六百吨云。

附阿摹士庄厂兵船制式简明节略

头等战舰 船身尺寸、吨数、斤两以及马力、速率，悉照英制下关系，属约略估计。

长四百尺，极宽处四十五尺六寸，吃水二十七尺六寸，压水力一万五千吨。

船体纯用钢造，中备障水舱多间，善为结构，俾临战事或遇搁浅受伤得有限制，庶免殃及全船。自首至艄，用双层夹底，相距之间即储镇船之水，藉兹以定吃水深浅及平前后左右动荡之势。

军械布置：后膛炮四尊，每炮膛口对径十二寸，重十九吨，分作二对，置于首尾。旋台内炮座等处均有旋台之甲墙遮护，炮身则护以坚实钢罩，每台内之二炮旋转并行，能左右开放，自炮门准对所向之直线起，至一扫之止境，应得弧线三十度。

快炮十六尊，每炮膛口口径六寸，内十炮置中舱面之耳台内，又六炮在上舱面安置，各护坚钢罩一座。上舱面各炮：最前二炮，能向旁侧开放，约自炮门准对所向之直线起，其旋转之止境较一扫应得弧线五十度；最后二炮亦能向旁侧开放，应得弧线同前；其余各炮位置咸宜，自有极宽之弧线。

弹重十二磅之快炮八尊，四炮置上层舱面，四炮置中层舱面。

弹重三磅之快炮十二尊，四炮置两桅炮围内，许星使《师船表》作桅盘。[①] 八炮置舱顶上之护罩中。此舱在上层舱面两旋台之背后。

放鱼雷筒五个，皆置定不移，一置船首之水线带上，余四筒分置两翼水线带下。药弹各仓库应极舒阔，于船之首尾两端位置，所有转运药箱、递送药弹，均各捷便，起运活机联络一气，俾由库至炮，接济不穷。船周护甲有全副保甲，堡一围长足以包罗前后旋台于围内，其两旁之甲，应自上舱面起算，至满载时之水线下五尺为度；该堡中段即系围带，亦称水线，带甲厚十四寸，入下渐薄，厚仅七寸，该带高八尺，在水线下者五尺，在水线上者三

① 按：此句应为小字。

尺，亦以满载时之水线为准；再自水线上三尺起算，直至上层舱面为止，该处甲厚九寸。统核是船两边有甲之处共高十七尺六寸，旋台之壁甲厚十四寸，其在上层舱面以下最薄处甲厚七寸，缘该处已有十四寸之围带护于外也；每台中心备有六寸厚之甲管，藉以为护起重之机。

船之下层舱面全护钢甲，计厚二寸半，中间平面高出水线三寸，两边渐低至水线下五尺，该边际镶托厚十四寸之甲，带甲堡外之前后舱面本在水线以下，其甲应如常式，厚二寸半。是船舱面各户穴上应造障水横壁，但此横壁应高出水线三尺，俾遇战事，该处舱面户穴可以洞开。

其在下层舱面两旁护甲斜坡之上通入甲堡之处，起建煤舱，高及中层舱面，俾附近水线一带地位益加巩固。

上层舱面保护甲堡之钢板，厚一寸，直接下层舱面之甲，竟将全堡包罗罔外，所有上下舱面间之炮位、烟筒、兵率等具皆足，以资保护矣。

中舱面六寸口径炮十尊，除已开厚九寸堡甲等保护外，每炮左、右、后三面应用寸厚之钢板围屏，又炮座下之钢板亦厚及寸，如此庶便使每炮各有遮蔽，自与他炮不相关涉。

上层船面十二寸径之炮四尊，及他式炮位应用常式之厚钢为罩。

以上所开厚十四寸及九寸之各甲，应均用哈蜚氏硬面软底钢配造。

探敌楼：许星使《师船表》作令台。楼用十四寸厚哈蜚氏硬面软底钢制成，内凡一应器具自应备齐，俾于驶行遇战事如法调度。

指挥楼：楼用三寸厚钢起造于船艄之上，并备有三寸厚之钢筒，楼内机具自应备齐。

行船汽机：及速率。此式船应有双暗轮及三倍涨力之竖管，汽机加逼空气时，而火舱内得空气压力能压水高二寸之力，应得马力一万六千匹，可保速率一律均匀，并照英国海部试船章程，每点钟行十八海里半，若纯任自然，而火舱内空气压力有压水使高半寸之力，所得马力足令此船每点钟行十七海里零之速率。

煤舱：装煤按照吃水分量，常载以装煤千吨为度，试船时应装此吨数之煤或代以重力相同之物，至全船储煤舱房实可容煤二千吨，以备远行，如装足此数，而每点钟行十海里，则可敷行八千海里之用；如行十七海里，能敷行三千海里之用。

此式战舰应备小艇二、鱼雷艇一、报信传令之小汽船一。

通船全用电气灯，并备照海电灯五盏，气生于制电总机房，外有转舵之舵车、通风之风管、吸水之水龙俱备。

全船装饰器具布置齐全：包括各件列后。

汽机

炮位

生电机器

锅炉及备用替换之具

船桅及绳索等物

铁锚及条链等物

小艇

厨灶炊爨之具

油柜等项

以上器物，船中备齐后，即可出海，其时将有应另添置者，计开于左：

粮食

随时添置之应用物件如煤与油等

航海仪器

外科器具

海图

镀银食具

弁兵床具

此厂制造此式兵船,自承造之日起,约期三年零六个月内全行报竣,以候试行。

二等战舰 船身尺寸、吨数、斤两,悉照英制下开悉,属约略估计。

长三百六十五尺,极宽处七十一尺,吃水二十五尺,压水力一万一千吨。

船体纯用钢造,应备障水舱多间,善为结构,俾临战事或逢搁浅受伤,得有限制,庶免殃及全船。自首至艄,造有内壳一层,相距之间即储镇船之水,藉兹以定吃水浅深及平前后动荡之势。

军械布置:后膛巨炮四尊,每炮膛口对径十寸,共分二对,一对在船首旋台,一对在船艄旋台。炮座为台之甲墙围护,炮身为坚钢罩遮护前后,二对炮位旋转并行,能左右开放,自炮口准对船首尾之直线起,旋转至左右分际,各约三十度之弧线间。

快炮十尊,每炮膛口对径六寸,此厂兼造最新之式。四炮置于舱面护甲箱内,六炮置于上层舱面坚钢罩下。上层舱面各炮最前位置二炮及最后位置二炮,自应向船头尾左右开放,约自炮门准对所向之直线起,旋转较一扫之止境,各得弧线五十度;其余炮位,应自向船腰前至船腰后,各得弧线约百二十度之间。

弹重十二磅快炮四尊,置二炮于上层舱面之首,置二炮于舱面之后。

弹重三磅快炮十二尊，置四炮于两桅之炮围内，置八炮于护罩舱顶上。

机器炮四尊，在两桅首层炮围钢盘上安置。

放鱼雷筒五个，制定不移，一置船首水线带上，四置两翼水线带下。药弹各舱宜极舒阔，建于船之两端，所有转运药筒递送药弹，各有捷便，起运活机，联络一气，俾由库至台接济不穷。

此船之钢甲围带，计厚十二寸至九寸，长二百尺，两端镶接九寸厚之钢甲横壁，其上端用二寸厚之钢镶成顶盖，下端两横在船首尾间镶托水线之下之钢质舱面，该舱面亦厚二寸，此带当该船满载之时，应高出水线三尺，其在水线下者，应有五尺。

保甲堡：用四寸厚钢板，竖接围带之下，直至中舱面为度，更在围带上护甲舱面间建造四寸厚之钢横壁，此壁起于旋台外之围垛，尽于船之边际，如此遂成一轻甲之堡。即于此项四寸钢壁之后造一煤舱，舱宽约十二尺，当载煤行驶时，该煤舱适足为船旁薄甲之助，然该甲本力足捍御敌攻及火炮、炸弹轰击，而兵船每置煤舱于扼要之地或于薄甲之间，洵属加意慎重之意也。

上开十寸口径之炮有台甲保护，则台之罩墙用厚九寸钢甲，台外有围垛一圈，该垛在台座旁及中层舱面间，均用厚九寸钢板制就，又自中层舱面至下层护甲舱面之间，其正面之垛用厚九寸之甲，后面之垛不过五寸厚甲，缘该处已有四寸厚之钢壁榇护故耳。保护六寸径炮之炮箱前面用六寸厚之钢甲，背后用厚二寸之软钢。

以上各护甲，均照英国之新式战船，用哈蜚氏硬面软底钢制造。

探敌楼：此楼用哈蜚氏十二寸厚钢造成，在船首位置，楼内应有器具均已备齐,俾于驶行或逢战事如法布置。

行船汽机:及速率。此船用双暗轮及三倍涨力竖管汽机,加以空气逼风,而火舱内之空气抵力能压水高至二寸,应得马力一万四千匹。按《英国海部试船章程》,每点钟行十八海里半,若纯任自然,不加逼力,足令每点钟行十七海里有零。

锅炉:用单火门,分置四间障水舱中。单火门者,在一边生火,火门原有数个。

煤舱:暨核算行程。查此式战舰吃水分量,常载应以七百吨为度,试验行船时即用此项吨数之煤或代以重力相同之物,但舱内可容一千四百吨之地步,以备远行。如装此数,每钟行十海里,则敷七千海里之用;如行十七海里半,足敷二千五海里之用。

此式战舰应备小艇二只,内二等鱼雷一艇,报信讯船一艇。

照海电气灯四盏,通船全用电灯,生电机器、转舵水车、风筒、水龙俱备。

全船装饰器具布置齐全:包括各件列后。

汽机

炮位

生电机器

锅炉及备用替换之具

船桅及绳索等物

铁锚及条链等物

小船

厨灶炊爨之具

油柜等项

以上器物,船中备齐后,即能出海驶行,外有另添置办者计开于左：

粮食

随时添置之应用物件如煤油等项

航海仪器

外科器具

海图

镀银食具

弁兵床具

此厂制造此式兵船，自订立合同后开工之日起，限三年零三个月内，造竣告成候试。

头等穹甲快船 船身尺寸、吨数、斤两以及马力、速率，悉照英制下关系，属约略估计。

长四百尺，极宽处五十二尺，吃水十九尺，压水力五千七百吨。

此式兵船为英国最善之制造法，煞费匠心，几经斟酌，凡一切取材、定式、配合钢料、锻炼得法，因式制宜。船体纯用钢制，备足障水舱间，自首至艄底用双层，其间即储镇船之水，设遇搁浅或致破漏，有此夹底，自堪救护；于机器舱左右间，更须向上展拓，以成夹墙，直抵护甲舱面墙之空隙，悉置隔堵，顺机器舱之边墙地位，即造煤舱。

穹甲舱面：按许星使《师船表》，此等船作穹甲、平甲快船，因船身无甲，但用平甲覆护下舱，其式中高边下，故译成穹面，称穹甲快船者，省文也。全船自首至尾有穹甲，舱面一层，宛如平顶，微有斜坡，中央机器舱处穹度高水线约二尺，两旁斜落至线下四尺余，前后亦作斜式，曲至水线之下，船首至中线处甲作弧形，箍固撞嘴。许星使《师船表》云：撞嘴之端如锥式，其末作燕尾形，衔于船柱，而钉著之或用螺钉拴合。

船尾边甲护舵轴之端及舵旁配用零件，于舱面高出水线处，至机器舱前后甲厚一寸零四分之三，旁斜落处保护机器舱及军需栈之甲厚三寸半至四寸半，一应穴洞皆护甲盖、甲棂，但遇战事去盖除棂，故尤必备置障水横墙。

军械布置：后膛巨炮二尊，每炮膛口对径九寸零十分寸之二，分于船面首尾两端位置，其转移左右开放，应自炮门准对所向之直线起较一扫之止境，各得弧线三十五度。快炮十尊，口径六寸，置六炮于上层舱面，至四炮于中舱面之耳台；上舱面首尾二对炮位，其开放旋转，自应向船首尾炮门准对之直线处起较一扫至左右之止境，各得弧线五十度，两翼及耳台各炮应得百二十度之弧线。

弹重十二磅快炮八尊，于船面位置四炮，中舱面之首尾各置二炮。

弹重三磅快炮十六尊，四炮于两桅之炮围，许星使《师船表》作桅盘。八炮置于上层舱面护板间，又四炮置头舱之顶。此舱在船面，以钢板制造。

放鱼雷筒五个，一置船首之尖，四置于船舷之内，宽大之库房藉储各种炮弹火药，各适其宜，在船之两端建造，以便搬运军需，而供开炮之用。

以上各炮，皆用坚重钢罩遮护，至架炮列炮之具，更用最新之式。

行船汽机：及速率。此式兵船，用双暗轮及三倍涨力竖管汽机，由两座锅炉逼送。此项锅炉分置两舱，不相关涉，各有火门，故满引空气、增旺火焰以足马力，每钟行二十二海里，平时纯任自然，不加空气，行二十一海里半。

试验气力：按《英国海部章程》，先须纯任自然，不添空气，行足速率历时六点钟之久，继须满引空气，顿增焰力，连行四次、六次，务使每点钟里数均匀，毫无伸缩。

煤舱：煤斤常载应五百吨，而舱中备储地步足容一千二百吨，不添风力，尽力而行，足敷行二千海里之用；若每点钟行十海里，能供出海四十日之用，共计足敷行一万海里之用。

船桅二，竖以备升旗传语之用，其上层各备炮围一层。

探敌楼：用六寸厚钢板造制成，楼内机具如法布置。

舵件：舵轴之端、舵旁零件又转舵汽机，均在水线以下。所有通接转舵、汽机之舵盘，系在探敌楼内，以备驶船临阵之用。汽机设被损伤，则有手机在焉，布置极为得法，使舍汽机而用手机，或舍手机而用汽机，罔弗各得其便。

照海电灯三盏，二在船首，一在船艄。

全船装饰器具布置齐全：包括各件列后。

汽机

炮位

电灯

锅炉及备用替换之具

绳索等物

铁锚条链

小船

厨窟炊爨之具

油柜等具

以上器物，船中备齐后，即能出海驶行，外有另应添置之件，计开于左：

粮食

随时添置之应用等项如煤与油

航海仪器

外科器具

海图

镀银食具

弁兵床具

此厂制造此式之船，自立合同后开工日起，约期二十七个月造成候试。

二等穹甲快船 船身尺寸、吨数、斤两以及马力、速率，悉照英制下关系，属约略估计。

长三百三十尺，宽四十三尺，吃水十六尺，压水力三千三百吨。

船体纯用钢制，条分缕划，广备障水之舱，自首至尾，皆有夹底，而机器舱间两旁之夹底，应更向上展拓，直抵护中层舱面，其下为储煤之所，其上沿机器舱一带，亦作夹墙，内榇格堵处仍系储煤之舱，另有救生航全套，舱深而密，可合可分，亦置护甲舱面之上，以备不虞。

穹甲舱面：自首至尾，备有保甲舱面一层，机器舱上为中枢，其穹度出水线六寸，惟两旁由〔高〕渐低，侧极边处应在水线下三尺六寸，前后亦在水线之下。船首正中线处，甲文俯覆，以固撞嘴；船艄一边，甲护舵轴之端及舵旁零件；高出水线处以及机器舱前后，甲厚一寸零四分之一；两旁低侧处，保护机器舱及军需栈，厚三寸半；一切穴洞皆护甲，盖甲栝，但临战时去盖除栝，必先备障水横墙为要。

军械布置：快炮八尊，每炮膛口对径六寸，置一炮于船首露台，置一炮于船艄，其转移左右开放，应自炮门准对所向之直线起较一扫之止境，各得五十度之弧线。置六炮于上层船面之耳台中，其开放应得之弧线度与前同。

弹重六磅快炮十尊。

弹重一磅快炮四尊。

陆路行军炮二尊。

放鱼雷筒三个，一置船首，二置船舷。

行船汽机：及速率。此式兵船用双暗轮及三倍涨力竖管汽机二座，由四个锅炉逼送。此项锅炉，分置两舱，不相关涉，各有火门，故满引空气增旺火焰以足马力，至七千五百匹，每点钟行及二十海里，若平时纯任自然，共得马力至六千五百匹，每点钟行及十九海里。

煤舱：煤斤常载应四百吨，而舱中备储之地步足容八百五十吨之数，如添风力，足敷行八千五百海里之用；若平时不增风力，仅敷行三千五百海里之用，每点钟约合十海里之行率。

船桅二，竖以便升旗传信，每桅炮围三盘。

探敌楼：用四寸厚坚钢制成，楼中器具自应如法备齐。

舵件：舵轴之端、舵旁零件，又转舵汽机，均在水线之下，所有通接转舵汽机之舵盘系在探敌楼内，以备驶船临阵之用，汽机设被损毁，易以手机，设彼用此，各适其宜。

照海灯：照海电灯四盏，于船桅最上之炮围内各置一盏，船之首尾各悬一盏。

小船六艇：汽艇长三十尺一只，快船长三十三尺一只，大划船长三十尺一只，破浪艇长二十八尺一只，中划船长二十六尺一只，小划船长十六尺一只。

全船装饰器具布置齐全：包括各件列后。

汽机

炮位

生电机器

锅炉及备用替换之件

绳索等物

铁锚条链

小船

厨竈炊爨之具

油柜等项

以上器物，船中备齐后，即能出海试行，外有另添置之件，计开于左：

粮食

煤油等项

航海仪器

外科器具

海图

镀银食具

弁兵床具

此厂制造此式之船，自立合同后开工之日起，约期二十一个月即可告成待试。

一千二百吨重至鱼雷炮船 船身尺寸、吨数、斤两以及马力、速率，悉照英制下关系，属约略估计。

长二百七十尺，宽二十二尺，压水力一千二百吨。

军械布置：快炮二尊，口径四寸七分，一置船首露台内，一置船艄。弹重六磅快炮十尊。弹重三磅快炮六尊。四置舱面护板间，二置后艄。格林开花机器炮四尊，分置于二桅之炮围盘上。放鱼雷炮六个，四置上层舱面，成对开放，左右旋转，又船之首尾各置一个，俱系置定不移。

军械舱库：此项舱房须极宽展，建于船之两端，俾遇战事，设有一端被击透水淹灌，尚有一端可以接济军需。

行军汽机：及速率。此式兵船，用双暗轮及三倍涨力之竖管汽机，酿汽锅炉应照兵船常用之式安置，非同火轮车上所用者。所有关闭火舱、满引空气之具，皆照通行之法布置妥帖，火舱门一经关闭，即可满引空气，其间空气压力有压水使高三寸之力，所得马力足使每点钟行二十二海里，若洞开舱门，亦可行二十海里。

煤舱：满载煤斤应一百吨，而舱中备储之地步足容二百五十吨之数，如不加风力，足敷行三千八百海里之用，每点钟行十二海里。

探敌楼：用二寸厚坚钢制成，楼内器具如法布置。

舵件：舵轴之端、舵旁零件，又转舵汽机，均在水线之下，所有通关转舵汽机之盘，系在探敌楼内，以备驶船临阵之用，汽机设被损毁，易以手机，设彼用此，咸适其宜。

照海电灯：应备四盏于船外，船中通用电灯，分布得宜。

全船装饰器具布置齐全：包括各件列后。

汽机

炮位

生电机器

锅炉及备用替换之件

绳索等物

铁锚条链

小船

厨灶炊爨之具

油柜等项

以上器物，船中备齐后，即可出海驶行，外有另应添置之件，计开于左：

粮食

煤油等项

航海仪器

外科器具

海图

镀银食具

弁兵床具

此厂制造此式兵船，自立合同后开工之日起，约期十八个月即可告成待试。

重九百吨鱼雷炮船 船身尺寸、吨数、斤两，以及马力、速率，悉照英制下关系，属约略估计。

长二百四十尺，宽二十七尺六寸，吃水十尺，压水力九百吨。

军械布置：快炮二尊，口径四寸七分，一置船首露台，一置船艄。弹重三磅快炮四尊，二置护板间，二置耳台内。放鱼雷炮筒五个，内以四个作二对，分置上层舱面，可以旋转开放，以一筒置定不移，在船首居中位置。

军需库：此舱应极宽舒，建于两端，临阵时设有一端轰击或被水淹灌，尚有一端可以接济。

行军汽机：及速率。此式兵船用双暗轮及三倍涨力之汽机，其逼送汤汽，不用火车上所用之锅炉而专用此等水师锅炉者，实由因式制宜而机式殊焉。所有关闭火门满引空气之具，自应如法布置。

速率：火门一经关闭，即可加增空气，其间空气压力有压水使高三寸之力，所得马力可保能行二十一海里，若洞开火门，应得十九海里之速率。

煤舱：煤斤满装舱内足容一百八十吨，但七十五吨系装煤之起码数目，与原拟吃水之力相符，故试验速率时，应装此数；若装满一百八十吨之数，每点钟按行十二海里扯算，即可行及三千海里。

探敌楼：此楼用二寸厚坚钢制成，楼内调度行船之器，自应如法备齐。

转舵之手机及汽机二者皆备。

照海电灯二盏。

海图房：船中应备小室一间，以置海图。

汽力水龙水车。

全船装饰器具布置齐全：包括各件列后。

汽机

炮位

生电机器

锅炉及备用替换之件

绳索等物

铁锚条链

小船

厨竈炊爨之具

油柜等项

以上器物，船中备齐后，即能出海驶行，外有另应添置之件，计开于左：

粮食

煤油等项

航海仪器

外科器具

海图

镀银食具

弁兵床具

此厂制造此式雷船，于立定合同后开工之日起，限期十五个月克告厥成以待验试。

捉鱼雷健船 船身尺寸、吨数、斤两，以及马力、速率，悉照英制下关系，属约略估计。

长二百尺，宽二十九尺，吃水五尺三寸，压水力二百五十吨。速率每点钟二十八海里。

此式健快之船，船体虽用钢制，而坚钢之上浇铅一层，舱面高耸，船首加用护盖一块，作龟背形式，至其船之包皮及船中之布置，概照英国水师所造之捉鱼雷船，一体无二，船中舱位可住军四十五名，统领及大小官弁在内。又军装库、杂货房、粮食房、储器房、厕室，自应仿照新近之式一律备齐。

军械布置：弹重十二磅快炮一尊，至于探敌楼顶，能向船头对直开放，左转右旋，弧线亦宽。弹重六磅快炮五尊，在上船面两翼，分置四炮，尾艄位置一炮。放鱼雷炮筒二个，分置于舱面居中正线，均能左右旋转开放。

行军汽机：及速率。此式兵船用双暗轮及三倍涨力竖管汽机，锅内列汽筒八，藉以酿蒸汤汽，舱门如闭以增空气，则所得马力足以令此船速率每点钟驶行二十八海里有零，倘连行三点钟之久，亦可保其速率至少行八十四海里。此船自内外布置齐全后，试验时所载分量应不过三十吨之数，以代煤斤、军械、药子、器物、兵丁、粮食、淡水及一切零件。

煤舱：煤舱应设法妥造，须能容煤六十吨，如装满此数，行足速率能敷五百海里之用，倘迟缓而行，每点钟行二十海里，即敷行八百海里之用。

探敌楼：此楼用坚钢制就，甲厚半寸，应用器具以便驶船、临敌之用者概置其中。

舵件：转舵之手机、汽机二者俱备，舵盘安置合宜。

照海电灯：照海电灯一盏，其光即发于生电机房。

小船：下开各项小艇自应备置。

破浪艇一只，长二十五尺。

两尖小艇二只，各长十八尺。

全船装饰器具布置齐全：包括各件列后。

汽机

锅炉及备用替换之件

军械

电灯

船桅以及绳索等物

铁锚以及条链等物

小船

兵丁厨具

油柜等物

按以上情形而论，此船已堪出海驶行，至另有续添之件，亦开于左：

粮食

杂货如煤油必罄所用之类皆是

弁兵床具

此厂制造是船，应自立合同承造之日起，约期十二个月，即可全行竣事，听候试船。

卷之七

达木森兄弟制造兵商轮船公司

尝观泰西各国，重武轻文，先商后农，而足能长驾远驭纵横海外者，非赖有水师之力哉！英据三岛之地，四面环海，其所由致富强而利赖之者，在于商务，而商务之大，首重于制造轮船、修筑铁路。是地近海滨，水师为先务也。法兰西据有五大海口之险，战舰兵轮足称繁盛；俄、德、美、奥诸国造船制舰，月异日新，足资保卫；故论当时水师之盛，法居其次，而首推于英。今观英国达木森造船一厂，其所制本国及他国兵商各舰，制造之隆可见一斑。

光绪二十一年闰五月二十五日，由牛加色至苏格兰之革拉师哥镇，往游是厂。是夕，因本地方居民过节，停工七日。然虽未见其工作，而所制船舰亦可略观。查此厂为英国著名造船巨厂。厂临大河，船坞数间，地势甚阔。查造船一事，凡全船所用之汽机、锅炉、甲板、船骨以及暗轮、旋台等具，各有专家，其由本船厂自制者，不过十之一二；如定购船只，讲明欲造若干尺寸之船，应用何厂所制之何器，皆由该厂代办，此厂因地势阔大，余房甚多，凡大小兵轮、商船所用之物料、汽机，各择专门厂中所制现成者，购存多件，积聚满屋，以便随时取用。现闻此厂所存汽机能造二十只轮船，年余能保粗成;现为英国家造巨轮二艘,西班牙定造大小兵轮七艘,均立合同,限约三年或年余,即可告成,因此厂汽机全备,工人众多,故能如此之速。今谨将近年各国所造之船,择其著名快利者,详译如左:

一千八百八十八年,美国大西洋公司订购往来纽约、巴黎寄递文信之轮船一只。船长五百二十五尺,宽六十三尺,舱深四十二尺,计装货物一万五千吨,平日每钟行二十海里,汽机马力万八千匹。现用以传递英美二国往来文信兼载客商,船名纽约,制造极精,经阅十五月而后成。

一千八百八十八年,英海部订造快船五艘,日本订造一艘。英造之五艘,有二艘各压水力二千五百七十五吨,每点钟能行十八海里;其三艘能压水力三千四百吨,每点钟能行二十海里;日本所造之船,名岂有达,压水力二千四百五十吨,每点钟能行十九海里。以上所造六艘,皆龟背形船,双暗轮,用三倍涨力竖式汽锅汽机,岂有达船较英之五艘更加有四寸半之厚钢带,亦谓之"平水线之保带"。

一千八百九十年,英造双暗轮船三艘,专载客货,往来于英之西南群岛。船身长二百六十尺,每点钟能行十九海里半。因其有双暗轮且行甚速,如有战事之时,并可为传递信息之用。

一千八百九十年,英国水师订造头等钢甲船,名兰密里司,两年造成。船身长三百八十英尺,宽七十五尺,深四十四尺半,压水力一万四千三百吨,吃水二十七尺六寸。其保甲则有炼钢带,甲计长二百五十尺,宽八尺半,其在船中间者,计厚十八寸;此带之上又有一带,计长百五十十尺,厚四寸,安置于船腰;正带高出平水线三尺,次带之顶距水线九尺半,正带之两端造有横式钢墙。船面用三寸厚之钢，上置大炮：十三寸半口径、六十七吨重者四门，船前后各有旋台，每台载炮二尊，旋台系用十七寸厚之炼钢甲为保护；又有六寸口径快响炮十尊，安置于正船面凸出之炮座内，其余六尊均在上船面，用挡板护之；尚有机器小炮若干尊，鱼雷炮筒七门。汽机则有三倍涨力之机二套，单汽锅八座，每平方寸计涨力百五十吨，马力计万三千匹，每点钟若加逼风之力，能行十七海里半。容兵弁六百六十五名。全船有钢甲计统共重三千吨。

一千八百九十一年，为荷兰国造有炮船一只，计压水力八百吨，每点钟行十三海里。

一千八百九十四年，为英国国家造有捉鱼雷船之船三只，曰老开特，曰下克，曰色利。每只计长二百尺，压水力二百五十吨，每点钟能行二十七海里。

目下此厂造有若干船，然其最大者，为英国国家之头等快船名铁力布尔、头等战舰名久必特。

铁力布尔。计长五百尺，统长五百四十尺，宽七十一尺，舱深四十三尺半，压水力计万四千三百吨，吃水二十七尺。系仿带船面保甲之式，此式之船以此船为最大。正面之保甲系凸形，即所谓龟背形，凸最高之处在船中心，距平水线三尺半，至船边则已在平水线之下七尺矣。船面保甲计厚四寸，炮门则有九寸余口径、二十二吨重后膛炮二尊，一在船首，一在船尾，安于六寸厚之钢围墙内；六寸口径快响炮十二尊，均安船边凸出之炮座内，座外围墙系用六寸厚之硬面钢板制造；十二磅重弹快响炮十八尊，外有机器炮若干尊，水底鱼雷炮筒四门，船底系用洋杉木包铜制之。船首尾两边之柱与破浪板之下并船舵三处所属之帽钉、樑架，用铜、锡、锌、磷四质配合而成。平时每开火门，能行二十二海里，马力二万五千匹。

各汽机舱房足，占地甚阔，用别尔佛有式之水管汽机锅炉，共四十八尊，分置于八间障水舱内，更备有三倍涨力汽机二套。船能容煤三千顿，平时试验行船只载千五百吨。共容弁兵九百名。

久必特乃头等战舰。船长三百九十尺，宽七十五尺，压水力万五千吨，吃水二十七尺六寸。炮门则有十二寸口径、五十吨中炮四尊，六寸快响炮十二尊，十二磅重弹炮十六尊，另有更小之炮若干尊，鱼雷炮筒四门。其十二寸口径者，船前一尊，船尾一尊，置之钢堡之内。堡之甲墙由保舱甲面起高出上船面三尺，厚十四寸，所有此船之甲，概以硬面钢制造，较他种钢料愈加坚固。其平水线之条甲带，与英船名兰密里司迥不相同：是船因用九寸厚之硬面钢，兰密里司仅用厚八寸半者。今此船之带十五尺，其在水线之下者五尺半，出水之处计九尺半，其凸形之保船甲面并不高出，而上船面及两边之甲则连接保带之下面，其意谓使有穿甲弹竟穿过保甲带，尚须再透保船甲面，方能入机房、锅炉房各要害处也。

除此二船外，俄商定有大商船一只，计压水力五千吨，尚未造竣。捉鱼雷船四艘，为英国国家所购，每点钟能行三十海里。西班牙国订有炮船七艘。以上所载各船，皆此厂自造锅炉、汽机，已经告成。现有为英国国家制造快船汽机二套，计马力七千余匹。近年统计为英国国家陆续造有兵船二十七只，统共计压水力七万六千吨。代英国国家共造汽机五十五套，共合马力十九万匹之谱。现厂中经造未完之船共大小九艘，未下水者五艘，下水者四艘，总计未造成之船共压水力三万七千吨，未完之汽机统计马力七万三千匹。厂中有造锅炉机器之房，专造别尔佛有式之水管汽锅及他式带管之锅。至其所造各式兵船，其最快者至每点钟能行三十海里。

附伦敦达门士船厂新制船式 皆择其近年建造新式照译

日本国头等钢甲战船 船名扶须，由达门士商厂建造，订于一千八百九十六年下水，即光绪二十二年二月是也。

长除首尾斜势不计外三百七十四尺，俱照英尺。极宽处七十三尺，入水二十六尺六寸，压水力一万二千五百吨，马力一万四千匹，速率十八海里半。水线带甲厚十八寸，甲后棕板厚五寸。后膛炮四尊，口径十二寸；后膛快炮四尊，口径六寸；弹重三磅之哈岂凯师炮二十尊；桅盘所用弹重二磅半之哈岂凯师炮四尊；放鱼雷筒五具，一在水线带上，四在水线带下。

此船系照英水师中河特米拉尔等船之式建造。甲堡前后加备夹舱，是以该处船墙较高，八尺可免海水泼入，而弁兵藏身之处亦较稳固。自十八寸厚之水线甲带上起，接镶四寸厚之坚甲，直至中舱面边为度，甲后托以板木，计厚二寸，此甲系御敌人机器炮火藉以护船者也。前后大炮旋台之甲计厚十四寸，甲后棕板计厚有五寸；保护六寸口径炮之耳台，其甲系用镍钢合铸，计厚六寸。此船为防护日本内地及沿海所用，并非归入水师船队，藉资远略，故与英国水师之命意所在略有不同。然欲使此船作攻御之用诸臻美备，故不能不减载煤之力耳。

英国头等穹甲快船 名柯拉弗登，又耽绥快船，皆由斯厂建造，一于一千八百九十二年正月下水，一于一千八百九十二年九月下水。

船身除首尾斜出势不计外，长三百六十尺，极宽处六十尺，入水二十三尺九寸，压水力七千三百九十一吨，实马力一万二千匹，速率二十二海里。舱面穹甲厚五寸，耳台墙甲厚六寸。后膛大炮二尊，各重二十二吨；快炮十尊，口径六寸；弹重六磅之炮十二尊，弹重三磅之炮四尊，机器炮八尊。此系英国水师头等快船之二，均照一千八百八十九年《水师章程》而建造者也。自有此章程后，英国已造成兵船七十只，计头等钢甲战舰八只，二等二只，头等穹甲快船九只，二等三十三只，鱼雷炮船十八只，共成七十之数，计得压水力三十一万二千五百五十吨。

又**英国头等穹甲快船** 名勃雷那姆，造成于一千八百八十八年，九月下水。

船身除首尾斜出势不计外，长三百七十五尺，极宽处六十五尺，入水二十五尺九寸，压水力九千零三十八吨，实马力二万匹，速率二十二海里。舱面穹甲厚六寸，耳台墙甲厚六寸。后膛大炮二尊，各重二十二吨；快炮十尊，口径六寸；弹重三磅之炮三尊，机器炮七尊。此船与前在沙登厂所造之白拉克船同式。勃雷纳(那)姆船曾经装运加纳达属地首相党主之灵柩至蒙忒黎尔，而白拉克一船又赴玛特拉，装运驸马白登薄王亨利之柩至抱士穆司埠，葬于怀德岛教堂。计该船自马特拉至泼利模亦英国战埠，近抱士穆司。洋面间，每点钟俱行二十一海里。

英国头等单台甲船 名爽巴来依船，于一千八百八十七年五月下水。

船身除首尾斜出处不计外，长三百四十尺，宽七十尺，入水二十六尺九寸，压水力一万千零五百三十八吨，实马力一万四千四百匹，速率十七海里半。船甲厚十八寸，甲后[illegible]托板厚六寸。后膛炮二尊，各重一百一十吨；后膛快炮一尊，重二十九吨；又快炮十一尊，机器炮六尊。

此船与阿摹士庄厂所造之维多利亚船同式，维多利亚船于一千八百九十三年六月在地中海操演时被撞而沉。此船大炮二尊，与朋薄船之炮同式，惟该船两炮分置于两旋台内，而此船则并峙于一圆台中,是为稍异耳。船之前面旁墙低矮,故虽系阿特米拉尔船队中之新式,尚未尽美而犹有憾。

英国头等钢甲战船 名朋薄船,于一千八百八十五年六月下水。

船身除首尾斜出势不计外,长三百三十尺,极宽处六十八尺六寸,入水二十六尺九寸,压水力一万千零十一吨,实马力一万零八百五十二匹,速率十七海里半。船甲厚十八寸,甲后[illegible]板厚六寸。后膛炮二尊,各重一百一十吨;又后膛炮十尊,各重五吨半,口径六寸;快炮十一尊,机器炮十尊。

此系阿特米拉尔诸船之一,厚照好胡船式制造,而特益求精者也,然因甲堡前后旁墙低矮,颇为世所诟病,是以近来所造此式之船,前后增置护墙,如此则可令船头、舱面不为海水所泼且弁兵藏身之处亦臻稳固。

葡萄牙国风帆汽机兼用之薄甲兵船 名牙司古达茄玛船,于一千八百七十五年十二月下水。

船身除首尾斜出势不计外,长二百尺,宽四十尺,入水十八尺三寸,压水力二千四百七十九吨,实马力三千二百匹,速率十三海里半。船甲厚十寸及七寸,堡甲厚十寸及九寸。后膛克鹿卜炮二尊,口径十寸,各重二十一吨;后膛克鹿卜炮一尊,口径六寸,重四吨;后膛克鹿卜炮四尊,口径三寸半;机器炮四尊。

此船定造情形颇觉奇妙,先是葡萄牙政府因欲保护利士朋一埠,核定款数,拟造一船,遂请英国各船厂开送节略,而各厂所献图式大率皆系单台战船,迨本厂以八角式甲堡船图进,葡君路易遂即定计照办,且此船速率多增二海里,甲益坚,炮益巨,不特可防利士朋一埠,并能远赴各属地也。本年新自东印度回,统带者乃水师提督阿马拉尔,该提督行驶海面,经天气种种之变,完好如常,更无稍有更变情形云。

土耳其国订造帆汽兼用之薄甲兵船二只 一名迷苏覃，一名门杜野。

船身除首尾斜出势不计外，长三百三十二尺，极宽处五十九尺，入水二十六尺，压水力八千九百九十四吨，实马力七千八百匹，速率十三海里半。船甲厚十二寸，甲后樑板厚十寸。前膛炮十二尊，口径十寸；前膛炮三尊，口径七寸；轻快炮六尊，机器炮二尊。

此二船系于一千八百七十四年、七十七年为土君所定造，迷苏覃为土国水师提督座船，门杜野则当与俄将开战衅之时为英购去，更名奢卑孛，二船为旧式甲船中最精者，而今尚不足恃，缘兼用帆风之力，固无纯用汽力之为最也。

希腊国双轮甲船 名京查尔时船，于一千八百六十七年十二月下水。

船身除首尾斜出势不计外，长二百尺，极宽处三十八尺，入水十五尺三寸，压水力一千七百七十四吨，实马力二千四百匹，速率十三海里。船甲厚六寸，甲后樑板厚九寸。克鹿卜炮二尊，口径八寸半；轻快炮二尊；机器炮二尊。

此船式身材甚小，所贵在炮台之种种益处，毫无遗憾。中央有八角式之甲板炮台一座，台有四门，内置克鹿卜炮二尊，该炮向每门施放，均能旋转至九十三度弧线，间以小船而有如此功效，亦可贵也。当建造佛利安船时，拟用四寸半厚之甲，尚恐力有不支，此船压水力仅得佛利安船五分之一，而竟能用六寸厚甲，斯造船之艺岂非大有长进乎？即如土国阿佛尼倚拉甲船，用口径八寸半之克鹿卜炮四尊，尚逊于京查尔时之仅用二尊之为利也。若夫船甲、樑甲及速率原与京查尔时无异，惟压水力则至二千三百十四吨，是土国是船又较京查尔时为进也。

德国帆汽兼用之铁甲兵船 名哥尼克船，于一千八百六十八年四月下水。

船身除首尾斜出势不计外，长三百五十五尺十寸，极宽处六十尺，入水二十五尺六寸，压水力六千六百零二吨，马力八千三百五十四，速率十四海里又百分海里之七十。船甲厚八寸，甲后棕板厚十寸。后膛炮十八尊，口径九寸半；后膛炮五尊，口径八寸半；后膛炮六尊，口径六寸；机器炮十尊。

此船本为土耳其君定制，原名返低格嗣，因该国款项支绌，为普鲁士王威灵第一购去以竣船工，威灵第一旋即称帝于德意志。

日斯巴尼亚国帆汽兼用之铁甲兵船 名维多利亚船，于一千八百六十五年十一月下水。

船身除首尾斜出势不计外，长三百十七尺，极宽处五十六尺，入水二十六尺，压水力七千吨，实马力四千五百四，速率十三海里又千分海里之七百十六。船甲厚五寸半，甲后棕板厚九寸。十二吨重大炮四尊，七吨重炮三尊，六十八磅重至炮十六尊。

此船与奴芒西亚及卑来亚两船合符为日国铁甲船队中之最，盖该国政府注意处重在建造快船，是以快船之数以此为先云。

英国帆汽兼用之薄甲兵船 名米拿多船，于一千八百六十三年十二月下水。

船身除首尾斜出势不计外，长四百尺，极宽处五十九尺三寸半，压水力九千八百七十吨，入水二十五尺，实马力六千三百三十九匹，速率十四海里又千分海里之七百七十八。三百磅之后膛炮四尊，一百五十磅重之后膛炮二十六尊。

此船与阿静敌尔及拿寸帛郎特两船同时建造，而此为地中海船队水师提督之座船计有多年。督带系英二太子爱定帛公，现为法国萨克司古浦尔哥王，盖承继其父之基业也，父即英君主维多利亚之夫。此船原有五桅，但后撤去两桅，仅存三桅。

英国帆汽兼用之铁甲兵船 名佛利安船，于一千八百六十年十二月下水。

船身除首尾斜出势不计外，长三百八十尺，极宽处五十八尺，入水二十五尺六寸，压水力八千八百二十七吨，实马力五千四百九十六匹，速率十四海里又千分海里之三百五十六。船甲厚四寸半，甲后椋板厚十八寸。六十八磅重之炮三十八尊。

此为第一只入海之铁甲兵船，其时欧洲各国政府咸注意于此等兵船之冒险尝试，船自（至），英国海部尚书巴敬登君曰："余不知当时何以有此胆量，致于冒险尝试，今竟大著明效，则余亦幸而为此冒险之举耳。"意气颇形自得云。

英国格林乌巴特里造机器厂纪游

《大学》首言格物。格物者，在即物穷理而明其体用者也。乃大道常昭，虽及之海角天涯，终莫由出乎圣人之始教。纵云机心机事，罔弗宜民宜人，以观英吉利制造之盛，凡器物、用物无在非用其机心以求臻乎其极，利益弥广，斯制造弥精，由是工商得专其利焉。

光绪二十一年闰五月二十七日，游历是厂。厂之宏阔虽逊于阿摹士庄，而制各不同，此厂类多铸造其模范。厂中计绘图房二所，举凡欲造何物、应用何机，先为绘一全图，再绘全机各分件之图，应归何厂工作者，分图照造，工作不一。凡造枪炮、弹筒、轮船、铁路应用之汽锤、抽压、钻锯等类各机、造烛机、成衣机，举凡一切用物之机，制成待售者，均有数具。旋见有方式铁盘，齿轮交错，上有棕刷，能自上下左右旋转。据云：本国人定造刷鞋机也。举一类推，而机之为用，几无物不有矣。但人欲造何物，应用何机，来厂商办，该厂自出新奇机式。此外，有造枪弹之厂。试弹之场，场长而狭，中有玻璃矮屋，屋有铁架，置枪管于上，管有伏线直达前面。又一玻璃高房，内有电机，试弹时，只在此房手拽机绳，而矮屋之弹自发，场之中间置铁筒三具，弹从筒中穿过，始达枪靶，盖中置三筒以备试放炸弹之用，以防爆炸伤人。旋至造铜管厂。凡制各类机器应用之铜管，先用红铜板剪成条块，以轮锥打薄，入于压器内压成半管之形，压机下有二铁板，各作隈角形，相并凑成长孔，连结于下，其孔之长、阔与管径等，上用侧铁板，厚与管径亦同，下有半圆铁板，两端有螺轮，运以皮带齿轮，将板条置于长孔之上，上之侧板压下，即压铜板入长孔中，自孔落下，即成半管；次将薄边剪去，再入两半圆压机内压成圆管，将薄边内外相搭，以铁柱入管中，使其内实，用锤打平，外以铁丝系置；将硼砂调和黄屑，盛满于半圆之小铜槽内，穿入管中，于缝内翻过轻击，管外则焊药尽落缝中，再入炉中烧熔，使管中之缝与焊药连合；炉用枯煤，烧火处长约数寸，上以砖砌成盖，长十余尺，如路通至彼端，入于烟通，铜管深入于路内，先自首焊起，渐渐抽出，炉内余火被烟通吸入，待冷却，去所缚之铁丝，磋去有余之焊药，再入光机使其滑泽然，外面光洁毫无焊痕，内心焊缝显露。盖凡用焊药制成之管类，皆如是。其焊细小之管及顶盖等物之缝，另有专厂。屋中有平炉，用碎煤块封火，屋顶上悬铁链钩搭，将管系于链钩之上，以微火熔之，用匙将焊药洒于缝处，焊成之管外观亦无焊痕。

凌窃观制造炮弹上安之药筒，实有长至四五尺者，系用抽机渐而抽长，纯系整质，无须焊药，若用抽机抽成之管作机器之管，应较与药焊之管，不更坚实而耐久乎？因以此意讯诸厂商。该商谓：抽机之工作最为精巨，每抽一管，几易抽机，如机器之管内仅实以汽，非若炮筒内容火药，况机管有长至数丈者，且有断而相续之处，因物制器，各适其用耳。

英国章布郎制造钢甲有限公司

光绪二十一年闰五月二十八日，游历是厂。厂之专长在于参配钢料，修制甲板，制造各适其宜。近如船面甲片需用平常炭钢造成薄板，其料较参配之坚钢精粗显判矣。若制紧要处之甲，惟此厂所配之钢料，首重者曰参镍，曰配铬，实得哈蜚氏美利坚国中人。之传，使钢面坚硬异常，故名硬面钢。钢愈炼而愈精，有数炼数锤之钢，有百炼百锤之钢。所谓硬面者，以所炼之钢制成加料，炭钢又谓之加炼含炭之钢，然只炼其面，厚约三寸。其底及四周边际仍系纯钢，故又称硬面软底纲（钢）。法以甲板制成之时，板之正面用水浸之，使激冷则其面自坚，不亚于金刚钻石，硬面之下其钢性较柔。以一甲而性质不同，刚柔各别，洵妙法也。闻得制此硬钢之厂，惟哈蜚氏与此厂同功，故各国购办兵船多用哈蜚氏坚钢，而斯厂之生意藉此称盛焉。

此厂炼钢之法、熔钢之炉，仿西门士所制，以熔成之，谓之西门士钢。即造钢甲之料。乃以是料灌入沙模，模式不同，各按所配之钢料性质以定模式。或谓今之制钢，得法不在于修合参配、火候得宜。若云参配他料，使精于化学者，必能参考，按法修合，奚难仿造，安能令哈、章二厂独擅专长？若于模范中而深求之，虽有化学，亦穷其技矣，是模形之变化实出于参配质料之外。此说虽亦近理，然而模范其显见者也，最为易知、易学，其理似无从考究，是非莫辨其详。惟闻至今制造硬面之钢，仍此二厂，他人终莫能夺其权利也。铸成之钢，其性软，每块重率或三十吨或五十吨有差。此厂于每礼拜能造成巨料九块，专为造甲之用，其或造炮身、或为他项所用者，不计其数。料形同六角之铁柱，高至九尺，其空心径亦有长至八九尺者，此其大料也；若夫细小者，不过如椽、如柱而已。柱料制甲，将料熔化，灌以土模，俟其渐冷，始将模褫去，复入炉火，使质煨红，以便锤击。此厂亦用水力压机，每锤压力重至四千吨；制成加力重锤一具，每锤下至万吨之重，为英国官商各厂第一巨锤也。以柱料锤压成板，厚薄酌其所用锤之，既成，复用切磨之机裁去边块。厂内有切磨之机三座，机如巨轮，以四五寸厚之钢置于轮刀机下，奚啻磨砺以须也。至其水力压锤，他厂不过一具，此厂自制新机之后，利益尤多，缘各国皆以兵船制胜，其用钢甲日渐增广，至炮身质料、大船之暗轮、摇杆、汽筒、船桅，为日渐增，势非用四千吨力之锤不足供用，况用加力压锤更减复火之工，而钢质不至有伤本性，且向来造甲，当锤压制后复用火煨，几锤几火，始能成功，缘钢质虽固而性脆，即以极精之礶钢制器，亦必锤而再火，火而复锤，始成形具。今用大力锤击，直减入火多次，而钢之性质与数锤数炼之料同坚。此厂炼钢之炉四座，又有新造巨炉二座。屋顶悬有起重活机，每机能起运一百五十吨重物。厂中所造之甲，于每礼拜内大可用钢料重三、五十吨者五料，皆造成粗体，再加刨工，若制炮身及重大器，但用两礼拜亦可粗成。其刨光、钻孔、攻心各机均有专房，惟其甲板于锤成粗体后，运入压机专厂。

压机板厂。此处专压锤成之板，使之平直无曲，厥力甚巨，入火之后，即用压轮压平，任其自冷，既冷，始将板之四周余钢裁去，使化学家验质之高下，又以裁下之废钢过抽压曲弯各机试验之，以评其性之坚率。

炭养钢法。钢板之面，务使刨除光洁、净无纤尘，乃放入火槽，槽用火砖垒成长方式而中凹，上无顶盖，以火砖排成港巷，槽底板下安有矮轮，轮由铁路而行，直达炉内。所谓炉者，即一弓顶式之房也。房内铺火砖一层，其极处即烧煤之所。将槽推入炉内，用砖填满，使火气先过凹槽之上，复过槽下，入于排列之砖槽巷内，然后通入烟筒。槽车出入，悉用水力，运机往来，全不费力。钢板入槽，横以二板，合放于一槽之中，先用浮沙填于槽车底板之上，计铺沙三寸半厚，将板一块置之沙上，板面上仰，再以沙填其四围，使沙与板面平匀，板面之上用木炭小块者铺于其上，计厚约五寸；复将一板置于其上，使两板相合，上覆之板面向下，中隔木炭；又以沙填平，高于上板三寸半，沙面之上排满火砖一层，如法布置，后用砖塞其门户直至弓形房顶，始生火于房极处之火箱内，计阅四昼夜，方观火候。炉内原备有试验火候之具，取出验试，计得热度生的格拉九百数之概，则再以两日之工至千一百生的格拉度数，然后使之煨八日至十二日，恒不减热度，视板质之大小定火煨之日时，乃不复添煤火。火熄之后，更候凹槽冷及四日，始毁墙拽出槽车，撤去壅沙，将板提出，如其过冷则复煨热，运至压曲机下，使其面微凸，纵稍有不合，俟将来浸水时，即能洽合其式，缘浸水时，钢见水火显有涨缩之势，最易改形，至涨缩之率，非熟习专家殊难揣测。至是，另有化学以试其炭气是否透入若干深度，自板面至板底各层一一验视。其得法之佳者，当于每分板质中含炭二十分至三十五分，猛（锰）六十分至九十分，矽三分至十分，硫一分至二分，燐二分至六分；如参配镍者，今闻英国以其价昂，尚未配用。当含二分至三分或四分之三。以上猛、矽、燐、镍悉遵《化学材料中西名目表》。既得炭透板，每板质当含百分中之四分，再入板四分寸之三应含每百分质内一分至一分半，至此，仍当将炭质除出，而板面边角应磨应削等事随时毕备，其安置螺钉、钉眼亦于此时制成，然后始能浸水使其面硬。

硬甲面法。于既琢磨光洁之后，放于调桑氏煤气火柜煨热，工人随时留意，恐将板面中含之炭气烧化，渐至有七百六十生的格拉度火候，匀入板内，方取出柜，即趁其热，用水浸浇。其水浸之法，将板置于水机之上，立时漉出无限小线之水，出于无数小孔中，但机甚妙，一经板力，一压此中之水，能使板面猝然而冷，其余板质亦因之渐冷，薄板惟须时十五分钟，厚者至一点钟时，即冷矣。如是，含多炭气之板面得无穷小滴之水，遽然浸冷，即变为至硬之钢，虽用极锋利之钢凿凿于板面之上，未有不伤其凿尖，而板仍自若，无稍伤痕，板面以下、四周及底，仍与平常之钢无异。如是，再验板之曲线、曲率是否合式，若板之弯太速，即用水力压机使如其分际；若弯有不足，则全功俱弃，竟须复软而复冷。其板之堪用者，方过宝砂车、机车。乃以砂制成一轮盘于机上，使轮旋转每分钟时至数千转，磨亦用水浇浸法，与治石玉者无异。此厂有宝砂车三座，专为磨砺硬钢。磨之既成，然后送入监工处，经验收官验其工作之精粗，而板乃成。今观其试验硬面钢板，见一人分执柯锯，加力攻伐，稍停视锯，而尖已纷批立纯（钝）；再易一锯，从旁力锯，即俯视所锯之处，已透数分锯口，而锯仍锋利如故。彼一板之中而刚柔之性质大相悬殊，使非目睹身经，几难取信于斯也。

现闻是厂每年共造甲板约至六千吨之数，其近年所造之兵船钢甲计开于左：

船　　名	成工之年	压水吨率
业德噶	1890	7 350
火克	1891	7 350
恩的米德	1891	6 350
布利立扬	1891	3 600
萨佛阿	1891	3 400
昔那　以上英船	1891	3 400
飞司凯尔　西班牙船		
外业克雷森　荷兰船		
巴胡勒	1892	10 500
集波大	1892	7 700
森觉志　以上又英船	1892	7 700
威赫明那　荷船		
钢甲快船名目		
阿全泰　合众国造		
印第亚恩卜立司	1853	1 415
列苏鲁胜	1853	14 150
胡德	1853	14 150
兰米立司	1853	14 150
仙讬利恩	1853	4 360
查力布地士	1853	4 360
佛罗那	1853	4 360
佛俄叠		
佛俄克司　以上英船	1853	4 360

（续表）

船　　名	成工之年	压水吨率
噶路第五　日斯巴尼亚船	1894	
里拍尔司	1894	14 150
里浪	1895	12 350
迈哲司体克	未成	14 900
汉尼柏尔	1895	14 500
救必达	1895	14 500
迈尼飞生	1895	14 500
马司	1895	14 500
色尔坚	1895	14 000
叠力布　以上英船尚未下水	1895	14 000

各项甲板应用硬钢制造者列后：

正船面甲、船面炮座甲、炮台护甲、探敌楼甲、舱门甲、旋台甲、小炮台甲、门框甲、水带甲、炮台座甲、旋台墙甲、三四寸厚保甲。

查自西历一千八百九十一年以来，论者以为十英寸半之钢甲力敌一尺六寸口径之炮，炮用药四十八磅，弹用和尔测所制者，距炮挡十码之地施放，不至穿透挡板，则钢已极良矣；今也只须六寸厚之钢板，其堪御弹与十寸半厚之板同功。三年之间，而甲板每十寸半中减去四寸余量，盖硬面钢之利也。造船用此硬钢，初费用款虽巨，然欲保船必用硬甲，以硬甲可以减薄而船质自轻，船轻即可省用煤火，余其所重之地步，下舱可以容载煤斤、火药、弹丸等类，其上即可以多加火炮，硬钢之利岂浅鲜哉！况此钢甲无分大小，其坚利原属同然。若以此制造小式兵轮，较之巨舰更为轻捷灵便，且免水浅难行之患。现闻各国皆欲以此钢造小式快船，大有裨益，谓非当时水师中所宜急讲哉！

卷之八

英国福尔资钢铁厂

且以器械之精良，虽曰：物质非赖人力哉！顾有浑坚之质，必赖有能陶铸之人，有陶铸之人，然后能成精巧之器，在造物本无尽藏，要在人之善于取用而已。以观泰西诸国，无论枪炮舟车，在在均需钢铁，即一器之用，一物之微，其粗具以铁，细质即钢，莫不精坚灵巧，在物取之无尽者，在人亦用之不穷，由是熔钢制器之厂各处皆有。而英国之所最著者为福尔资有限公司，厂建已有多年，虽云公司，究系福尔资五弟兄及其戚友数人集股而成，颜其名曰达墨司福尔资有限公司。

光绪二十一年闰五月二十九日，往游是厂。厂在摄飞尔镇，初建时生意甚微，后缘工料精实，遂成名厂，为各国之冠。今巴黎、法京。柏林、德京。汉柏革、德埠。布拉色司、比京。多德列克特、荷口。科本哈根、丹京。巴西鲁那、日口。特零、意埠。森比德堡、俄京。墨司哥、俄故都。欧迭色、俄口。忙特里俄耳、美洲甘那大省城英属地。纽约、美埠。新金山、即山番昔司哥，美埠。昔德尼、英属奥大利亚洲都。祝汉宜司柏，南阿非利加洲埠。以上各处皆有分设之厂，经人管理。而此为总厂，厂之总办司事者称何业尔。厂甚宽阔，计占地二十二英亩，共用人工千余众。厂内制造，各有专所，有弹子厂、轮盘厂、东西炮厂、锉厂、锯厂、铸铁熔铜各厂。所有工作，每日需用汽机马力计三千余匹，汽机锅炉三十七座，每座长三十英尺。每年铸造钢礶用料四千吨，专为成造匠器之用，如锯、鉏、斧、锉等类以及军枪、钢管各配件。开矿之钻最为精利著名，今合众国、甘那大、墨西哥、南亚非利加等处咸乐购之。所造精粹纯净之钢，或作脚踏车、缝衣机、枪盘机、刀剑、枪杆之类，各因其用而制宜。其配五金合炼之钢，皆经化学验质。验质之法，如一质配五金而成，则用玻璃瓶五个，瓶口内有玻璃空心管一，高出瓶口，每竖管之上又横一管，通气相连，依次排列；将熔成之料即由所造各器剪裁下之余料。零星者先权称之，而后盛于第一瓶内；将法制之镪水灌入，质在瓶中合药水如滚水，翻开五金，各判其类，其气上腾，攻之自出，其质至体轻者入于第五瓶内，至体重者自沉于首瓶之底，各按其质之轻重，分入瓶内，然后取而衡量之，此化学验质之大略耳。炼钢之法，以礶陶熔谓之礶钢。此厂所用之钢料，购自瑞丹国所产之生猪铁，傅兰雅所译《冶金册（录）》注："铁极精纯，出于丹地之宜木地方。查以铁熔钢之技，非熟谙深学者断难剖辨，以钢之性作器之用。"今考此厂炼钢之法，以生猪（铸）铁入炉，化使成铁水，翻开其面即生泡，谓之泡面猪（铸）铁，视泡之多寡大小，以定铁性之优劣精粗，然后于泥礶内熔之，使成纯钢，乃灌入沙模中，竟成模式之形，或为匠器，或为军械，或压成薄片为机器之簧，或厚者为刀铲，加重者作斧、作锤，或作车轴。此类厂中，工人分作十五起，日夜不停工作，计有半吨重击锤七座，小者十五，专造此类之工用，锤成之料有方式板、有八角柱。查前数年间，惟造炮身系用礶钢，暗轮转杆或兼用之，今则为用甚广，故铸料件有重至三百吨者，但礶钢之用恒不计轻重，大可以制炮,小即可以造针,巨细显判天渊,而功用实同一致。此厂炼钢铁,除泥礶外,其钢锅尽仿西门士马丁氏所制之式,每锅可容二十五吨之料。西炮厂内有力压锤一机,重三千吨之压力。至于汽锤及起运重机,大小皆备。最巨之厂为造弹处,计长二百五十尺,宽二百尺,合计面积五万平方尺。所造之弹曰穿钢甲弹、平常钢弹、开花炸弹,其工料皆精,举国咸称许之。今见有六寸径透九寸、十寸厚钢板之弹,皆径验试,陈于厂之房内,上注某年月日试验之签记,弹尖弹壳全无触伤痕迹。东炮厂内有浸油巨池,池深七十五尺,用五十吨运重机将炮身沉入油池,使油浸透炮身,能使炮身之钢更为坚实,制造之法洵属不同。池能容油九万余斤,造费计用二千英磅之概。铸料之厂,有二三十吨至百吨重之起运活机数具,专造火车轮轴及兵船需用各重大料件,英兵部、海部在此厂制造甚多,内中时样新机颇为齐备,虽即制造有年,迄今名实兼隆,根深本固,尤为当世所见重云。

附录英国家近年试验此厂透甲弹官报

一千一百九十二年三月十六号,试福尔资厂所造十三寸半径之透甲弹一百六十三枚。

二次试放第号	2666	2679
弹上暗码	O831	D82
弹重磅数	1 250	
弹穿心径	13.5 寸	
弹身计长	42.4 寸	
装药磅数	631	
钢板	18 寸厚配炼之钢	

板距炮门码数	123	127
距炮门行率		
击钢铁板行率		

初次试验弹击中处距板心之右一寸，高二寸，弹穿透板，板碎。

二次试验，式同上弹，皆透板而板大碎。

一千八百九十三年四月二十四号，试放十三寸半径透甲弹三百三十一枚。

五次试放第号	2612	2613	2686	2721	2722
弹上暗码	O768	D544	G722	H331	G691
弹重磅数	1 260	1 260	1 251	1 251	1 250
弹透心径寸数	13.5 寸	13.5	13.5	13.5	13.5
弹长寸数	41.85 寸	42.0	42.0	41.85	42.25
装药磅数	630				
炼配钢板	8				
厚寸数	1				
炮门距弹	33/1	36/1	23/2	1	7
码数	12	11	12	10	12
炮弹行率尺/秒	2 001	2 017	2 033	2 011	2 006
击板行率尺/秒	1 986	2 003	2 017	1 999	1 991

2612 号弹，中板心，穿透钢板入后椋木板，复透，弹头竟入末后之锤铁挡板，板厚二寸零六。

2613 号弹，中板心，因板稍偏侧，弹未穿透，板碎，弹亦碎。

2686 号弹，入板距板心右三十一寸，穿透至四层椋板。

2721 号弹，入板处距板心下寸半，穿透板大碎，板架与弹均碎。

2722 号弹，中距板下边五寸，板心之左三寸，击透钢板，弹亦碎，盖入板之时瓦解。

一千八百九十五年三月二十二号试放十寸径穿甲弹百八十枚。

二次试放第号	2852	2854
弹上暗码	I853	I806
弹重磅数	503	
弹穿心径寸数	10 寸	
弹身计长寸数	30.6 寸	
装药磅数	252	
钢板寸数	16 寸	
炮门距板码数	1 443/1	
炮弹行率　尺/秒	1 974	
击板行率　尺/秒	1 950	

2852 号试放弹，在板之心下三寸半偏右五寸透过钢板后四十一码落地，板分五块，破板被穿之口有一尺一寸零六置径线。

2854 号弹，穿板透，弹未伤，板开裂二处。

以上炮弹，均经验收。大凡各项军火，既经该国验试后，此厂将已试之板、弹存留各标签记，陈列房间，以备来厂购办者观阅以取信云。

英国凯那克造弹有限公司

凯那克一厂，亦英国制造军火之巨厂也。厂在白明干镇。光绪二十一年八月初一日,往游斯厂。厂之总办车伯抡者,陪与同游。是厂专造水陆两军枪炮、各式药筒、弹丸、空心实心各弹,以及打猎各种筒弹。查打猎应用各项药弹,购者虽众,然多购者实鲜,每季大批不过十余万弹之概,工料更宜加细,因其人所恒用,若有稍差,易于觉察,致毁该厂声名。故此厂精选良工,专心致志,凡遇有大批军火,限期即可速成,且保百不失一。所以然者,此厂有专造猎弹之良工,并造军火之大匠,遇此大批军火,即拨此项工人制造,速而且精,此亦是厂争权致盛之一端也。自来英国制造军需,无不精益求精。其所由然者,在于试验立法綦严,远近皆知。故他国来英采办军火者,必派比其国之谙练行伍之员驻扎该国使署,即武随员,一遇派办之事,即饬各员前往会验,试其军火能否与英国家水陆各军所用者无差,方能验收,稍差即却,缘初立合同时讲明,是以合同中书写"按照英国家试验之法试放,合符者用,否则退回",至批办何项军火及订立合同,悉由该国家特派廉明之员与该商面议,不假手于中人,则靡费自节,实惠良多矣。此厂不惜工本,凡精于制造之良师,无不乐为之用,至其制造之法,罔弗蹈矩循规,按式制弹,毫无差疵。谨将所造弹式译述如下:

英国威布里式六响手枪筒弹,每批计造千百万数,每千弹价合英金二镑二先令六本士。

又 0.45 寸口径威布里式六响手枪筒弹。

又 0.476 寸口径威布里式六响手枪筒弹。

英国 0.38 寸口径司米资安威生式六响手枪筒弹。

又 0.32 寸口径司米资安威生式手枪筒弹。

各国所用各式六响手枪筒弹。

大口径德国毛瑟来伏线军强筒弹,又小口径之筒弹。

马丁尼亨里来伏线军枪筒弹。

施乃得式军枪筒弹。

鲁满宜雅国式甲林机枪筒弹。

庇宝第马丁宜合式军枪筒弹。

法国纳司式军枪筒弹。

俄国白敦式军枪筒弹。

奥国曼利喜尔式军枪筒弹。

英国 0.30 寸口径军枪筒弹,又 0.256 寸口径之筒弹。[①]

格林式开花枪筒子铅弹。

罗登飞来伏线军枪筒弹。

马克辛来伏线军枪筒弹。

此外尚有若干他式筒弹,无烦琐记。查军枪筒弹,其制不一,有冷抽整质铜筒,有包卷铜片之筒,有以钢抽制者,有用铅包镍者,因有各式之枪,造有各式之弹。弹装火药用亦不同,有装无烟栗色火药者,有用平常黑色火药者,然用黑色者恒多,但药分三四十种,极难剖辨。据闻药料不同,药力亦异,惟无烟火药力猛而速,为当时之所珍贵。今观其装药筒一场,入门套穿皮鞋。场甚宏阔,迤逦设有水桶、水池、药房,亦不相连,分有十数所,工作多有妇女。其装药之法,板中无数圆孔置于装药悬机之下,药由上悬之铜斗中下流,须臾即满。工人各善其事,安装铅弹,比较衡量,包封钉箱。然后已至无烟火药,按筒之大小截药之短长,药形若皮条,色黄而润,他如各种药类亦殊不同,有如米粒,如黄沙,如煤块,如麦皮者,皆另有分厂专造。其造弹应用一切料件,悉由本厂自置,一无仰给于

---

① 按:《四国游纪》1902 年石印本页七十九下,此处所有小数(0.45 寸、0.476 寸、0.38 寸等)均阙如。

人,故价廉而货实,亦大便宜处也。谨将炮弹各式胪陈如下:

六寸口径快炮,用长式弹筒装用黑色火药,短式用无烟火药;七点四寸,长弹装用黑色火药,短式用无烟火药,弹筒均用冷抽整铜式。

十二磅重快响炮弹长短式水陆军所用。

六磅重长短弹式陆水军用,重三磅长短弹式、重二磅长短弹式陆水军用。

口径六寸生钢空心弹。

口径四寸至四寸七生钢空心弹。

重十二磅锤钢空心弹。

重一磅至三磅、六磅锤钢空心弹。

口径一寸罗登飞尔钢铅弹。

查此厂所造炮弹仅此,其八寸口径快响炮弹另有他厂制造。此厂所造各式筒弹,皆可制成空心,临用时现装火药,现安机簧。若他国购办,皆由此厂备妥包送到船。谨将厂内各分厂及在英国分建之厂开列如下:

此厂又名狮厂,即总厂内分工作各厂则有:枪弹厂,又分包镍帽厂、冷抽铜弹筒厂、装药场、包封处。如已成之枪弹,用纸包裹,每包十弹。炮弹厂,又分炸弹厂、钢弹厂。外厂计有炼红、黄铜之厂,在白明干城内。试枪炮场在司吹特里地方,虽距白明干二十余英里。每里约合中国三里余。造黑色火药厂在乌尔司拉对尔地方,厂内兼造来伏线枪之火药。造无烟火药厂在乌尔司拉对尔地方。厂内兼造来伏线枪之火药。造无烟火药厂在阿尔兰岛之阿克鲁地方。造炸药厂,炸药英名带乃迈持,即含矽之土,透以淡养,谓之武格司里尼,厂在白明干附近处。

查英国军火试验之法，除创制时层层过验外，既成之后，于每百弹中取其一二枚试放之：但稍有差疵，全批不受试：其合式，价亦从丰。至于弹之尺寸、码号，西人所谓 0.45 寸者，所以别整数、分数也，点以示小分数：点后之数，即皆小分数；点前之数，整数也。0.45 寸者，乃一寸之小分数也，曰 0.45 寸者，谓一寸八分为千分，取其千分中之四百五十分，则得之矣。[①]

英国钦司罗登制弹筒厂纪游

且以西国争言权利，而武备实重于文修，举世竞尚富强，而商务更先于农事，故易弓矢而为枪炮军火，则日起而有功，合水火以利舟车、机械，且有加而靡已，人心愈用而愈灵，器机乃弥精而弥备，一时之制造迭兴，一人首轫之而千百继效之，且效之更有精于轫始者，如英吉利各商厂是。夫各厂之制造不同，即如造弹一厂，不仅数十家，然一厂有一厂之绝技，一艺有一艺之专长，不得谓同一造弹之厂而概目之也。

光绪二十一年六月初一日，游历伯明干镇，造弹筒商厂在钦司罗登，总办裘利司当与陪游。查此厂专造纯铜整质药筒及大小枪弹铜帽等件，虽亦制造巨弹，尚逊于福尔资造弹公司，固取长尤宜略短，惟造炮弹以及枪弹为他厂所不及。今观造枪弹之用铜药管筒厂内，工艺百余名，半多妇女。见其制筒之法，先用铜片置于悬机之下，机若百管攒成一具，旋上旋下，铜片尽成圆饼，再将圆饼分送冷抽各工，其机有钢质圆式转盘，盘之周围制有圆孔，上有悬机

---

① 按：《四国游纪》1902 年石印本页八十一上，所有小数（0.45 寸）均阙如。

如柱下垂，将铜饼纳入，盘转而铜饼自纳入孔中。用胰油浇灌，取其滑泽，屡抽屡长，至成管筒，复用压机压成边棱及周围起线，再用切机去其边径，衡量比较，后向炉中煨之以火，使色变黑而后提出，再用硼砂配合药水淘洗，使其光亮，而弹筒乃成。闻每礼拜能造二十五万筒。

熔铜一厂，其擅长之处在于修合铜料，秘得良法。其铜料之精固浑坚，如抽枪炮各管筒，以短抽长，以直压曲，毫无伤裂痕迹。熔铜之礶，亦用灰泥合成，每礶只容铜板一块之料，其料既固，其工更精。今见其铸铜板一艺：有钢体方式板模，约长二尺，宽尺余，厚约二寸，两模相合，中空而上有孔，外用钢箍箍紧，将礶由炉内提出，其中之渣滓去净，然后灌入模内，旁有水龙，用水激冷，始将钢箍卸去，竟成铜板。用小铁车推运入压板厂，再以压机压扁，厚薄各适其宜，至厂中一切重机，均用水力，庶免汽锤猛裂铜质有伤。

造巨炮弹筒之厂。见有制成铜筒，长四尺余，周径约五六寸，将炮弹放入筒中，连弹尖合计高约五尺，远视形如巨笔，矗立其间。制筒之法，亦用冷抽，不用火制。见其机如铁柱中悬，下有机座，座中有圆槽，将铜饼放于槽内，机转则铁柱自下，从容压之，不闻有声，而筒自抽长。每抽之先，皆用黄镪酸水将筒质洗濯。至成大筒，凡抽压十二次，机器亦次第易之；若筒之小者，则抽压之次数亦减。抽既合式，再用压下锤机将筒底压平，即中心凹处，即安置弹簧之处。能使毫厘无差，一律匀齐。所以然者，此厂于每礼拜所造之筒不下万千，其制造皆出一模，故不致有涨缩不匀之弊，况自用整质弹筒以来，冷抽之法，此厂实开创独先。今马克辛罗登飞尔厂之快响炮弹，及机器炮所用六磅重弹之药筒，皆在此厂定造。但当年所制之平底弹筒，其平底系另外制成，如盖形者包镶于筒口之上。

现用平底与筒相连，浑成一体，比之外镶平底之筒，其利有三：一、用整质，须先配合铜料，铜性既纯，自无震裂之患；二、用整质，不但坚固而兼光润，置于炮膛，不致有伤机簧，且于施弹后弹筒尤能复用；三、用整质，则装火药极为严密，无稍孔隙，不似另镶平底之筒合口不严，致有露药旁炸之虞，且闻于燃炮后，膛中亦无余烬。

制铜丝厂。见始以纯铜板片置于抽机之中，抽成方条，再易圆式抽机，拔成圆条。每抽约百余条，工艺精良，以此为最。以外，更有造铅弹厂、弹箍厂、铜帽厂、螺钉厂、钉，即弹底中孔塞药门钉是也。马可铁铝[①]板厂，配造药箱之用。艺事雷同，无烦赘述。按：此厂自各国改用八寸径口之快炮，现制有新机一具，专造八寸径弹之药筒，闻于年终此新机可告厥成焉。

查英国商厂，凡制造军械，皆与其国家订立合同。如制一炮一船及一切军需、军火，其国家必派行伍出身之干员监造，随时验料查工；如某厂曾为英国家造过屡次而国家均未指责其非，则斯厂之声名远播，他国闻之，自无不信用者。据英国之监造查验立法綦严，断无丝毫分贪其利而阴为缘饰弥缝。此厂历为英国造办有年，迄今相继制造不绝，未闻一指其非，是以声价自高，现为日斯巴尼亚、瑞典、甘那大及印度各国水陆诸军枪炮所用之药筒并枪弹、铅丸及弹上之镍质铜帽等件。镍质造物，此厂尤属精工。闻造药筒，每礼拜能造六英寸径口之弹筒六百个，四英寸十分寸之七径口之弹筒八百个。要之，制造日繁，实缘富强而致；工师争巧，胥由权利而兴，使列邦无争雄制胜之心，则奇邪淫巧之技能国家方禁之不遑，[②]又何容逞其技而开其渐哉！

---

① 按：《四国游纪》1902 年石印本页八十三上为“铅”字。
② 按：《四国游纪》1902 年石印本页八十三上为“暇”字。

卷之九

英国兵房

光绪二十一年八月初六日，章京凤凌会同驻英参赞官曾广铨游历俄尔韶恩特兵房。午刻由署起程，晚八点钟至该处客寓。函致提督白特勒，订于翌日往谒，俾得观阅贵国武备。查俄尔德韶恩特兵房为英吉利之总营根本军兵，历年已久，规模綦严，地势宏远，楼房整洁，其统率(帅)为英君后之第三子康乐公爵驻扎于此。英君后名维多利亚。

初七日晨九点钟，拜谒英陆军提督白特勒，订于十点钟阅步军练操，当派兵官达格勒司偕往，届时至校场。场极平阔，而四围之碧树丛密，平地之嫩草芋绵，苍翠满目。中一土坡微起，树国旗于其上，盖将台也。此操系调一营，计兵四百，分四排前后排列。兵服红呢号衣、青泥瘦袴，系白皮带，带系水壶药袋；每十人一什长，什长与其服饰无异，惟两肩领袖之白线绦带稍差，持剑与兵齐立；带队各官乘马执剑，背系千里远镜，立于兵前；统带、帮带各员亦乘马佩剑，并带信袋，袋黑皮方式，与剑随身相配，亦负远镜，服天青衣袴，肩及领袖起金钱绦带，绦带之纹显分品秩，帽青呢高式，前后有尖，中插白翎，翎软下披，如花结顶。所订阅操时刻，兵到后约五分钟时，统带即至，至则兵已列队，统带驰骑按队周阅一遭，复至将台，令随营将弁驰马传令众军，或分或合，或十数人或五、六人，排行分队，旋绕数周，初至统带前，各军举枪擎剑致敬。演毕，传令进兵，探马驰驱往复，众军分队作迎敌势，有前敌、中路、后营，排成数队进发。约行二里余，至一土坡，前敌之军共登坡上，余兵列于坡后，炮车一辆已卸坡上，护车军十名、一什长、一带队立于车前，用远镜瞭望。众兵皆听号令，或立或蹲或俯伏于地，其开枪装弹不过十人中之一二，余兵伪作装弹开放之状，只闻火门启闭之声，一律匀齐，枪用五响毛瑟，新式炮系马克辛百子机器炮，连发五百弹，遥对前一高土台施放。台距此坡约里许，预设伏兵于上，兵不过百，盖以一人为一队，相距数步列阵，作御敌状，兵亦执枪半跪于台上，亦有机器炮车一，式与前同，惟军装稍异，枪炮并施，时发时停，不相连络。演毕，鼓乐齐鸣，各军整队，队官引路，众军随后，至其步伐之整齐，教演匪一朝夕，军装之鲜洁，费用讵止万千。

凌等阅毕回寓。至午后三点钟，往视马队兵房。沿途一带，楼房鳞比，楼多两层，数间相连，排闼如巷，不知凡几，皆弁兵之住房也。途中阔处，时见有数人踢舞皮球，或数十人学演步伐以及舞剑跃高各技。至马队兵房，房势与步兵无异，惟上层系兵寓居，下乃马号也。房中两厢，截以铁栏，每房养马十四匹。马多黑色，兼有深栗色者，皆高状异常，据闻每马价值英金四五十镑，其鞍辔各悬于房壁间。闻本处马队扎有四营，每营马四百匹。另有调养病马之所，房与前同，惟中截断甚宽，房只蓄三四匹，所需草料无不精细。外有医院、兽医院、看戏楼，每至节令演剧。除此外，本处地方并无玩耍之场，可谓严肃整齐，洵为练军讲武之地也。

初八日晨八点钟，往观马队一营练操。马兵计四百名，皆青衣衿袴矮毡小帽，斜带于顶，执长矛，矛上系小红长旗，众军齐集于练场，迤东高土坡下。统带官至，则周阅一遍，旋至将台，台亦土坡微起。各兵驰马由高坡而下，齐至校场，列成阵式，作十骑一排，什长亦列于首，带队官在前各持短刀。统带各官复驰马周阅，毕，仍立将台，命兵官传令。旋见众马飞奔，刀矛灿耀，或数骑齐驱，或四五骑并马驰骋，或一人一骑鱼贯连行，或排一字，或分数队，时缓时疾，都无踰前殿后之差，分合靡定，马踏同声，各军则举舞长矛，百众式如一手演。至六刻钟时，众军列如一字，距将台约一里余，口传号令作攻进之状，见众骑齐奔，骤至将台，一齐登坡上，勒马举矛为礼。统带以手加额，传令各归本队，乐军引路，列队齐行，统带各员始散。查西国练军，即行军须用乐律而无鸣金击鼓为令者，至或行或止，或变阵或分队，皆听口号及铁哨为令，其军兵之步伍马踏之疾徐显与乐声相合，如演剧之有板演，习惯自然，妙无过熟耳。

阅毕，于午后三点钟往观气球厂。先至库房，内木隔数架，制成之球，折叠以麻布包裹存储架上。球以皮成，形与漆泡无异，大者力起数人，其次周径至三四丈者力足起三四人，球中实以气，外合球之径数用麻线编成兜络，络绳较连绳尤细。该厂总办令将一绳系于房顶悬钩之上，用八百磅重每磅合中国十二两重。之铁坠下压，绳无脱断，络口之余绳周系于一木圈上，圈下有绳，下系竹筐，筐式长而圆，按其球之大小而筐随之，房中筐数个，绳络多捆。复进气球房，二间相连，高如大罩棚，每房各悬满气之球，一以绳系于房之极顶，扶之动若临风，体轻质大。入机器治(制)气之房，内机数具，轮转无停，旁有容气之管，卸去螺丝合盖，气出有声，燃火即着，气力猛裂，闻此气系用钢铁锻炼而成。院中有存气之池二，上覆铁罩，罩之周围容水，恐泄其气，炼成之气存于池内，罩外有铁架，上系钩链，如取气时，用机力将罩提起，再用钢管吸灌其气，管形如钢炮，口径极细，而塞盖极严。该总办谓："今特试放一球为公等观阅。"遂传预备。见数人先以方大布块平铺于地，四周以小土袋压之，将球置于其上；旋见气车二辆，各装气管十余具，二车相并，用吸气之总筒直对球口，气出声宏，渐以灌满，而球随气渐涨，用土袋挂于络绳之上，使其下坠，待其气已充，始摘去之，将球口总绳系紧，下坠竹筐，而球己半悬，筐距地约高尺余；又见一人执小球放之空中，飘然而起，藉观风向。总办谓："公等可乘筐一望。"凌等遂登筐，从容悬起，飘渺入云，四望清空，楼房隐约可辨。约一刻时，球即轻落，缘筐下系有长绳，数人拽绳，放之即高，拽之即下矣。乃将长绳解脱，见一人入筐，一人立于绳络之木圈上，筐中备酒饼，复升起直上云霄，向西南飘去，转瞬己渺。据云：明日始归。欲球落时，随心所欲，将球口之总绳缓以解之，使气渐散，即落地矣。军中备此用以探敌，若被困围，尤足调兵避险，国家虽无战事，而一切行军之具无不预为防备。故本厂不时演习，以防不虞云云。《司马法》曰："国虽大，好战必亡；天下虽平，忘战必危。"英其念诸。

初九日晨九点钟，仍同达格勒司千总至阅武场，看马步队行军各操。此操共调二营之兵，计千余众。马队各执毛瑟短式五响快枪，步军亦执毛瑟新枪，背负火食、器具、毯被之袋，袋式下方上圆，其圆处可容食器，下即可装毯被也，腰带两边系水壶、弹囊并枪上之刀鞘。有开路马兵一队，各带铁器，以皮套系于马鞍上；后随有铁器车四，内容开挖道路、拆搭桥梁锹镐等具及炸药烘药之箱；又有铁桥车六，各装活铁桥，桥以铁板、铁条訂（钉）成，节节相连，可分可合；军火车六，上有铁箱，内装药弹；炮车六，炮皆小式快响；电气车六，电箱、电杆、电线分载各车，车各四轮，双马并驾，车夫乘一马，旁有一兵另乘一骑，执枪与车夫相隔一马并行。以上各车，均有随护马兵一队，咸集校场。统带官至，则众军已分队排齐，乐军中立，统带周阅毕传令。见马队在前，步军随后，随护车辆各兵及开路马兵各随车并进，或六车平行，或各军分行，马步各军亦或作十人并驾齐驱，或作四五人排行，各分队伍旋绕数周，鼓乐交作，各军之步伐咸听音律之声为缓急，迨后乐止，众军分队立听发号。统带传令，命军火六车至前，以一车中分二辆车，缘二铁箱拼一，摘去钩链，后之车箱内藏车沿皮带分马驾驭，顷刻立就。统带谓：行事若逢狭处，即用此法。试毕，众军前行，统带亦随其后，约行里余，至一石桥前，传令开路马兵作炸桥之式(势)。先见探敌之马兵驰骑逾桥，各开路之兵各下骑立于桥上，手执铁器，一兵官至前云："如炸此桥，须用八十磅重火药，此桥立断。"统带谓凌等曰："此桥既折，使敌不克前进。我军欲渡，自备活桥可以速成。倘遇阔水，桥亦可作船。今本欲炸此桥，令兵接搭铁桥，为公等观阅，奈此桥尚新，断之足惜，权作假势耳。"语毕，众军乘骑，号令一声，前敌之马兵退回，各归本队，鼓吹以前，统带始去。

观毕，复与导引兵官订于午后二点钟观步军技艺。届时至大兵房一所，高阔异常。先观各兵斗剑舞枪，举止步伐虽众如一，罔有怠懈，凡各技皆听教习口号，然技虽精熟，而举动未免太笨，未若中国单刀花枪之灵巧可观也。既见舞拳一人，各带手套，套如皮锤，尽力争挞，铿铿有声。房内又有木架数具，如人字式，长约五尺，高亦如之，顶狭而平，上钉皮垫，先以架横置，各兵排齐，驱至架前，或以手扶架跃过，或不扶挺身跃过，或翻筋斗，再将架直放，技如前式，每架后有软皮厚垫，以防失足跌伤。墙壁间虽有二木板，上板距地约丈余，下板亦高及丈，板长足容数人，宽仅容二人。众兵排齐，见五六人跃起，扶下板即登上板，后则各兵争趋扶下板，而挺身上板之人以手搬其脑后，始登上板，其未登板之兵各持木质军枪向上掷与上板之兵，上板之兵得枪即飞身跃下，如此上下盘桓，嗣络不绝。跃毕稍息，又演攀杠，杠条、杠架均用铁钢，且架甚高，技艺无甚出奇，惟观其翻筋斗、跳跃及作扑虎式、犀牛望月等技，曩闻西人直胫，诚不可信矣。兵官谓："本处练军非第能施枪开炮，凡今所观各技，皆须熟谙，除礼拜日休息外，每日分班按时演练，其技艺超群者授以教习，渐擢兵官。今所观者，皆技艺精熟之兵，如是者现扎有万余众。其新选之兵，另有演练之场，先教以步伐，并施放枪炮，俟其纯熟，始给以号衣入队操演，并教以技艺"云云。窃查西人形体本极壮伟，况于众中再加挑选，至每日课程所学更非一技，粮饷亦足赡其身家，故能以此身终日将事而无他图也。盖闻英国国家每年所进公款，以十成之一半归养兵制器之用，是以兵强器利为足恃耳。

阅毕，复游三德赫司特水师武备学堂。路经拿破仑第三之墓。查拿破仑第三，因普法一役被掳，后归法，法已立民主，百姓拒之，遂携眷逃于英，后父子皆逝，皆葬于此，现有法人守护之。过此北行里余，前有大树林一簇，即学堂之花园，穿林而过，遥对学堂。学生皆穿红白二色花布衣、白帽，英国水师弁水手皆带白帽。每日课程皆天文、地舆、图说、行船、测量及机器等学。学堂之外，一场甚阔，四围护以铁栏，中有炮位及打球之架，四顾苍翠盈眸，丛林环抱。学堂之东即演武之场，地势亦极宏敞，遍见诸生演习军枪。西临一水，河中泊小筏船数只，以备学生游巡。闻此处计有学生三百二十一名，其章程与格林尼趾水师学堂略同。

英国波斯茅胡 又谓波斯扪海口

光绪二十一年八月初十日午前十点钟，由俄尔德韶恩特镇起行，三点钟行抵波斯茅胡海口。当即拜谒英水师提督萨蒙，立即延见，并派兵官辛尧雷亚带同往游海口制局。局势壮观，门吏系用巡捕看守，内凡制造各厂，鳞比参差。东岸一带，尤甚宏敞，地临海沿，叠成石壩，入门一望，即见海中船坞、高棚数座，盖即造船处也。近因兵船为数众多，修理不及，是以此局虽设有船棚，却不在此修造，且局虽阔，实无余地足容，故今起造船只皆于他厂制造，此局中海面另有修船坞，工仅修补油饰而已。涯岸南向一堤，上筑炮台，式如城郭，虽属旧式，修理整齐。东北岸长堤一带，则有修炮厂、造弹厂、造枪厂、钢铁油漆厂、大木厂及弁兵住房、大厨房、浣衣局。又有军器厅，厅虽广而无楼，内陈古式各类枪、剑、刀、矛，编集玩物，种类不一，然不似法国都隆海口制局陈设新奇也。所存停船之铁锚，置于铁架，约百余具，摆列匀齐；大小炮身，罗陈满岸，各置矮木架上，炮身用黑漆、灰漆油饰簇新，后膛之塞盖、机关另存他处；至于大小药弹，罗列奚只万千，圆式炸弹堆如山势，沿岸系船之铁樁、运重之机器，迤逦分设多端。东南海面，兵舰纵横，船桅林立，海边迤逦则有挖泥机船，更有巡船往来巡弋。逾岸登船，阅看头等钢甲巨船。船面首尾二台，各置十三口径后膛炮二尊，炮身显露于外，炮系阿摹士庄船炮厂所制，其余快响各炮分列舱面及上船面之两翼前后，二船桅各有铁盘二层，上置小快响炮各四。查英船桅上之盘亦有用机器炮者，法国多用梅花式炮。舱内机器以及锅炉式与法国兵船稍异。今见其锅炉舱房内容汽机、钢管，万千轮轴交错，其运动水力、汽力之法，各在机器之旁，于舱面板上另起一盘，盘或圆或方，式与地板相平，盘中有长孔，孔中竖一铜制长柄，以手推移其柄，运动水力适宜其用，至其施炮装弹、转移台座，悉用此法，盖机器藏于盘下，故也。复登捉鱼雷船，船之前后、左右皆有雷筒，前后二筒置定不移，并有快响之炮相辅。查捉鱼雷船，船身较鱼雷船长而且广，质坚而行速，不似鱼雷船身长而面狭也。现闻此海口驻泊之船，大钢甲计有十艘，二号兵船十二艘，三号炮船二十余艘，捉鱼雷船及鱼雷船各十数艘，皆傍岸停泊。其旧式兵船皆以白漆油饰，远望不啻房楼矗立。阅毕，兵官辛柯雷亚谓："明日礼拜，例应休息。"遂订于十二日续游海岛水师武备学堂。

十二日晨八点钟至制局，乘小轮舟往游海岛。岛名鲸鱼。是岛虽在海滨，尚非天然，岛岸乃英人运以石块淤泥填成，坡岸地极平坦，周约数十里。距局一英里之遥，为水军演武之场，即武备学堂也。极西一带，高房相连，无分间数，内无隔壁，中以粗厚布截断作为活墙。每间内皆有大小各式快响炮及炮弹，分类教演，或数十人演习装弹，或学开炮启闭炮门，或听讲论规模法则，或学测量远近度数之法。北向数间房内，乃演习机器炮之所，内有马克辛、罗登飞百子机炮，平排六门、十门机器炮，皆用机关施放，其平排各门之炮，装弹处在炮身之上有铜匣一，足容百弹，一弹发出，一弹自落膛内。迤东宽阔处，见有数十人作一处，演习军枪或舞刀刺，更有数十人排列习放六门手枪，各有教习从旁指示。另有一场，见数兵牵拽炮车及弹箱车辆，俾令推挽熟习，临事无虞错手。中有试炮一场，竖以高方铁架，上悬钩链，系炮于其中，炮挡用土培高坡，坡下挖出矮屋，内容浮沙，门口以白石垒砌，前用白布一方，四角以绳系紧，作为炮靶，布绘人形如兵状，旁有药弹房，亦在土披下，石屋间坡上皆种碧草。极北临海，地势长而狭，又为演放巨炮之地。每届演期，树国旗于场边，非本学应操之人概不得进此岛。入学诸生，皆须力勤操作各技，非初学者只学测算、绘图、读书为课程也。凌每闻西国有海国地舆全书，凡本国境内海滨，即他国海口各处之水浅深，及水底或沙或石，无不验试，笔之于书。其试验之法，以长绳下系铅坠，坠底有孔，用牛油涂抹，渐沉于水底，则沙石即粘于铅坠之上，可历验矣，至试其深浅，则绳制有度数。阅毕，往谒陆军提督尼柯生，当派兵官韩梅登引导，订于翌日往观炮台。

十三日晨八点钟至海岸炮台。查英国沿海炮台，统归陆路提督所辖，而兵部为总理，不与海部相涉。台势外观亦如培楼，而台在坡下坳处，台与坡平。今所观者共六台，迤逦相连，台座圆式平顶，顶盘居中，复按炮身之径寸造成，如瓶式之盖。试炮时，撤去顶盖，炮架乃起伏之机，以人力运机，而炮身即起而高出台顶，仅露半身。台旁有电箱，箱连铜丝电线，可达炮之膛口。开炮时，将机线之针纳入后膛塞盖机内，拽绳而弹即发。炮旁架上制有方式铁柱，上端微弯如钩，下垂铁链钩搭，乃运装药弹之具。炮皆六寸口径，后膛新式，藏药弹处亦在培楼内，筑成石房，上种嫩草。

观毕，复顺海岸东行，至炸炮一台。台随坡岸形势，下如圆池，上无顶盖，座下置半圆铁轨，炮架下有矮轮，炮式短小而粗。据守台弁云：炮虽旧式，今易此新式炮架，甚为灵便，当为有用之利器。架之前后，皆有二铁柱，柱入铁管内，运用电力，能自起伏，平时外观莫见，于试放之时，炮口高仰，仅露半身。如此式之炮，计有三台，尚有快响小花炮数十尊，于坡之凸凹处迤逦分布。查英国虽属利在水师，而于沿海口岸未尝不峻其堤防。今观临海一带，涯岸兵房连络。岸之阔处见有试炮之房，炮口从房窗中显露于外，海岸边际立铁柱一,上有铁圈,周饰白布,遥对炮房为靶,炮弹发出,沉于海内,取而复用,不致有伤。至其习枪式、学步伐、拽车运弹、斗剑舞刀各技,恒见数人作一处演练,咸听教习口授,盖一什长教演数兵,所学诸技,举国皆同,故易彼调此,入队合操,更无不合。

十四日晨九点钟陆军提督尼柯生函请阅操,届时至教场。此操共调步军四营,分二队,号衣用青、红二色,各执本国军枪;又有炮兵随护炮车,皆四轮双马,每四车并行,计有四排。兵以二十人为伍,每排什长二人,执剑前引,带队官乘马持剑,并有开路马兵一队;后随铁器车四,炮兵执刀并跨手枪,乐军中立,鼓吹齐鸣。是操共计军兵二千余众。先见红衣各军,排队前趋周绕;后则青衣军,亦如前式;再则二营,相合齐趋环绕;每营后随有国旗二帜,帜仅高出兵首,棋式长方,上织彩文,光鲜耀目;每营军过竣后,旗行至统带各官前,各员咸以手加额致敬。闻此旗系英君主之纛,见纛即如君后在也。此操亦如行军之式,并不施枪开炮。陵窃见泰西国人爱惜军火,平时军兵施枪练准皆用气枪,及其操演装药弹者,不过十之一二,余皆放空,伪作其式,未闻有酬应官长,摆队送迎,跪放连环,徒废火药,盖亦实学昭然,奚必树威使人震骇,惟见其步伍整齐、有条不紊。

阅后,于二点钟后至制局,乘小轮舟往阅海中炮台。斯时西南风大作,轮舟颠簸异常,浪花飞入舟中,船之首尾入水复起,令人惊骇。行约二三海里之遥,见海中隐约如巨鼎屹立,兵官遥指谓此即台也。台用沙石填海为基,上置巨铁圆盘,高出海面约二丈余,盘之当中,用西门德土加以漆料合成堆砌围墙,色若石灰。据闻造此伪石之墙,较坚石尤固,上端覆以铁罩,饰用黑漆,罩如巨锅,周围有无数孔眼,即为炮口,各有铁门。迨船泊台下,台盘上有悬梯系下，始登而上，见铁盘上又覆木盘以防滑，滑台外周围余地约阔三尺，以便人行。入台门，见有十三口径后膛新炮八尊，旧式前膛炮九尊，八寸口径快响炮十二尊，分置于内，与台之孔眼相对。此台统计大小炮共四十九尊，台罩周围亦有四十九孔，每炮之旁各有炮兵居守，药弹火药藏于台中挖下之石房内，其传话风筒、电灯机器及化淡水之机俱备。台罩顶上居中置一铁柱，上悬电灯一球，夜观波面，如海水一珠台，下则系小筏船数只，用以接济食物，平时台兵乘桴浮海练习风涛。立台西望，隐约间似仍有一台，兵官谓海中炮台。此海口计有四座，皆名司逼次黑德，如此式者二，相距三海里之谱。惟时已晚，见一轮舟傍台停轮，台上武弁数员登舟开往。据兵官云：此系守台值白将弁当晚散值云。

十五日晨八点钟，至水陆各督府辞行，得与会晤陆军提督尼柯生，谓："明日本国水陆都帅来此阅操，即今维多利亚英君后之叔，因年老告致，今特来此订日看操，后即逊位矣。公等若待礼拜后再行，即可得瞻敝处大操。"陵即致谢辞，以现由此尚往他处游历，因已致函定期，不可爽约，遂告辞回署。

英吉利亦欧洲岛国，四面环海，若与他国有事，必用水战，为固本之计，其人深谋远虑，每视周围之海为边省、为四塞，适逢战事，当首先在四塞临敌。所谓四塞者，即他国之海疆海口也，倘不能封其海口，则大事不济，无能为矣，何则？海为英人之大路，商船往来运货，国人式饮式食，咸仰望于他国，故英人之资本不在大城镇，而在大轮船。倘使敌人得阻轮船往来之路，则英虽有无穷之巨炮密布于疆海之边，敌人只阻英轮入境，不逾数日而英人将束手待毙矣。是以英人筹防第一策，要在多备兵船，足封他国海口，不使他国兵船暗渡，其次更用巡弋之船以济封口者之不足，再则于陆路，虽无须大兴工作、修筑炮台，亦必于要隘边疆略为布置，然尤必筹一长治久安之策，以期永保无虞，使虽有敌船偷渡而不致大受其蹂躏。西历一千八百三年，英海部在法国之波来斯特及都隆各海口已设兵轮防御，为前敌之备，并封日斯巴尼亚国之兵轮，不令其出口；英之西南海滨，则扎有后路水师，计战舰六、快船四、炮船十九，此外尚有巡防之船时在他国海边巡逻，故迄今虽由北海往来通商，未尝一息有疏防范。然以势论，在英人意以为无论封口如何严密，敌船亦有时逃出。倘有疏虞，使一二敌船暗渡，或攻海城，或追商船，究不致有大伤，且与敌人无甚利益。譬有敌船得抵一英海口，索诸城中百姓若千金，以保城池，彼民不允，该船之兵决不敢弃舟登岸；即使登岸，要不过千百人众，安能敌我内数千义兵乎？势必致燃放爆弹，焚毁民房而已。迨大兵速至，无能逞其技矣。虽然未免有失，若于沿海修筑坚巨炮台，需款甚巨，今水师用款筹足尚难，何得筹造台之费？诚莫如改旧式兵船，加以鱼雷，多在二百艘，分为头、二等，再用老兵船数十艘用作探船。查水师如无探船，鱼雷无所施其技。又以商船改为兵船，安置弹炮，以济鱼雷，略加修饰，不日可成，分扎海滨，作为守口之用，以为边防。其所用之人，半属渔团，英国渔民计十二万余众，每十抽一，可得万余名，当乘不渔之时教以水师各技，皆成有用之兵，是则省费已多而防维綦密矣。①

---

① 按：《四国游纪》1902 年石印本页九十二上，此段题为“附英国重水师不重陆军以御外侮论”。

卷之十

英国民团义兵

英国据三岛之地，于一乡一镇之间，皆有民团为之义兵，兵额每按居民之多寡而定，概由其国家保护。光绪二十一年八月二十一日，往观伦敦城内义兵练局。先至公所拜谒统带兵官，即观阅各弁试枪之所。房长而狭，枪靶在壁间，用木板中嵌铁板，外有铁矮围墙，墙之上端用铁造成小马，往来走动于矮墙之上。试枪者以中马为准，枪用马梯尼式。查马梯尼枪，虽发一响而装弹甚为灵捷，枪门有凹槽显露于枪面，将弹放入，机动立发。斯时，各兵官演放数枪，中、否各半。军装库内设木隔，存储常操、大操之衣帽，衣青、红、灰三色呢，褐领袖织成白线绦带，帽亦青呢矮式，可以折叠卷怀；又有水壶、药囊及行军携带伙食器具之袋，每分锅一、碗二，刀、叉、匙一分，均放于锅内，外用皮作套，行军时负于背后。其平时教演，皆服红呢靠身青呢瘦绔，黑皮高帽，腰束白皮带；兵官衣帽亦同，惟两肩领袖上织银线花纹，各配宝剑、远镜，以视区别。由公所至练军场，场之四围皆有楼房，院中地势极阔，足容千人，地面用沙铺平。是夕所操之兵，计六百余名，尚有新到之兵百众，另在一处教演，学技纯熟，方准入队合操。所谓义兵者，盖无粮饷，皆商民自备资斧，愿充义兵，投效者及兵官教习亦各自备资斧，并无俸薪，惟军装器械系由其国家造办供给。今观其布陈教演，众军排齐，只听号令，二兵官乘马立于兵前，统带官乘马执鞭口传号令，而众军齐趋，或作四五人齐行，或作数十人并进，或如雁字，或如蛇行，旋进旋退，亦步亦趋，虽数百之众，动举不啻一人，足踏沙声，步伍毫无紊乱。又见其操作行军受伤有疾之人，作抬搭之状，每台四人，抬以木杆二，用软皮为榻，可以卷舒，两端有活套皮带，一人卷而扛之至统带官前，将皮榻展舒，伪作将人抬放于榻，二人轻轻平抬，二人分左右扶持抬杆，立候发号而行，其步履之平稳、举动神形情景宛然，都无装作之态。每观西人一举一动，真如板上之钉，其凿如痴，一无偷安生懈者。阅毕，军乐引路，二兵官并骑前趋，众军随后，作四人为伍，陆续前行，统带督后，游于街巷，鼓乐齐鸣。游毕，齐集于公所门前，依旧排立，一闻号枪，尽平执垂膝，复传口号，则二兵并行入门，各置枪于架，脱去号衣，从容自若，一无拥挤喧哗者。闻于礼拜六号操演后游街一次。兵以三、五年为期，如技艺精熟愿充官兵者由其国家考取，不愿者听其自便，国人皆以充兵为荣，以好逸恶劳为耻，故官绅商民子弟乐为习武投军，盖亦风俗之使然耳。谨将所闻条规约略胪陈如下：

一、凡统带教习各官以及军兵，均须自备资斧来厂教学。

一、凡弁兵所需军装、军器、军火，悉由国家公款备办，操毕仍归公所存储。

一、凡充兵之人，年岁以二十至二十五为限。

一、凡始入公所充兵之人，不给号衣，于学演技艺熟习后，本公所始给衣帽入队合演。

一、每逢礼拜，七日内计操三次，匀分三日于礼拜，六号游街。

盖游街之意,为广招徕以激其忠义之气。

一、每逢操演各兵入场,不得交头接耳,谈笑喧哗。

一、如有不遵约束犯规者,即行斥革,各兵既穿号衣,概按军法从事,卸装后则与平民无异。

一、每于操毕游街至公所,仍听号令,于卸去军装后,准在公所或酒或饭以及谈唱,听其自便。

一、本公所专派有照管军器人役,务使时常擦洗抹油,不准生锈。

一、每季大操各兵,届时先至公所领取火药、军械、军装,列队前往,每岁与官兵同操七日,以视强弱。

一、凡充兵者,率以三年、五年为期。学成后,愿充官兵者,本公所保送以备国家挑选;其不愿者,各随其便,如有事时,仍听本公所片传。

一、演放军枪,岁有考试,合式有准者,除奖以金帛外,给予应升之缺,以示鼓励。

查义兵所操各技以及军中号令,皆与官军无异,惟不食饷,亦不出国及本境内当差耳。

英国恩蜚尔官枪厂纪游

英国制造军枪官厂,除白明干一厂,则有恩蜚尔造枪之厂,此外造枪私厂虽有数家,但造猎枪手枪,未尝有造本国军枪者。

光绪二十一年九月十一日,往游恩蜚尔枪厂。厂距伦敦十六英里。局势宏敞,制造专精,总办称里格比。查英国制造枪炮官厂及火药局一切制造,虽属官厂,而各总办非必尽用官弁充当，如有深悉制造、精于化学之人，其国家即以币帛聘之，总期胜任愉快。如里格比者，从未任官，惟充是厂总办，盖由乌立区炮厂总办安德生荐举，英国制造军械军火各厂虽各有总办，统归乌立区总办所属而总理之。此厂前造之枪马丁尼亨里，继改里蔑特福，枪膛口径计千英寸之三百零三分，近增二式军枪：一名马梯韩格尔，一名惹夫特，皆一管发十弹，极其灵捷兼且力猛及远，商厂概不得仿造；弹用无烟火药，弹外包镍；枪上之刀形同宝剑，不似前式三棱角也，枪柄用核桃木镟成；并造六门手枪，系用威布里式枪膛，口径亦千分英寸之三百零三分，制造之法无异商厂。厂中煨钢之炉数座，炼造各枪配用之件，气锤多尊，压管制轮机数具，惟攻枪膛之机房内排成长巷，磨光之机法自不一，不外借用车床之理以推广之，至于造螺钉、制钢箍、铇木柄及造枪上之刀，均有专房。此厂所制之枪，举凡一切需用之料件，皆于商厂购办现成粗料，是厂并不熔铸五金，即如枪管之类，亦用现成粗料，此厂加用整抽之法，共抽十次而杆乃成；惟制来伏线之纹，其工最为精细，钻杆之上作来伏线之槽，攻成四纹，务使丝毫无差，抽成之后，尚须磨砺。另有一房，中有铁架，架上有铁柱，上有月牙式之托盘，置枪管于上，下有木台，登而执管之后端，一目审视，如窥远镜之式，管内有三光作三角形，计三光上一下二，若光稍有一偏，即弃而弗用，务使三光匀正无偏为合式。凌等擎管审视良久，其应弃与合式之管已显然可辨。更有用驼载之枪座，每驼计装枪重三百三十六磅之数，药弹亦用驼驮，盖英人在印度用之颇利。此厂所造之军枪，每礼拜计成千余杆，六响手枪为数较少。闻军枪所用工料之费，每枪计英金四磅，手枪每柄须五磅之谱云云。

英国韩福里迭恩特造船机器厂

韩福里迭恩特一厂，专造兵商各船需用之机器、锅炉、暗轮摇杆等具，英国阿摹士庄及他处船厂急需之汽机，多由斯厂购办。

光绪二十一年九月二十日，游阅是厂。厂近达门士江，又称太门士江。西临江岸，江面停轮数艘，凡造成机器悉由是船运送他厂。厂内一所，高阔异常，内有制就之汽机、锅炉数座，分置于木架之上。锅炉之式，系以铁铸成巨筒，横置于下，其筒圆径高足过人，筒之中内有二铁筒，小式者置于巨筒之底，即系生火之炉，上通于锅，锅在炉上，亦作圆式，铁筒之两端无数圆孔，内安无数铜管，其管之内又有细长之管套于其中，管之两端皆有螺丝活钉，可以拆卸，锅炉每以二具相并为一套，其造机轮管筒另于他处分制。尚有配造暗轮摇杆之厂，尤为长阔。摇杆者，即船壳内之转杆也，杆之短长，视船身之大小相配，杆以钢造成，圆柱外套杆之筒箍，箍亦圆式，分作两半，长约二、三尺许，外用钢而中用木，木中复用方式钢块镶嵌于周匝，如车轮头内之槛，每以两具相合，套于钢杆之上，节节相连，再用钢箍系紧，外露暗轮，轮扇三片以铜制就，式若鱼雷炮尾。此外有造机需用细管之厂。管多用红铜，以铜板片用机压成圆式，其破口处亦用焊药弥缝，其隙复用机器锤凿之。其机高约三尺，宽不盈尺，作长方式，中有铁拿伸出，如手执锤，若人擎斧柯，下有铁针，用铁棍穿于管中，置于铁针之上，锤旋起旋落，从容不迫，只须一人转移其管，轧钢之机、齿轮有套相接，一人手摇其柄，连于此则正转，连于彼则反转，能使甲板进退伸缩，机虽大力，亦难速成。铸板之法，先用熟铁一层，四面作围，将已镕之钢倾其上，约三四寸厚,再复一层,使层层粘合如一,加热轧之。他如造铁车下之弓簧,系以水淬火之工,用挺杆以汽力逼之使直,而复弯之数次,权其弯度有改与否车之;撞簧亦用油淬火,用重锤屡次试之,亦量其弯度不改,方为合用。盖钢原铁之精质,性之刚柔,端由锻炼。据闻熔铸之后不能无泡,凡有泡者,必截去之复镕,何则?含炭多则泡少,含炭少则泡多,然含炭既多,虽泡少而质又失之脆,故必配合得宜乃适其用。至若镕金之炉、铸模之厂,及木工、油作、绘图等处,皆与他厂规模无异。查英国造船各厂兼有制造机器者,独莫如斯厂之专一,近如船厂造有多船,船身既成,而船中之机器多由此厂购买,如无别出新法,变改式样,此厂已造有全船机器若干具,量船配器,无不咸宜,且能速就。今各船厂恒有订立合同,或限年余,或限数月,而船即保工成者,盖船壳、船甲及全船机器非尽出一厂自置,莫不由他厂外购现成者也。

英国马克辛罗登飞机器炮厂

马克辛、罗登飞原系二商并归一厂,先是罗登飞自制机器快炮,英名费尔艮,艮,译言炮也。因建斯厂,厥后马克辛秘得机器百子枪式之炮法,未建他厂,遂与罗登飞归并。查马克辛原擅制造电灯之技,心灵手敏,前数十年间曾在德意志觅得一炮,虽有机器,体粗而笨,不甚灵捷,该商获此,因其粗具规模而推广之,由是朝夕紬绎,渐有心得,而成是炮,竟成专家。客岁川建教案迭起,各国报馆议论纷纭,英国教民多生怨憾,几酿事端,马克辛曾发不平之鸣,立论公正,刊入报章,其略盖以“中国为最古之国,自有教化,彼天主耶苏各教士传教中国,洵属多事”等辞,是以英国教民渐化其梗顽之心,安辑如故。马克辛每见华人辄谓:余素钦慕中国。恒述此举,自谓无与中国效力耳。渠年及耳顺,皓首庞眉,耳聪已塞,现因年力渐衰,特聘德商勒威充斯厂总办。

章京风凌自到洋后,即闻有马克辛之名,为各国机器炮之冠,遂于光绪二十二年正月十七日呈请游历是厂。蒙出使大臣龚函致该厂,订于是月礼拜三日,即二十一日。游阅是厂。

至期,会同英文翻译官候选同知邓廷铿前往。于九点钟时,总办勒威至署迎候,遂与同往至厂,马克辛亦至,并与陪游。厂在伦敦城乡间,地名伊立尔,距伦敦十七英里。局势不甚宏阔,然中建一房较他厂而宏阔又过之,厂中除模范、木工、弹带外,所有工作皆在一房,分门别类,排成长巷,各善其事,不似他厂分建多处,是以此房尤觉宽大。所制之炮,统分二类,而一类之中制法不同,式样亦异,至于口径大小、尺寸尤属不一。一为罗登飞后膛水师巨炮,体重二吨半,口径四寸五,弹重四十五磅,每分钟时可发十二弹,能透十寸厚之铁甲,英国兵船恒用此项利炮为击鱼雷船之用,炮之后膛门机计有八块,将弹纳入炮膛,即将炮门关闭,燃放后而启炮门,则装弹之药筒自出膛外,缘炮膛内有起伏之机簧,炮门一辟而簧即起,能使药筒自出,且启闭炮门之摇柄亦有按簧,以手握柄,务将柄间之簧按紧,炮门始能开闭。更有新式快炮,其制法略同,惟于燃放后,能使药力相攻,一往直前,竟无倒退;炮座亦不雷同,有如绣墩式者,有圆式下广而上渐削者,有半圆如弓式者,炮后左端置有铁梁,梁端之上又置横拐,拐用软皮包裹,施炮时以左肩紧贴横拐,一手搬机运炮,一手按簧,或拽绳线,弹随手发。一为马克辛枪式机器炮,其巨者弹重十二磅,口径七十五密里密特,合中国二寸九分五。更有四寸五口径者。此类大小机炮用纯钢配合精料制成,式作两截，炮管与后膛机匣尺寸等量，后膛作方式如长匣，内藏机器多件，管后匣前当炮之分中处，即发弹之门，匣之首端两边上有长孔，系穿弹带之处，将带之首端穿过，而弹尖与管之后口上下相对，弹用粗线绦带，宽与弹之短长相等，带系两层相夹，用铜片前后两面钉紧，排匀分际，其空无钉处即装弹之筒，相距约一二分之间。造带穿弹别有制厂，多用女工，每带有容十弹者，有容五百弹或二百五十弹者，此极小之枪式弹带也，若巨炮所用之带，每带不过四、五、十弹、十数弹而已。机匣后正中有按簧，式若圆钉，用指推按，而弹即由带中脱去入于炮管，随手弹发；若按而不动，则弹能一气烘出，其大口径之炮每分钟连发四十弹或十数弹不等，妙在炮匣首端炮管之下有一圆孔，弹子即由管中攻出，而药筒自由管下圆孔中落地。弹带用木匣或皮匣装盛，置于炮之右边地下，或挂于炮旁架上，或置于炮车之上，或炮架之下端居中置有方式铁匣。炮车式亦不同，见有双轮铁车，一马可驾，其车皆可拆卸，其小炮所用之车，只须三人施力而全炮即可运往，用一人负车轮，一人担炮，一人运车，车如三角形，作扁体，亦如丁字式者。此项枪式小炮最为灵捷，炮管口径周约三十七密里密特，合中国一寸五分，管长盈尺，管后之匣亦尺余，炮之全体不过二尺，匣前制一铜筒，长与炮管同，为之水管，炮管纳入铜筒中，内容冷水，筒外有螺丝转盖，即灌水处，下亦有泄水之孔。此炮于每分钟时能发五百三十弹。所以外套水筒者，诚恐弹发既多炮管炸裂，若用水筒，据云连发五百弹后始换水再续开放，其无水筒之炮，每发二百弹后即宜停放，俟炮管渐冷乃可续放。此项炮架用三角式，以铁柱三竖，二竖相平在前，一柱在后，较前二柱稍长，中间置一皮鞍，以便施放时坐于鞍上。其尤妙者，未安水管之炮可作两截，炮架亦可拆卸分作数件，用皮造成一袋，容全炮及弹带于袋中，袋外炮件仅露十分之三四，式如北京木匠之家伙筐，袋有皮条，一人背负，重约三十余斤。阅毕，总办马克辛约赴试炮场。场中置水管机器炮一架，炮前一矮墙中镶木板，板后有巨铁长筒，再前一矮屋内培满浮沙。总办欲凌亲试斯炮，当即坐于铁柱皮鞍之上，以一手搬动移炮之柄，而炮随手转，再用大指按炮之簧如弹丸脱手，复按不动，弹尽烘（轰）出，势若飞煌（蝗），须臾连发二百五十余弹，更无烟气，亦无火药气味。查此项药弹，用可歹特无烟火药，药如皮条，色黄而光泽，燃之全无火焰，若通草之着火，灰如纸而甚轻。后易小式无水管之炮，此炮系用搬簧炮匣，后有如钩式之簧，用食指搬拽，弹随手发出，因加力搬着而指不伸，弹亦连发不停，响若送神火鞭，倏尔攻出二百弹，皆能及远至一千五百密里。约合中国四里余。此炮名冠欧洲，现闻各国有派员来厂作工学习者，有购办是炮回国仿造者，前四五年间，倭人曾购四炮，带回该国，已能照式仿造，迄今此厂尚无倭人充工。查西人制造枪炮，纯用机器，虽一钉之细、一孔之微，皆有范模，然不过粗有其具，至内中机簧料件琢磨切磋，在在犹须人工，寸许之钢块需用两礼拜时始能成就，务使两件斺成浑如一物，不爽丝毫。若言照式仿制，论者恒谓：机器既多，置价甚巨，实属言易行艰。凌窃以为，人心愈用愈灵，若能稍知其梗概，寻觅良工，按法布置，安知人工之操作不及机器之精良，虽延时日，庸以何伤？更有开山利炮，身短而粗，力猛而巨，为陆军开路所需。至其开花炸炮，与他厂略同，尚无新式。以上所见，各炮架上有用方式钢板为护挡者，亦有用上圆下方式钢板为护挡者；惟枪式小炮无需护挡，此炮之神速曾经考验，闻用木板造如人形，足下安轮，于发炮时从旁推过，行极速快，一过之倾已中三十余弹，使人从此经过，虽疾趋避，当不仅着此弹数也。外有制造木箱、木匣二所，凡各国买办之军械，均用木箱装盛。其工作总房之中，内有小巷一条，谓之创制所，凡本厂每出新式军械皆在此所中创造，闻每届六个月后，所有军械虽未能尽易法门，务使一、二端花样翻新，别开生面，或出新奇之式，或将原制之器变换规模，其用心已良苦矣。巷中有小屋一间，闻内置有木质炮式一架，上有木弹，此又马克辛悟得心法，尚未成造，是以深藏不露而门尚扃。尤异者，闻马克辛自置有飞车一具，车如船形，下有转轮，四围更有飞轮，如鱼分水之势，屋内有容器之箱，顶有飞蓬，绳练匝密，且中有舵机藉定方向，先须在铁路之上缓行，待其气充溢，车即上腾，盖以久费心力，耗用不赀，始能及此，今虽试行，尚未能尽合，故犹未能惬意耳。弹式房中，罗列各国弹式各一、二枚，惟日本前造之弹，弹尖不用铅镍而用红铜。现闻各国近今造弹另有一料似锡而色尤白，译意谓之德银，盖产自德意志。以此料制成弹尖，使中肌肤，能于肉内上攻，若立时剜出尚可治疗，盖以其质尚软，较铅质而劲力又过之，且能深入肌肤，若红铜则质性坚硬，无论筋骨皮肤着弹皆能穿透，弗能救药矣。今闻各国议订约章，概禁以此造弹，其慈悲恻怛之心岂浅鲜哉！此厂计用工艺五百余人。其在本国分建四厂，而在他国亦设二厂，此外尚有造弹厂、火药厂、铸炮厂，皆在伦敦分设。洵为当时所盛称而名实兼备者也。然而制本无穷，法尤善变。兹闻英国《泰晤士报》载开章一言使人莫解，谓："马克辛炮当作废铁矣，缘现有本国某武员玩索有年，今得奇法秘制一炮，是炮亦用机器开放，其及远神速远胜于马克辛所制，再逾一二年间即可造成出世，此炮一出，马克辛炮应弃如敝履矣。"查西国制造军械，即如中国肄业诗文，翻新出奇，因时制宜，皆赖此为进身干禄之阶。如必谓中国制造尽仿西法，则今以此式为奇者，易一时则更有尤奇者继其后也。凌窃观列国争雄，首在讲求武备，然兵不在多而在精，第按定额之数，汰老弱而选精壮，务使一额有一兵，一兵擅一技，终日教演，务期纯熟。但采西国适用之军械一二端，建厂仿造，重大之件兼用机器，仍须多用人工，一俟久而得法，艺精技熟，果有人于一枪一炮之中能变新法，或出奇式者，试之果利，而后予以武官，懋以厚赏，俾人人思奋，自无不竭虑耽精一其心于制造之中，安知中国制造不能蒸蒸日上哉？夫赏一人而天下劝，刑一人而天下惩，此至理也。马克辛一炮，实属快利，若仿式精制，一炮足以敌百枪，惟炮车须用马驾，炮架必待人移，使若改用中国二把手小车式，换用双轮，俾得稳重，中置炮，旁置弹匣，只须一人推挽，停车立能开放，且车行亦不费周折，当视炮车炮架尤为便捷。

方今海军既撤，兵船非一、二年可期造成，训练陆军为万不可缓之势，迨兵船造竣，复立海军，应请采仿西国海部章程，使南、北两洋及各省水师统归海署节制；及如陆军，亦应请厘定新章，统归兵部调遣。然速效难期，人才端资培养，凡事豫立，大要尤在认真，至于练兵制器，需款实属不赀，务须力节他费，以济要需。今闻英海部尚书宣示增拓海军情形，议准本年水师经费英金二十一兆八十二万三千镑，每镑约合中国库平银六两三钱，较去岁增至三兆十二万二千镑，经议院议覆照准。按：英国除旧式兵船不计外，自光绪十五年起至本年止，新造之船已有一百零五艘，鱼雷猎船六十二艘，现欲添造钢甲船五艘，头等穹甲快船四艘，二等穹甲快船三艘，三等穹甲快船六艘，鱼雷二十八艘，均限四年工竣。自中日战事而后，各国咸以为鉴，迩来皆欲添造兵船，增广利器，各为自保之据，诸国日报每论及之。然正无须乎此，若论武备在外国，诚蔑以复加，犹必若是，诚不得谓“西国精于水师驭船诸技，是其所长，而陆军恐未必精熟”，非也！凌居巴黎、伦敦，每见其步队游街或调往他处，以及兵房操演诸技，其人材之雄伟、步伐之整齐、技艺之精熟、器械之快利、军势之严威若此者，洵匪一朝一夕之功矣。

英国防海水底炮船

光绪二十二年六月初三日，英商阿林司来函自谓：“廿年来格物穷理，日就月将，制成海底雷炮一船，已有成效，拟创防海公司，招集股票，每股票英金一镑，共集四万英镑之数。因于是夕八点钟，在伦敦新交赤司云巴特浴堂演试，函请各国及本国水师员弁阅看试行。”章京凤凌会同参赞官曾广铨届时往阅。是堂中有水池，宽可一亩，长二亩余。各国员弁咸登楼列坐椅位，俯视试行。船之式样一切制造，与大船无少异：长仅八尺，形若黑鱼，圆身而两端渐削，纯用一钢造，外饰白漆；鱼背有脊刺，前后中凸，出铜罩如炮台式，中平顶，两端若馒首，顶皆由脊刺中透出，周围有玻璃圆窗，人之出入胥由窗隙，瞭望鱼背亦由此间，周匝绕以铁栏，式矮而细，如中国平台房顶之式，鱼背两翼分置玻璃圆窗十，以透光明；船首凸出二小玻璃圆窗，如鱼之双睛，内置鱼雷炮筒，即开炮之隙也，尾之正中亦凸出玻璃一窗，为后路发炮之隙；尾端有螺轮八具，铜扇四页，如轮船之暗轮；鱼背似有活盖，关以螺钉，显露痕隙，内藏机器，秘不宣露；船底亦作圆式，分有双鬐，然按之不动，闻系有双底，真伪莫辨。试船时，尾后独孔即发炮处，塞以皮管，藉通电气，管长通于池外，电箱中上置一铁方盘，盘上有枢纽四，船之上下左右皆电力以迫之。坐中一人谓：“此船能倒退否？”船即退行。又一人谓：“能直竖否？”旋即竖之。若鱼之仰而吞物，忽行忽止，旋上旋下,左宜右有,罔弗如意,第见电光由玻璃透出,闪烁光芒,炫耀夺目,惟入水深倏忽不见耳。阿林司自谓:“余集思已久,始能若此。所憾者,惟放船入水深处,不能远视,然近不过数月,远不过一年,即可思得良法,法得即可开厂兴造矣。此式之船,长可九丈,能于水底至深三丈处驶行。船中计用八人施力,且于海中隐藏十四日之久。诸君以为何如?俟届期纠股时,尚望诸公多购股票为幸”云云。

卷之十一

光绪二十二年十月，蒙出使大臣龚照会义、比外部，咨请游历该二国官商厂埠，当派法文翻译官候选道吴宗濂作为二等参赞官会同前往，赍送致谢国书于各外部，并照总理衙门函开：义国副将宽礼巴第创有行船烧用煤油渣一法，价值稍廉三分之一，行船可快十成之一，且不致有火患之虞，又德尔呢、热纳瓦等处官商铁局及船坞内所造军器俱有精细妙法，一并详细考查具报等因，奉此。除将奉查各节摘要禀由出使大臣龚咨呈译署查照外，兹将逐日游阅各处随时笔记详细胪陈如下。

十月十六日，会同职道宗濂驰往该国，因赍国书宜昭慎重，自应就近先往比国。是晨九点钟，由署至维多利亚火车站搭坐快车起程，行抵杜甫尔海口登舟，过海复易火车，晚五点钟至伯鲁赛尔比京客寓。翌日，谒见外部大臣福佛罗、侍郎孛尔蒙当。将国书移交后，福谓："本国素与中国交谊敦笃，公等至此，余等深幸。所有官商厂埠，请随意游观，且本国制造虽不及英、德之盛，而工精料实，尚堪自信。凡一切军火，傥蒙惠顾，比厂自当工料加细，价值从廉，及织造各机器无不备美。本国安法尔司海口商务日隆，贸易之华人往来甚夥，今虽拟添派领事，而大利仍未获于中国。傥能于此埠开建丝、茶商厂，但有交涉，华、比各商觌面商办，不假手于英人，庶免从中夺我利权,则大利自归于中国。公等回华,当以此意禀明政府为幸。”凌等唯唯答以久仰贵国制造新奇,现为时日所迫,不克久待,但有关武备各厂及炮台等处,无不欲观。该外部遂于即日行知署理兵部大臣毕尔璞恩,并派兵官定日导游。

比国炫奇会场[1]

十九日晨,兵部派委炮队兵官爱克斯丹来寓会晤,定于二十一日偕游。午后,谒见总理商务会场总办狄泼来、首领杜腾,往观炫奇会场。场在伯鲁赛尔境,即珊得冈纳尔大花园,地连色佛勒黎街,全趾计广三十六顷;每顷一迈当。[2] 有大厦一所,在得尔佛仑境,计广一百十四顷,为炫物之用,两地火车可通。场门匝铁栏中有巨水池,遥对广厦重楼,则百楹结构,修建一新;两旁余地,正在兴修支搭各国新式木房,凡茶饭、酒点、各馆玩耍游戏之场,及玩艺杂货各摊铺,一律修筑。查泰西赛会一举,为广商务起见,豫订章程,函照各国商部转谕各商,先往该国会场赁占房地,但珍贵品物方准炫列广厦间,他货则在场中择地铺张;届时各国选派照料官一二员为总办、副办,但商人只须遵守条规,张罗货物,遇有交涉事件,商人不得自见该国商务总办,当告本国照料人员代为转达;所有函照之各国,傥无富商运货入会,虽派照料人员,而实无经手之事;至该国选派管场总办,虽择富商大贾,犹须集股而成。章程之厘定严明,工程之浩繁甚巨,虽云本大利宏、裕国便民,要以开财源、竭财流之一道也。

---

① 按:原文无标题,据书前原目录及本卷封面之标题改。
② 按:每顷应为一百迈当见方。

盎特来克枪弹厂[①]

二十一日晨九点钟,往游盎特来克造枪弹厂,总办姓郎博德名阿拂来特导引。厂在比都乡间,房楼不甚轩壮,而布置散落有法,以防火灾。查此厂专造各国著名军枪以及猎枪、手枪各弹筒,弹尖用白铜掺用呢格尔,质轻色白,内实以铅。厂中机器缤纷,轮轴错落。凡一枪有一枪之尺寸,稍差毫厘,弹难入窍。此厂则分门别类,因式制宜,兼造药筒,内无铅丸,各弹一切制造无异英商。并造穿地炸雷,所造伏线,内用铜丝外裹树胶,首端通于电匣,匣有铜拐,拧转则雷炮自炸,其小式者如爆竹之麻雷,线通于雷,能及数里。军械厅中凡各国著名军枪都标签记,适值试验西班牙国定造五响毛瑟军枪之弹,是枪各国皆有,式无大异,惟枪门机器略有不同。此厂缔造有年,为本国创始造弹第一厂,故名冠诸邦,制造尤极完备云。

附盎特来克厂制造原书 照译如下。

盎特来克,比都东南隅附郭之乡也,居民近四万。厂建于其地,专造各项枪子弹丸,设于一千八百四十七年,本工师飞司拿之产,至一千八百八十二年厂主易人,改为公司纠股接办。现在工匠一千五百名,女工居大半;机器七百座,手工应用各器四万余件。以所造之枪子而论,天下鲜有出其上者。每年约造军枪子二十五兆颗,手枪子三十兆颗,猎枪子五十兆颗,拂洛培铜帽二十兆颗,又

① 按:原文无标题,据书前原目录及本卷封面之标题改。

杂式铜帽一百五十兆颗,此外枪子应用之附件杂具尚不在内。

一、厂中所用机器皆由自造,且能出售于人。如比国安法尔司埠枪队官学所用之造弹机器,希腊国官枪厂所用之造子机器,皆出自该厂承造。另有各项机器,或为本厂新创,或为本厂改妥以售于各国官商厂者,更仆难数。且各机灵捷简便,迥异寻常,出子多而造价自减,允为杰出。凡由其厂承造之各式枪子,如需配用子膛、子座等件,亦能代造,不爽毫厘。

一、比国之能自造军火,自此厂始。二十年来,精益求精,务使百无一憾,其名因之大著。至枪子之壳改用钢铜等质,尤系此厂肇造,比国军中因而采用,至今仍之。近年又历在比国及他国领得专业执照数种,尤足彰其造法之精。此外更有各种秘法,只有该厂自用,他厂不得标窃。而所出枪子种类甚繁,要之,无论何式枪子弹丸,罔弗承应造办,修配得宜。

一、战枪子为该厂制造之大宗,经办已有数年之久,而迭加更改,克底纯全。凡欧洲及他处军中所用各式之枪,皆可配用其弹。按照各国定造尺寸,承造而交出者其数不下数万万。如为马六嘉国及中国承造之子,则系配用英式之麦梯尼枪;为日斯巴尼亚国、阿尚丁国承造之子,则系日斯巴尼亚式之林明敦枪;为埃及国等承造之子,则系埃及之林明敦枪;为罗马教王承造之子,则系罗马教王式之林明敦枪;为拿威国承造之子,则系拿威式之林明敦;枪膛对径十密里零至十一密里不等。为丹马国承造之子,则系丹马式之林明敦枪;为瑞典国承造之子,则系瑞典式之林明敦枪;枪膛对径八九密里。为赛飞尔国承造之子,则系赛飞尔之毛瑟枪;枪膛对径十一密里。又为中国承造子,则系德意志式之毛瑟枪;又为希腊国承造之子,则系格拉斯枪;为波斯国承造之子,则系培尔胜枪;为俄罗斯承造之子,则系克郎格枪;为奥斯国承造之子,则系惠德尔枪;又为比国承造之子,则系阿尔皮尼枪;为荷兰国承造之子,则系扒蒙枪;为巴西、智利、希腊、比利时等国近造之子,则系贡勃兰枪;为义大利承造之子,则系义大利式之惠得黎枪;为瑞士国承造之子,则系瑞士国式之惠得黎枪;又为中国承造之子,则系沙尔泼枪;为鲁马尼亚承造之子,则系毕扒提枪;五六枪归并一起,或连珠炮式者。如蒙低尼炮、格林炮、拿登飞炮、哈乞开司炮等,其子亦均由本厂承造。现在欧洲各营尚用窄膛之枪,故枪子之式亦复改小,本厂代为承造者为数营焉。择要而计约有九种:

一、比利时之毛瑟枪,膛径七密里零二。

一、奥斯式之麦尼里赛枪,膛径八密里零三。

一、荷兰及鲁马尼亚之麦尼里赛枪,膛径六密里零四。

一、法兰西勒卑尔枪,膛径八密里零五。

一、堂夺笃枪,膛径六密里零六。

一、须尔乌夫枪,膛径七密里。

一、日斯巴尼亚及巴西毛瑟枪,膛径七密里零八。

一、葡萄牙之克洛巴仄克枪,膛径八密里零九

一、拿威之克拉格查尔成生枪,膛径六密里半。

以上各项枪子之外壳,有纯用钢者,有用鋍、铜、镍三质炼成者,有用钢及上项三质合炼者。其长共约得中国二寸半,上截尖而略小,长约八分,形如笔帽,内藏铅丸,即以二分纳入下半筒内,下半筒遂渐放大,对径约二分余,长约一寸九分,形如洋瓶,中藏火药。弹底周有凹纹一圈,为子座衔扣之用;底之正中有圆孔一,孔深分余,其内用铅封固,周凹中凸,藉接铜帽,以资开放。所谓子座者,系铜皮一片,两旁镶边,两端微翘,每座置子五枚,放枪时连座

安插，座自应手而出，弹自入膛，盖亦节时省事之一法也。

一、厂中造办弹壳之女工，各做一门，不相混杂，是以艺事专精。试举一二端论之，有截铅者，有轧壳者，有称量者，只须置于机车之上用心看守，以手推运而已。然无论何质，以整质材料，由大而小，循序渐臻，悉藉机力制成，故各子壳尺寸、分两，累黍无讹，而外观尤极纯净光洁。惟装药系用男工，只藉人力将壳倒置，铜模以药铺满，用压车压之，随将其底封固，而子即成矣。每日每工约装药二千子。

廓格立尔钢铁厂[①]

二十二日辰刻，仍同兵官爱克司丹由洛沃依耶时街客寓起行，前往利爱时省游廓格立尔大钢铁厂。厂为比国著名第一巨厂，制造较英、德大厂无分轩轻。五年前，湖督张大臣曾派出学生二十人来厂肄业，学习锻炼钢铁，学成回华，即湖北铁政局一切材料、机器，皆由该厂承办布置规画，亦由此厂所派工师督率；今铁政局务改归商办，虽由盛杏孙京堂主持，而工师匠头并未易人。近闻销（消）息递至，该厂[②]所炼钢铁渐有开拓云。

查是厂包造兵商各船、火车、轮路、炮身、炮座、军枪、弹筒至一切机器、锅炉，无不荟萃，咸称制造得宜，锻炼有法，是以炼钢、熔铁之处，分门别类。一厂之中计有十五所起重机器，全用电力。其旧钢见新以备漆油之法，不待刨光钢皮，今用细黄砂细末，以气力迫击，沙盛于木桶内，中置铜管，管接软皮筒带，式若水龙，以逼风机

---

① 按：原文无标题，据书前原目录及本卷封面之标题改。
② 按：即湖北铁政局。

迫之,砂因风力由筒中喷出,气猛有声,用砂直击钢面,须臾见所击之处如铺一层黄锈,抚摹极光,但生锈之旧钢铁,系用电火吹之,斯锈立净。

总办利格出视铁路图张,乃镇江至南京铁路全图。该厂奉署两江总督张大臣命,特派工师二人前往其地,周历测勘,已绘全图,择期修建,嗣因张督帅节旋荆楚,刘帅回任南洋,以致无款筹办,饬作罢论,而该厂适当其冲,不无赔累。据总办格勒纳尔出示详图,并为言之。此厂所造后膛巨炮,皆仿克虏伯、阿摹士庄之式,盖其法略同,机簧不无改制;快炮系用罗登飞式,缘罗登飞自去英后,赴比来厂订立合同,闻今虽隐居法境,是厂尚有其股。分厂近山依水,且有煤矿工人在下开挖,上建高楼,用升降自行木房起运煤斤,熔铁炼钢,用煤无须外购。兵官爱克司丹谓:欧洲诸国所用煤铁日甚耗繁,但凡山谷矿产,庶几搜罗迨尽,再逾数百年后,当购取于中国矣。此厂局面宏阔,制造繁多。兹将分设各厂译附如下:

本厂在比都东南隅利爱时省城之善兰镇,距省约六法里,每里合一千迈当,每迈当合华里二尺八寸。距都约一百十四法里,镇跨懋斯江。厂在江之右,始于一千一百十七年,创立〔者〕廓格立尔名乔思,英人也。一千八百四十年故后,而为公司纠股本十二兆五十万方,一千八百七十二年,因制造日拓,增新股连旧股合算共得十五兆方;一千八百九十四年,将股本拔还及半,自此实本只有七兆五十万方,计自一千八百四十二年起至一千八百九十五年止,宏开局面,制造益精,共用六十三兆五十万方,大半皆取之盈余项下,用能开挖煤铁藉应取资而臻式廓。

厂中除铁路、运船及文案三项职司外,大端共分十一项,人数共九千五百名,内管理厂务者计占百七十名。所有机器共有三百五十座，共马力二万九百二十五匹。

一、厂中房屋计有总办住房一、书库一、档房一、厂董及股东会议厅一，又总办及参赞办事房一。入厂大门即大院，右为厩房院落，马匹、车辆在焉；左为花园，广四顷（每项合百方迈当）；院底正中有大厦一，门楣立峙，上镌荷兰国玺，盖因廓厂追念其合股设厂之荷王威灵第一而特造此以致敬也，厦中即工师房、会计房、钱款房、买卖房、发货房、稽察房、工程师房，再进为绘图处。

煤矿有三：曰哥拉，曰喀洛利恩，曰玛黎。

一、哥拉矿有二井，一名马利，一名赛西尔，其中层级不少，现在挖至最低一层，距井口计深五百八十迈当。从二井挖出之煤，每次凡四箱，每箱约一吨。迨煤箱升至极顶，即由一女工挽之而下，乃即推入铁道以达运车上面之悬架间，则箱底自开，煤即倾下。另有工女以空箱置于落链之端，则箱亦随下其起落，同时并举。司理钢盘只有一人，举重若轻，可称捷便，日以千吨至千二百吨计。井中抽水机尤极精妙，日能一抽撤五千迈当之水。煤系备置玛黎矿间之阿卜尔特火炉及喀洛利恩矿间之沙尔佛火炉并备烧制枯煤炼钢熔铁之用，各厂烧煤日须千四百吨。玛利井口之掉（吊）煤机器，系用钢链二条绕于大钢盘上，一起一落，计有可用之马力数逾千匹。煤随链起，而升煤夫在矿内装于四轮铁车，置于链端架上。又撤水机二副，系由该厂自创，每机有马力二百五十匹，总杆马力千馀匹，另有井底撤水之机马力百五十匹，于昼夜间从五百二十三迈当深处撤出一千五百方迈当之水。此二井每层煤质皆极膏腴，合于烧制枯煤锻炼钢之用。矿阔二百零七顷，其间有大铁道一条，广一迈当半，上可行火车，藉以运煤。其烧炼枯煤处，另有窄铁路二道,用钢链牵拽,自行运煤至熔冶钢铁之锅炉房。[①]

二、玛黎矿开挖自一〔千〕八百五十七年始,系用压气之力开成井口。一千八百七十五年,设机器一座,以蒸汽聚于中权,藉转各项机杆,是为比国各矿之首创新法。井中有压气机器一副,设于一千八百七十一年,以助攒挖煤层之力,其法与喀洛利恩煤矿及哥拉矿中布置相同。另有通风机一具,乃格拉夫特之式也。

三、喀洛利恩矿在以上二矿之东隅,专挖上层煤质,以挖尽现挖之层为度,以备将来哥拉矿透亮之用。近在矿中置撤水机二副,马力各八十匹,[②]能于一昼夜间开挖至一百六十迈当,浅(深)处撤出之水至二千方迈当。枯煤炉在喀洛利恩矿间者曰葛卑法,凡五十座;在哥拉矿间者曰阿卜尔特法,凡二百七十座;在玛利(黎)矿间者亦阿卜尔特法,凡百六十二座,皆烧制枯煤者也。另有沙尔佛法之回炉二副,[③]系将用余力尽之枯煤重新烧制,藉可再用。此机[④]设于喀洛利恩矿间,一千八百九十二、三年间先后落成,开炉烧制。

铁矿:

一、在比国吕克常普尔省有分厂,其间购有铁矿地数顷,岁可挖出良煤十万吨。

一、在维尔昂怀来两铁矿间厂中置产三分之一,苗质不旺;又礼爱恩地方有矿,地一百六十五顷,所挖之铁其色黑白相间,质硬

---

① 按:此处与吴著之所述次序有别,内容基本一致。相较之下,吴之表述更易于理解。参见吴著第502—503页。

② 按:凤凌、吴宗濂1902年石印本中第一百六页下为"六十四",吴著中第504页亦然。

③ 按:据吴著504页,此处漏掉一句"每副二十六炉"。

④ 同上,可知文中"此机"为两副沙尔佛法之回炉。

而脆，洋名曰铓。

一、在日斯巴呢亚国之皮尔巴附近有比、法合办之沙马罗斯得律矿厂，廓厂亦在此处开挖，约有矿地七分之二为其产业，岁可挖铁十五万吨，专备熔钢之用。

熔炼门

高炉：

厂中高炉六座，自一号至四号，每炉高十八迈当四十五生的；五号之炉高二十一迈当，六号高二十四迈当。凡日斯巴呢亚国及阿尔及耳之矿质，入炉陶冶可成粗铁；又吕克常普尔之矿质，入炉熔冶可成细铁。计其每日成铁之数，吨逾六百。其间吹铁机器计有七座：一系模（横）式，以软钢拼合而成，名曰康邦；六系竖式，内三座各有三百匹马力，一座四百八十匹马力，二座五百匹马力。当白里阿尔蒙为该厂工师头目时，曾创竖式吹炉机器新法，该厂按照此法为他厂代造而布置者不下二百余座，其式样俱为各国工师抄袭仿造，而终觉稍逊一筹。自一号之高炉旁起建一桥，直至吹炉机器之上层横板，以便各匠工作其间，屋梁有盘链悬机，可将各项矿质悬挂而行运至炉口，藉资倾倒。各炉布置得宜，所有倾熔之料火候一到，即可开炉门，使之直流模内。自前年起，遗流铁汁半为他厂购用，凡造砖、或造西门德水泥，俱可为搀合之用。

钢厂：

炼钢厂自善兰始。一千八百六十年以前，其处有罐（灌）钢厂一，磨床、轧床、瓦罐一应具备，藉以浇造钢板。自一千八百六十三年起，厂中添炼别色麻钢，一千一（八）百八十三年又添炼麦丹希门斯钢。查别色麻钢厂有熔炉三座，辅以搀合之机一具，有马力百匹，日可出钢六百吨。其竖式吹炉机计有二座，系克拉拂忒法，用软硬[①]配造。麦丹希门斯钢厂有火炉，每座每炉每次出钢十五吨，同时浇注可得四十五吨之钢坯，以造炮身或他项大件，绰有余裕。又压轧钢块之机数座，大小齐备，每七日可成钢轨二千吨。此项轧机灵捷快便，实为本厂首创，德、俄、法、英等国向该厂照式定造者，为数甚繁。又压轧钢板之机数座，力甚雄猛，无论圈径若何，大小俱能压轧，小者可配置火轮车厢，大者可配置极快机车，他如炮位钢圈、炮衣，亦曾为本国及荷、义等国代造。又如罗维爱地方自升机之气鼓，钢圈尺寸甚大，本厂亦能应命承造，且保坚固。现又另造希门斯炉一座，则为熔炼礶（灌）钢之用，凡最精细之钢料皆由此炉而出。

铁厂：

铁厂之设，始于一千八百二十七年，厥后会同各厂逐渐改变。遂有新式麦丹炉二座，每座每次能熔铁二十吨，成色极为纯洁。法以熔炉之火蒸热水锅，并藉水锅之汽力运动各机，连环挹注，精妙绝伦。所有机器、轧床、大锤等物，皆极利便。其轧薄铁之器，辅以托机一副，起落如心，马力八百匹；轧厚板之具，有竖式机器一副，马力三百匹；另竖式机一具，马力六百匹，系轧铁条及大铁件之用。该厂之巨，甲于善兰。每年出铁及铁板约三万五千吨，为本厂自用，兼以售诸他人。厂外有工匠住房四十所，各匠借居其房，租价从廉。

浇铸厂：

此厂共有三大所，建造甚为合法，各匠在内工作，不致暗促其

① 按：据吴著506页，此处漏一“钢”字。

生。凡一切重件升降移动，俱有活机助力。另浇灌钢件及捡沙、制模各厂俱附焉。此厂所出物料，在伦敦、巴黎法京、伯鲁赛尔、西特南、美尔邦各会场衔列比赛，俱列超等。

锤击厂：

厂中有锤十余座，最大者击力二十五吨。火炉亦多，起重之器各色齐备，无论若何尺寸之大件，俱能胜任。近又添置压锤一座，压力二千吨，其上有电气运动之起重活机，马力六十匹，四周旋绕，可至二千迈当之远，专压大钢坯、大钢炮、兵船机器总杆及一切重大之件。其间有油沟一条，备浸润汽管及炮位钢圈之用，小件机器、通风筒管、各项挺杆一切辅件亦兼容并包焉。外有饭厂一所，白石桌位，洁净无尘。凡离家之工匠，俱可携带食物在此充饥。余厂仿此。

车轮车厢炮弹厂：

此厂基广二顷，每顷合一百迈当见方。上有大厦三，又附室三，其中专造各项计开如下：

一、汽车、货车及搭客所坐大小车厢之各径铁轮，或用横挡，或系实心，一概承造。

二、汽车、货车所用对径不大、锤击而成之钢轮及客车之实心轮。

三、寻常马车所用之轮，有以木配铁者，亦有以木配钢者。

四、各项应用之钢质直轴。

五、各种炮弹，如大炮炸弹、联珠炮弹及快炮之大药筒等是。

六、轧用阳纹之件。

此中作工之器，计有压锤数座，重力五百吨；击锤九座，内有一座重力四十吨；回火炉十一座，其余零星小器凡以琢磨车轮、车轴、炮弹者皆备。

配造厂：

一号厂在第二进院中，房顶悉用透风玻璃，透亮，布置极为得法。是厂工匠专制机器小件，或构放水之法，或制收汽之件，以已成之小炮膛特事琢磨焉。

二号厂在一号厂之右，专作各种放水管门及汽锅之活门等具。旁有附室一间，则以已成之钢铁机器涂饰油漆。另有一室则以各种皮件裁剪镶配，厂左又有一室，计分两层：下层为修理杂件之处，上层为构制模样之房，列号第九。

三号厂专用各项旋机等具以制中等尺寸之零件。若夫中等马力之机件，则于造成后当在此间配斗，然后交出。又锅炉中汽管、火管及炮膛外圈，亦在此间整理。旁有一室，专造罗登飞之各种快炮，该厂曾与立定合同，每炮售出必以坐利分之。

四号、五号名曰汽车厂，改造开拓于一千一(八)百九(六)十四年，而①造建起重机一架，形势(式)如桥，动移全恃电力。此外并添新式灵巧各机，而器具于是大备。此中专造汽车斗合镶配各工。

六号厂专以极大机件加工修整，或刨或切、或轧或钻，称物平施，各有专责。又水陆应用之重大机器，亦在此间试装。

再五、六号厂前大院中，有大起重机一架，其脚有轮，便于移动，是机器升降纯用汽力，而他项升物之机亦复悉备。

七号、八号厂烧轧方颈、圆颈、六角颈之各项螺纹粗钉，并为之收拾齐整。

---

① 按：据吴著509页，此处遗漏时间“一千八百九十四年”。

以上各厂，皆有升机，或用压气电气之力，或用皮带牵拉，因地设施，各有所取。另有新添[①]模栈一所，发货栈一所，救火水龙栈一所。

锅炉厂：

厂有大厦二所，专为装配汽锅之用。一系斗合钢板火炉，一系压钻板孔，其余锤击置钉之法，悉用水力，布置尽善，式样亦新。更有大作场一所，接连边房，计广一千五百迈当，器备法周，是处专造铁质间架及桥梁等件。

运物：

厂中转运事宜，自新近奉准在江行舟后，遂觉大备。有平底舟七只，内系汽舟二只，[②]重力二百五十吨；三船系常式汽船，各重力三百吨；此外一船，造法迥异，重力三百吨；又托船一只，马力一百匹。厂中遍造铁路，两端接至善兰之北车站，是厂铁路共长六十启罗迈当。运车计四百五十辆，汽车二十七辆号，马力二十二匹。至水陆二道所运物料以供制造之用者，岁得三百五十万吨。

电灯：

厂中所用电灯以供工作之用，小者二千五百盏，大者一百八十盏。发电房在中央，其处有四百匹马力之汽机一副，以运电机机座，每座所发之电贯注铁丝处，计有进力一千昂卑尔，又自铁锅（丝）入灯处，计有出力一百三十复尔德。又拂里格所创二百五十匹马力汽机一副，乃专运一千盎卑尔之电机一具，为晚间八点钟后大放光明。又汽机二副，一马力五十匹，一马力二十五匹，则为日间运机运物所需。

---

① 按：据吴著 509 页，此处漏“漆作一所”。
② 按：据吴著 510 页，此处遗漏“每只”二字。

厂中总办姓格勒纳，名阿度尔夫，为本厂制造工师领袖，是人学问优长，兼能肆应，以是为众所器重，由各股东举充总办。数年来悉心经理，厂业日隆，声望远播，且为各匠代谋教养之法尤属至周且密。各工每日作工共十点钟，以便憩息饮食。凡女子一经出嫁，即不复用；然所用未嫁之女，只在日间充当拣选杂件或推拉煤车之女工。童子须能念书写字，自十四岁起方准入厂学习。有学堂一所，专收工匠之子弟，由教厂中出资延请名师督课。即十四岁以上之童子已经入厂学技者，每日亦须到塾攻书历时一点钟之久。岁特会考，备有积款，择优奖赏。另有医院收养病工，孤院以收孤子，其承充照料之役者，为天主教中守洁善女。药房所备药料，不特施给工人，即其家属亦一体均沾。此外美善尚多，不及备译。

利爱时官炮厂[①]

二十三日晨八点钟，至利爱时省城外之官炮厂。厂不甚巨，而制造规模，迥非各商厂所及。厂建于一千八百三年，时国全境尚隶法国，而厂为法人卑里安之私产，拿破仑第一为民主，曾给资二百万方，定造大炮三千尊，以充兵船之用，嗣因法国家购去厂业后，计为各海口一带兵船所造各炮不下七千余尊。一千八百十五年，比利时国归荷兰管辖，是厂又造炮四千余尊，兼为他国承造各炮多位。一千八百三十年，因民变，工作逾年间断，比利时自成一国，是厂仍归国家主持，即复开工，蒸蒸日上，自一千八百四十年起至一

① 按：原文无标题，据书前原目录及本卷封面之标题改。

千八百七十年间，益形开拓，名望加（驾）欧洲各厂之上。其为诸国历经代造者，有拜马国、丹马国、埃及国、美洲各国、那沙国、德国列邦之一，今并入黑辛。日斯巴尼亚国、荷兰国、普鲁士国，承造各炮，胥有执凭张贴于壁。未几，德国克虏伯后膛新式一出，是炮管中有绕纹，出子之力愈大，由是他国造炮皆争趋之，而该官炮厂遂亦改制，造法尽照时尚办理。一千八百六十八年，造口径十二生的钢炮一百八十二尊，又口径十二生的铁炮一百零四尊，又二十生的铁炮五百十四尊。初，比国政府以为本国自炼之钢不合造炮，每造炮件俱向克虏伯厂购料。然廓厂深为不服，自一千八百七十年起，即请政府用伊厂之钢，并备具钢板与克虏伯厂之钢比较试验，而政府置而不问。迨后叠由议院会议屡请，始命官炮厂将二厂之钢从严考验，方信廓厂之料不次克虏伯厂，由此一千八百九十年比国兵部大臣在议院昌言"廓厂造钢之善，无须外购他国"等语。现今总办厂务者，为炮队翼长马罗，会办为麦利沙尔。厂有炮样院一所，凡自昔迄今种种炮样，异式奇形，分类陈列，备记由来。所造炮位为本国新式，新式者为今时尚后膛，而机关自经改变，商厂概不得仿式照造。分厂造弹之处，见炸弹装子，以空弹窍内容铅丸多枚，灌以松香火漆。炮穿套衣，系在地井深处。其造弹尖则用钢模垂机下压，立即合式。厂中炮车多辆，油饰鲜明。其试验军火厅中，凡各类大小枪炮弹丸，均有比较之机，规模则丝毫不紊，但各厂造成器械多在此厂试验，验而无差，方信无虞。此外，有磋磨厂、箍炮厂、验钢厂等处，俱用机器施工，工匠千余人。除为本国制造外，并与廓厂相约，凡廓厂铸成之炮身，皆在该官厂斗合琢磨，以竟其事。今正为瑞典国、贡果国及美洲各国造办兵船大炮口径皆十四生的者。

爱斯达尔军枪厂[①]

午后往游爱斯达尔军枪厂，是厂专造本国新式快枪，名驰欧亚。厂势宏壮，修理促新。制造之工各精一艺，或挖膛管，或则光亮，或造枪门机器，或作枪柄，以及枪上之刀，数百人工分善其事。所造之枪，类同毛瑟，枪门下有容弹钢匣、火门机共五件，均能拆卸，弹共五出，平排妥置，装弹置有管束之铜片或曰弹座，又名弹拿。直入枪门，按之则五弹全入弹匣而铜片自出，搬柄齐发，快而致远。是枪之柄木质轻坚且有花纹，诘其木质，云系葡萄木也。谨将新枪节略译述如下：

枪重三启罗九十格拉模。一千格拉模为一启罗，合中国五斤十三两六钱。

枪上之刀重四百五十格拉模。即中国十两零八钱。

无刀之枪长一迈当二十七生的七密里。百生的为一迈当，十密里为一生的，每迈当合上海衣尺二尺八寸，即一尺五寸八分。

枪刀并算，长一迈当五十二生的五密里。即中国四尺二寸七分。

枪匣可装弹五枚，并重百格拉模。即二两四钱。

枪膛共长七十七生的九密里。即二尺一寸八分。

以枪腰准竖起，自其端而量至尖准相距弦线，计长六十五生的。即一尺三分八分。

以枪腰准放下，量至尖准，其股线计长五十七生的八密里。即一尺八寸三分。

---

① 按：原文无标题，据书前原目录及本卷封面之标题改。

口径七密里六十五生的。约合中国一分八厘。

枪膛螺纹共四道，深得迈当中万分之十七，约合一毫。宽四密里四百六十六生的，约合一分，盖言每纹相距之远近也，纹绕之法自左向右，有纹处共长二百五十密里。合七寸。

药弹，长七十八密里，合二寸一分有零，每一立方生的计重积力三十格拉模，即每一立尺之二分八厘地位，得重积力七分二厘。重十四格拉模之一，约合三钱六厘，装药重二格拉模，约合二钱六分八厘有零，共重二十八格拉模。合六钱七分二厘。

弹药质料，火药用威德雷所制者，弹核用纯铅，包皮用锌铜镍三项合成者。

弹底对径七密里九十五，约合二分，弹尖对径七密里六十五，约合一分八厘，弹长三十密里。约合八分四厘有零。

装药力量重五格拉模。约合一钱四分有零。

药弹速率每秒时能至六百迈当之远，约合一千六百八十尺。枪膛拒力能拒二迈当十五生的之倒退，约合六尺零四分。枪膛压力得二千天气，每一天气(即大气压)，计重一启罗有零，共合四千八百两之力量。及远可至四千迈当。即六里有零。

总办毕褒复经出视一枪，火门机关共计三件，枪上之刀藏于管之木窍中，用时按簧而刀即出。此枪迥异寻常，且能保险，且能连发六弹，虽装满枪弹，而下机一拨，子莫能出。此毕褒自创新法，造成枪样待售他邦，因相告曰，傥某国定造是枪，当以某国国名称是枪，曰某国毛瑟新枪。买办总管伯克谓："本厂与中国素有交谊，中国两洋曾购军枪二十万杆。二年前当中日失和，本厂已备新枪数万，情愿售于中国，反为日人购买。按公法条约，两国战争，例不准他国接济军火，此欧亚诸大国有此条约，比国并未与各国订此约章，惜中国未之或知也。”查各国军枪名异而法同，以时尚论之，大率无出于德之毛瑟、英之马梯尼、法之勒卑尔、比之快枪，但机关改变，各出心裁，矩矱同然，而巧妙非人所能，使人第知西国制造日出不穷，花样屡变，倘非竞尚武功，尊崇武备，又安能使人专心致志，殚毕生精力研究而擅一技之长哉！

厂在利爱时省相近之爱斯达尔镇。基址广九顷，每顷见方一迈当。以七顷为造枪处所，厂房约占四迈当见方。集股开办始于一千八百八十九年，开工造枪至一千八百九十一年十月，所有机器本极时新而精益求精，仍加参改，籍使出数加增。厂之左右前后建有铁道，直通爱斯达尔车站，俾使转运便宜。厂有冷水机器一具，使汽锅流出之热水顷刻即冷。总机房内汽机有三：一系葛利斯法，马力五百匹；二系伏郎司法，一马力四百五十匹，一马力三百五十匹。锅炉房一，内有毕博夫法之锅炉四座，高一百五十迈当见方，又麦多法锦炉三座，各高一百八十迈当。此枪厂大概情形也。谨将制造各门详译于左。

造枪门

栈房一所，可容军枪木柄二十五万枝。烘干房一所，系造枪柄之木俾之烘干。造枪柄作一所，锯钻各器皆用活机。制枪房一所，磨光房一所，著色加铜作一所，将枪管等件使之变为蓝色，并为镶配铜机。浸油作一所，将枪管等件入油浸润。烧煤气房一所，烧煤成气，使入火炉。锤机房一所，锤机二十六副，专备凿琢花纹记号等事，又博拉特雷所创锤机数座。试验枪管房一所，以验枪管之坚脆，以热度至四千天气为率。试放枪房一所，特验枪子之速率准度，以相距二百迈当为率。装配成枪房一所，附于后之复验覆对处，另有捆装发递房，公同收验房、存储钢料栈各一所。

造子门

大厦一所,广二千迈当见方,内有子壳作,专造枪子外壳之铅丸兼造弹座,使五子叠列其中,以便装枪;[①]权量作一所,将以上各件衡量至当,不容毫发有差;复验厅,将以上各件悉心详验,另有稽覆装捆处、镶泥作、煤气炉、回火炉、擦亮作、洗濯处、储料栈、火药栈、装药房、管事房皆在焉。

厂中墙壁梁柱间皆有热水管,藉备各房御寒,入晚皆用电灯照耀。女工千名,专造枪管、枪弹未经配成之件割截、裁剪、擦磨等事,并装火药于弹中,日得工资二方四十生的至三方之工价;男工一千五百名,内以枪管枪弹校正、配斗者千名,司卷轧者、司机器者共四百名,作粗工者百名,每工日得工资三方至六方。以上各工,无论男女,自学艺时所学何技,即使之终不改其技,此所以专而孰(熟),熟而精也;每日作工自晨七点钟起至十二点钟止,午后一点钟起至六点钟止,共作十点钟之久;再晨间、午后各歇工十分时候,俾食各工携带之点心干粮;男女各工如或患病,由厂延医给药,如或受伤,除医药由厂承认外,仍复照给工资,藉资贴补。

总监工二名,一司枪件,一司弹件;工头共十五名。

厂本五百五十万方,分作股票一万一千张,每股五百方,另借款三百万方,分作票六千张,每张周年给利四厘。总办二,由股东公举者曰毕褒,比人也;司理销售者曰柏格,美籍也。

所造军枪药弹,每日可成枪四百五十杆,枪子二十五万枚。代

① 按:吴著第516页,此处为“内有子壳作,专造枪子外壳;铅弹作,专制铅弹;子托作,专制弹座,使五子叠列其中,俾便装枪”。

诸国定造之枪，其最多者，如比国定造毛瑟二十万杆，口径七密里又百分之六十五，巴西国定造之毛瑟五万杆，此外如中国、于吕该国、哥隆比国，共造毛瑟十万杆。枪子由各国定造者，数至一百五十兆枚。

又该厂添造巴泼新创之人力自行车，已获准照，只由是厂一家承揽。至今正在考覆拟将兴造者，则有自行入弹之单响手枪、六响手枪，自行入子之联珠快炮，即毕褒所创之六响新式快枪。

毕褒新创六响快枪记

此枪为比国爱斯达枪厂总办毕褒所创，观之似与毛瑟相同，细察之实与毛瑟有别。枪虽亦由后膛而进，然每装一次，连放六出，能及四千迈当之远，而机簧灵稳完密，尚其余事；膛口藏子之匣较毛瑟稍小，而子更能多置一枚，缘枪之木托截作两段，适在子匣下留出空位，故子匣反觉见小；枪膛之左有测远表一，表有拨针，针动表移，移至若干度数，再察枪颠准头，即知子可放到若干远近；枪颠之耳向可插刀，原备近斗所用，不用则取下带于腰间，但临敌忙乱时往往不见失落，此故力矫其弊，将刀窃藏于枪背内，用时一推即出，不用则一按即藏，永无脱落。全枪斤两较毛瑟轻一启罗，尤与兵丁有益，洵佳制也。惟现在只有枪样，如欲定造，非二十万杆不可。缘本厂现有之机器系专造毛瑟新枪，若制毕褒新枪，须将各机器全行酌改，增出一番耗费，仍摊在枪价之内，故必定造数多，方能合算。原造之毛瑟新枪每枪实价七十五方，枪子每千一百三十方之谱。商务总办培格谓："欧洲造枪大厂有三，伊厂居其一。前各厂争揽生意，各相贬价，致不划一。今则三厂议和，订立合同，不准私自贬价,如有违章者,查出议罚,故现在枪价,除废枪外,不能再得便宜云。"

梵尔三郎培玻璃器皿厂①

是夕经过梵尔三郎培镇,遂观玻璃器皿厂。厂在利爱时省茂斯江右岸,距省十二法里,地广十法顷,半归于厂。厂设于一千八百二十五年,纠股兴办,总办为法人松兰,其中股东最大者有荷兰故王威灵第一。② 初办时颇费周章,殊难获利,一千八百三十年,炉中生火得以煤代木,厂业始固。一千八百三十六年,时增资本,所制器物遂益开拓。一千八百四十八年因欧洲有乱,转运不通,销场滞塞,停造歇工,过此以往,厂务蒸蒸日上。一千八百五十年,所制器皿值价一百五十万方,逾十年增至二百万方。③ 自此迄今,销路日开,几遍天下。虽器皿市价比昔为廉,前三年所出之物每年获赏尚至七百五十万方。

厂房八所,内火炉十二座,厂地计八千迈当见方,作工男女四千五百名,火罐四百二十个,每日造成之器,约十六万件。所造不外饮食诸具、花瓶、灯罩等件,物料精纯,装饰裔皇,细腻光耀。所用之料,系用细沙及硃泥、矸碣为本,沙必洗濯极其微细,硃泥、矸碣用红铝炼成,由厂自制。火炉、火罐纯用泥造,而极坚实。炉火在地窖,置煤中烧成煤气,以达于炉,再行发火,故火焰极觉纯青。先将各料装罐置炉,迨到火候,罐中之料尽化成汁,然后取出浇入

---

① 按:原文无标题,据书前原目录及本卷封面之标题改。
② 按:据吴著 511 页,此处凤凌略去一句"及另有三人"。
③ 按:据吴著 512 页,后略"再逾十年而所值至二百五十万方"一句。

模内。浇成后，或用气吹，或用大剪，或用沙磨，或用旋机细琢，或用药水琢印，或由画工著色，其事不相混淆。各工自初学时即已分定位置，至老不易，惟专惟精，故无愤事决裂之虞，益显着手成春之妙。造成各器除趸批发运各国外，每种各在厅中陈炫以供过客观览。据闻李傅相来此，见而爱之，曾定造瓶、盂、杯、盘之属多件云。其分厂有三，分肆销售者几遍地球，上海、香港、横滨亦俱有经手商家在彼驻扎。而该厂所获自然之利，尤在逼近煤矿、铁路，故能取精用宏，器皿亦四通八达，遂成巨业。自前四年起，总办易人，姓达叭雷，名若尔时。

查泰西玻璃诸器物相若而价实相悬，同一杯盘一灯罩，晶莹雕刻似无分轩轾，然杯盘有经热水烫者毫无炸痕，灯罩有经火烘更无裂迹，斯物之精粗显判矣。[1]

马尔茄新枪记[2]

是晚回寓，兵官爱克斯丹偕造枪人来寓会晤，并执枪样一杆，又有各式弹丸。是人名马尔茄，原比国枪队兵官甲必丹，因逾岁休致，仍食半俸，生平喜创新法，研究枪制，试验试造，家资迨已耗尽，此枪成后，为识者所许。查马尔茄枪，重四启罗，口径七密里，子五出，每秒钟时放弹速率约七百五十迈当，除枪口之刀不计外，长一迈当二十九生的，连刀合计共长一迈当八十生的，火门下有容弹钢匣、枪门活机计共二件，且能保险。今见其自取煤灰装于火门管内，摇柄而弹亦随手递发。其人自谓曰：枪厂所造之枪，火门内最

---

① 按：此段为吴著中所无。

② 按：原文无标题，据书前原目录及本卷封面之标题改。

宜洁净,稍有纤尘,弹必滞。此枪机关独异,妙法实出自裁。枪弹计分三种:一为临敌实弹,弹尖用白铜掺以呢格铝镍;一为平时操演打准所需,弹头若木质,中物、中人全无伤损,价较实弹尤廉;一为空弹,内无铅丸,弹首若纸造成,价较前二项为更廉。自造无烟火药,色黄而式方,碎细若粒。又出视新样火药,力与无烟火药等量,形如旧纸,厚而且绵。爱兵官谓:“现在比国家已准各兵军购用其操演打准之弹,并拟与比太子阿尔培集股建设枪厂,惟此枪样尚难出售于人耳。”

蒙德非乌电学堂[①]

二十四日辰初刻,往利爱时城内,游蒙德非乌电学学堂。按:电亦西国专门之业,为制造所必需,大而行船、发炮、通信传音,小则运机、移物、冶钢、熔铁、疗病、燃灯,罔弗适用咸宜,但他国学业,各有专责,只精一艺,别类分门,而欲求艺事兼全、制造能备者,盖亦鲜矣。是堂凡电学各门,无不兼善,讲求电理,悉能竟委穷原,制造电机,莫不工精法秘,故他国官员子弟情殷向慕、备资来学。是堂为比国上议院富绅蒙德非乌捐资设立,故该学堂即名以此,不忘旧也。教习名爱里克格姓然拉,本电学中之巨擘。凡学生已由他处大学堂取中电学艺生到堂学习者,期以一年。每日听讲电学博奥约一点钟时,而亲手造器却须六点钟之久,盖有成法以植其基,尤须藉工作以开其慧。学生百四十人,籍贯不一,功名不一,有来自美洲者,亦有水陆军营已作兵官者。教法之善,足以咸孚遐迩,

① 按:原文无标题,据书前原目录及本卷封面之标题改。

可见一斑。其未取中艺生诸生到堂学习者，期以二年，此盖图得一执照，藉作次等工师，固不得与学生出身者相提并论。诸生于晚间归寓，日间到堂。

该堂房屋宏巨轩昂，入门即大作场一所，内作器架五十座，机器十二副，其余零件不可枚举，皆用电力运动活机，以供诸生操作。楼上各有专房，置诸生造成之器。讲堂一所，教习然拉君每日在彼会聚讲电理焉，量电表、测电尺、发电机无不类聚群分，用备诸生探讨。又各种水底电线，粗细不一，亦皆罗列楼中，质用红铜，外饰油漆，中有割断者，使诸生得知其中配法；有盘曲者，使诸生得知其间用法，举凡大海大洋，电线无不咸备。

是堂自设立以来，诸生学成而去者已有五百四十二名。入堂之费计分两项，一未经取中艺生者，第一年纳资二百二十方，第二年二百四十方，另每年加缴二百七十方；已经取中艺生来学者以一年为期，纳资一百六十方；又投考时[①]均略有小费，自二十五方起至五十方止。

今见诸生各造电表一具，以验电力运行若干度数。但非先通算学而欲求电学精通者，未之有也，故凡制造诸端当自算学始。[②]

爱懋电灯机器厂[③]

巳初刻前往利爱时省城外观电灯器具厂。厂亦纠股而设，总办名爱懋，姓毕褒，即爱斯达尔枪厂总办之子。是厂专造电力机

---

① 按：吴著第519页作“投考、岁考、大考”。
② 按：此句为吴著中所无。
③ 按：原文无标题，据书前原目录及本卷封面之标题改。

器、电灯器具，为制造厂、矿井运机、点灯所需。厂有工匠千余人，所造机器自二百匹马力至五百匹马力止。厂房分三进：头进造大件机器；二进造大电灯及所用铅条，近时之大电灯灯心系用铅造成圆条，式如巨笔，两尖相对，光由此发；三进乃绘图处，并造小式电灯及银丝等件。假如居家欲用小电灯，向该厂定购，燃点十盏，其器灯有十六枝烛力，而生火蒸汽只用煤油，通盘筹算，电机计分十六种，[①]其价须在四千四百七十方之谱；若燃大电灯者，机件虽与上项之数不甚悬殊，然价较昂，计合四千九百三十五方。倘欲兴电灯，燃点于通衢大巷，则非数十万方不肯出售。

茂斯钢件厂[②]

茂斯原利爱时省之江名，兹即以名厂。厂设于一千八百三十五年，纠股开办，亦公司也，总办为丹莫盟。厂基甚广，房亦宏深。所造皆重大钢件，然材料尽取诸他厂，配合成器则由该厂任之。大致计分九门：

一、武备应需物件，如旋转升降之护甲钢架，可置快炮，或瞭敌电灯钢罩，或在内察看守望之钢座，又如竖式之护甲钢罩，每罩可置二炮，每炮口径十五生的。

二、汽车，凡货车、快车及小路轮车所用各项汽车，又窄路之四轮、六轮汽车，又通至乡村小火轮车之汽车，各项车头，又矿中、厂中所用六轮汽车，又移动车路之汽车，一概承造。

三、汽锅，如汽车上所用汽锅，又长筒汽锅，又双轮群管汽锅，

---

① 按：吴著第518页作“十九种”。
② 按：正文原题为“午后往游茂斯钢件厂”，据书前原目录及本卷封面之标题改。

又车站中运动电机汽锅,又竖式汽锅等是。

四、码头机件,如水力运动之起重机等是,至矿中厂中所用起重机亦附焉。

五、船厂物件,如载客汽车、汽船行走江河者是。

六、矿务机件,如抽撤水机、储水机、分水机、竖式吸水大铁架、提煤机、压气机、通风机等是。

七、①升钢机,又竖式四汽鼓之升钢机,又阔座升机,又布置钢厂之一应机件,又炼钢移动之起重机,又聚铁炼钢之铁筒,又化铁盆桶等件。

八、运杆各机,如竖式、横式之运机,又发电之大快力机,又大快力双横机,又竖式汽锅之半活机,又竖式双杆总机,又马雷所创之盘机等是。

九、烧用煤油之运杆各机,如一匹半马力至四十匹马力之煤油运机,又三匹半马力至二十匹马力之煤油运机,专备装入车中得以行走寻常道路,不必再用马拽。

比国郎山(珊)炮台

郎珊炮台在比国利爱时省之左近,盖守护茂斯江以拒德者也。沿江炮台计十有余座,迤逦连络,此其一也,建于一千八百八十二年。外围座作三角势,前阔而后尖,当中有门,门内有悬桥一座,周围绕筑石墙,墙外有旱濠,环绕深约丈余,濠内墙间亦藏快炮,濠外护有土阜,与岸相连,外观如培楼,却非矗然高耸,台顶左右置草亭

---

① 按:据吴著第514页,此处漏去“钢铁厂机件。如炼钢压机,又炼钢双管吹气机,又轧钢机。”

二座，以稻草堆垛，用以遮饰侦探台下，围墙深处内正中有长方石室一所，皆系石墙。其间有炮架五：居中者极大，置炮二尊，口径十五生的；后面二架，各置二炮，口径十二生的；前面二架，各置炸弹炮二尊，口径皆二十一生的。炮架如圆亭，纯用钢制，高约四丈有余，内有活机，运弹装药捷便异常。台顶护用钢罩，式如覆盆，机升则炮亦俱升，炮口伸出尺许，机降则炮与俱降，炮口俨然顿缩，但外观颇不显然者，缘其脚皆深入地隐，只有覆盆高出于地故耳。升降之机有二，或用电力，或用手摇，俱属两便，左旋右转，适志如心。石室顶上用灰泥、小石、细沙三物黏合而成，极其坚固，实能御敌弹，其上再铺浮土一层，俾生青草，所有炮架各罩无不隐藏于内。室顶前面居中又有望台一座，式同炮架，内置燎望电灯一盏，藉以观敌。室后左右两翼又有炮二尊，口径五十生的七密里。台下兵房多间，足容二千兵众，步队炮队皆能容隐，但承平无事，防守只有百人，统以参将一员，哨弁数名而已。弁兵卧具、食具、栈房各所，虽属朴素无华，均极洁净。且台中环洞及各处房廊皆用电灯照耀，虽系稍侈，盖所以防火警而昭慎重耳。此外尚有炮台数处，登巅远瞻，隐约如在目前。遥见二台之顶，炮架皆有三座，迤逦相连，互为犄角之势，然却无论地势之高下，各随地势筑成，全无显然堆砌之状。兵官服色制与法同。查此台形势与巴黎之维尔纳夫三查尔时炮台制造工程精固无殊，但巴黎炮台只有炮架，而此炮台地势尤为宽阔，且一台计炮架五座，此外更有数台互相接应，瞻前顾后，无隙可击。所谓宜平不宜高，宜隐不宜显，合观此二台，深得地利而睹形胜之全欤？

二十五日午后，晤比王太子阿拉柏于比宫。该王云：“公等日昨往游何地？”答以“巙山炮台，足见贵国防维精密，制造精详”。

该王云："我国自励精勤，罔敢稍懈，至于一切制造，不过黾勉从事工程，期取信于友邦耳。"

安法尔司商埠

二十六日卯初刻，搭乘火车往游安法尔司海口，至则管理工程总办罗沃伊野相与陪游。查安法尔司一埠，亦即安法尔司省之会城，在比京伯鲁赛尔北境，相距四十四法里，在爱斯哥江之右，江流入芒斯海峡，为欧洲大商埠之一。四周有暗炮台，长三千五百迈当，宽一百迈当。货栈数百楹，结构相连，纯用铁造，基用白石修砌，栈无门窗，势若长廊，各货分储满栈迤逦。有运货之机依岸分置，计四十余座，每机马力三百匹，能起百二十吨重物，旁有铁路二径，以资转运；又有水力总机房五所，马力均在千匹，力大机灵，藉以上下货物，分力以供各起重机之运行。一千八百九十五年，进口汽船计有四千七百十号，载重五百三十二万二千二百六十二吨，进口货值二千七百零三兆八万零七百八十三方，出口货值二千四百二十四兆五十六万零四百二十九方，在此分运货物计一千二百兆八十七万三千九百六十一方。缘其地处欧洲之中，水陆俱便，易于分销。故各国船只、货物，趋之若鹜，如俄之煤油、瑞典之木料，存储尤盛：煤油俱置囤中，用钢造，式若围城，数逾千计；木料则用机器锯成板片，平直高下，堆垛整齐，是厂相连亦有数十家。此外，本处制造他物各厂，如织布造泥等类，更复不少，出产连贩他国者，数足相抵，其商务之隆有不期然而然者也。地设巡抚一，现系男爵乌西然瓦特，其下有府尹等官，分理公务。今比国外部及驻华比使，相请中国派设领事驻扎该埠，是为维持商务、保护华人之计，该巡抚于席间亦谆谆以此事为言。[①]

乌博根造船厂

是日午后,往乌博根廓格立尔造船厂。是厂在爱斯哥江滨,距安法尔司埠数里遥,有廓格立尔分设之造船厂。总办事英人黎嘉,副办即善兰廓厂总办葛兰纳之子,名乌居斯得。厂基阔六顷,每顷合一万迈当见方。中有造船坞三,又旱船坞一,长四百英尺,宽四十五英尺,坞口有活闸,直通爱斯哥江。乂乂[②]旁建阶级,以便船只下水后在彼装饰器具,安置炮械。又大机器房一所,系将钢铁板等件为钻眼、轧曲、刨光等事,其余转机亦附焉。又锤钢厂、锯木厂、梁架厂各一所。其造船中需用小件机器,系在厂之廊下。入晚俱用电灯照耀。查一千八百九十五年,该厂为比王采地贡果国造成邮船一,为俄国赛马兰公司造成汽船三,为俄国往来黑龙江造成拖船四,为俄国尼百江造成客船一,为贡果国造成汽机渡船一、又明轮汽船二、可以拆卸之汽船一,为安法尔司造成开水汽船一,另有各项大船托波拆操修理者,为数亦众。工匠约六百余人,每(人每日)工资自七十五生起,六方五十生止。充该厂之量,每年可炼钢四五千吨,造大海船四,行江船十。目下承造各船,系为比国、俄国、瑞典、丹马及美洲之阿尚丁等国,为数亦有十余船舰,惟内河船式可分可合,便于装运远行。各船厂皆有此说,但闻其语,其如未见其船何。

---

① 按:吴著中第535—536页,对安法尔斯埠考察的情形记载颇详,当地省长及夫人、商会会长均出面接待凤凌、吴宗濂,交谈中谈到同年李鸿章访问当地时的情形,此外,商会会长当时即提出中国商船至比国直接进行贸易的可能性,并建议中国在当地设立银行等事。

② 按:据吴著第525页,此处为“又江叉”。

惠得仑火药厂①

二十七日辰正，往游惠得仑王家火药厂，总办商人里培克特父子导引各处。厂地约广十一顷，周围绕有环沟，其内遍植树木，景致清幽，而厂房疏落，即在树木丛中，以防意外之虞，俾无碍大局也。造药之料，曰磺，曰硝，曰炭。配合之法，硝约居百分之七十五，磺与炭各居百分之十二有半。磺出于义大利之拿波里埠昔息尔岛或法国之马塞、比之安法尔司，硝则全由印度运送厂中。购到后，磺加研磨，硝加洗炼，煞费工夫，炭乃一种新金山之白木烧成，厂购其木自行烧制，故炭质迥异寻常。三物先则分磨，继则合配，参互错综，务使均匀。磨具全用机器，电力运行。火药有黑色者、有棕色者，有作芝麻式者、有作六角梅花式者；芝麻式者为枪弹所用，梅花式者为炮弹所用。其造梅花〔式〕药块之机器中有梅花式之钢模十槽，配成之药末由上之药斗中下流，其上有垂压钢柱一排，式与模样同，药流满槽，柱即下压，模有活底起机，式亦如模，是以钢柱一起，药块即由模中自出，须臾数块，一律匀齐，重轻等量，且坚实若木，然后运至烘干房，以蒸汽烘之。已成之药储于地隐，石室门前有站兵执枪看守。电线绕树穿林，消息直达厂外。药样房系在林外，药类分置匣中，上罩坡璃。但梅花式药块为用最广，该厂即以此药驰名。总办执药块一，以洋火从中孔燃之，竟无烟气，转瞬即烘。该总办谓，中国从前曾在本厂购办火药若干，如刘芝田中丞、陈敬如军门，及胡荫菊、游步云二明府，曾到厂游览云。

---

① 正文原题为“火药厂”，据书前原目录及本卷封面之标题改。

查惠得仑，原比国拂郎特省之市镇，厂在是镇附近，遂以镇名。一千七百七十八年，有安法尔司人古柏尔者，在彼兴建厂房；一千七百七十九年，开工造药，初仅小试其术；一千七百八十五年，始代奥国承造火药，其时此地尚隶奥国版图；一千七百八十七年，古柏尔与安法尔司之浮侯马伦合股，厂本增益；一千七百九十六年，地为法据，厂因封闭；至一千八百十六年，自比立国，复睹升平，古柏尔之子会同马伦重振厂业，加以扩充；一千八百三十七年，马伦因折股，遂归古柏尔一人主持，造药改用新法，整顿经营不遗余力，一千八百四十二年，诸务甫峻，古柏尔遽卒，厂遂改为公司，由同姓之德门古柏尔接办；一千八百四十七年，比王因该厂火药精良，特赐厂号，曰王家火药厂；现以礼培克德为总办，其子副之。有分厂二处，一造棉花火药及无烟火药，一造轰山开矿之炸药。是厂地基逼近爱斯哥江各运河，陆路兼有铁道、马路，火车、马车易于转运，尤为天然利益。

箍轮厂

是日午后，在火药厂接到比国前兵部大臣孛拉希恩之弟来函，约于是晚观伊厂，当由惠得仑遄返，游阅该厂。厂为冷箍车轮机器之厂，凡马车木轮成后，须加铁箍，谓之车瓦，但中国系用弯弓铁块接搭凿钉，此用整铁圈，谓之轮箍可也。旧法系将车箍烧红，后拍上加钉，兹谓是法木轮不免受伤，难于经久。孛拉希恩之弟，首创箱箍轮一法，全赖机器，机如碾磨，周有活榫，开合松紧无不咸宜，无须用火烘烧，将箍冷套于轮，置于机器槽中，随将机柄摇动，则周围活榫自缩渐紧，而其中铁箍即被挤轧而小，衔住木轮，万难脱落，更不用一钉。厂在伯鲁赛尔京城城外乡间，他处设有分厂，藉以示人，并为各车轮施此工作。

爱拿玻璃厂①

二十八日卯初刻，由比京客寓起行，辰正至爱拿省，观玻璃厂。厂名沙尔勒洛沃，地跨桑博尔江，在比京西北隅，以铁路计程，相距七十二比里，与法里同。该处城镇名罗罗镇，厂即在焉。厂原纠股集成，每股百方，共五千股。地广五顷，房楼巍然，工匠千数，专造大块玻璃，以供门窗、屋顶、大镜之用。其料用白砂、石灰及炮制之硝磺等物，先用大机器磨研成细粉，继入风箱搅匀掺合，历时十八点钟久，始置诸泥罐。罐高三英尺，对径二英尺，以罐封置炉内，用煤气火烧炼六点钟时。炉凡四座，每炉置十六罐，储玻璃粉八百启罗，料已成汁，乃用长铗夹讫，将罐提出，置于车上，推挽而行，直至模架间，复用起重机钩起罐耳，另有一器使罐侧转，将其中流汁倾注于模。模长二十迈当，宽十六迈当，两边置有铁槛，高低随时酌定，一面倾注料汁，而用重铁轱辘依两槛滚轧而过，霎时模间所受流汁即已坚硬。旁有烘炉数座，其中热度与模上成块玻璃之热度同，遂将玻璃连模推入炉内，烘逼一昼夜，直至热尽凉生为止，乃始取出，置于磨擦机车之上。此项机车凡十余副，式如中国之戽水车盘，惟其大倍之，下有铁座，上有盖盘，盘与座之中间置应行摩擦之玻璃片，盘转而座不动，盖盘之上又置小圆铁盘数十，小盘有活转柄，往来推运，不啻手摇其柄，每机用一工监视，时时以紫色砂泥倾

① 原题为“玻璃厂”，据书前原目录及本卷封面之标题改。

添于玻璃之上，磨至五点钟久，始卸玻璃，再加考察，裁剔其疵而取其纯，然后移置水硍（银）房，将水硍（银）配合之料注于玻璃之背，再用红漆涂抹，迨干，则大镜成矣。若不铺水硍（银），配置门窗屋顶者，另有一厂熔化，与前法同工，惟质料稍粗，尺寸加厚，倾注时，机模中置铁钢一片，经轱辘轧过，铁钢适在夹层中。是厂物件广销欧美两洲，且及中国。特中国所定之货，只有镜面玻璃，且尺寸窄小，长六寸宽四寸，该厂亦莫名其用。总监工姓勒克雪格，各股东公举之总办姓爱乃。是晚六点钟起行，子正抵巴黎客寓。

二十九日晚酉刻，搭坐快车往游义大利国。查各国快车皆有定时，开车恒在卯酉二刻；若逾时而搭慢车，沿途遇站即停，以便行客随时上下；快车则所经大镇始行停轮，且马力加增。车箱外亦有走廊，饭厅并卧榻中侧咸备，但此等快车多有无三等车位者，时鸡鸣途经瑞士国界，第见远山丛树，景致清幽，序属初冬，迎眸苍翠，山藏积雪，岭遍松柏，旷野则麦陇翻青，寒畦莱秀。下午入义国界，迭穿山洞，洞路极长，丛树乱山，林飘黄叶，村野依稀，平野之桑树成行，腴田之葡萄满架，铁路亦通衢达巷，灯乏煤气，乡间之田园灌溉尤鲜水龙。迫近罗马都城又是一番气象也，水管在墙垣高处，乃古迹之所遗，至容煤气之锅，发电灯之厂，所在多有，然不似英法之奢华、糜丽，及道途之平净，亦稍有间耳。

卷之十二

光绪二十二年十一月初一日，抵罗马义都。闻是都以十二山归并一城，地势高陷不齐，所建楼房亦随地势，工程浩大，气象万千，但曩昔尚无烘炸火药，制造全赖人工，使于今时，定能高下一律匀齐，何难康庄平坦？比京以七山归并，此较比都尤觉阔大耳。

初二日，星期，午后谒外部尚书子爵佛纳斯德。谓："本国与中国交谊已久，公等至此，自应格外关照。今本大臣现已咨照海部，游历一切，可往彼处商榷。"

初三日，往谒海部尚书侯爵博霖。谓："前派海军副将宽礼巴第奉使往华，业将本国制造略为陈述，以求信于友邦，并蒙贵国政府优待，感荷良殷。今公等来此考求制造，益见敦笃邦交。惟烧煤油渣一法，乃宽礼巴第创制新法，伊现因公出差，当即调回，委与陪游，俾资考究。所有各厂、各埠皆有可观。惟炮台一节，本国例禁綦严，碍难从命。"继云："现闻贵国在德、英二国定造快船，将来所费诚不赀矣。"乃复寒暄数语，遂派制造工师德拉佛沙陪游，订于午后往观德尔呢炼钢厂。

德尔呢炼钢厂

德尔呢城在喃拉岛中，隶义国翁孛犁省，处罗马之北，相距百余法里。厂为商家纠股设立，总办梅礼须尔甘及希徐司蒙提，专代各国公司承办钢件。厂前竖置木质船舵一具，湾（弯）曲欹斜，硕大无比。已验之坚钢板块，陈列多端，板上弹眼全无穿透，周圆却无纵裂之痕。钢由炉中提出，犹须去净渣滓，火门一启，火焰冲空，起花万片，下有验火之具，式若高亭，周嵌玻璃，对亭看火，以验渣滓之净否，始见亭中火焰色分五彩，渐而绿减黄消，终而一派通红，则渣滓去净矣。所炼之钢不一，有铝钢、别色麻钢、麦丹钢：麦丹钢，掺镍百分之五，可作钢甲，掺镍百分之三可作炮台；别色麻钢可作铁轨；铝钢者，钢中掺铝，最为坚纯，可作枪管、炮身及钢片等件。厂房厂基俱极阔大，运动机器全用水力，水由厂东六法里外之瀑布而来，此瀑布名马尔吗拉，自一百六十五迈当高之浮里拿山倒泻而下，力甚猛厉，该厂因势导利，设法取用，以运各机。其北三十余法里，有煤矿一，煤色淡黄而气息甚恶，就铁道运煤到厂，炼烧成气，其气贯注炉中，即成纯青之火，炼钢良佳。此该厂所得自然之地利也。加以工资微薄，开销较省，则又得人和，故钢价廉于他邦，而钢质实匹于他厂，今英人分设之阿摩士庄厂每购斯厂炮料即明证。

拿波利埠火山①

初四日，会同副将宽礼巴第赴拿波利海口。途次，宽谓："公等前见海部尚书所谓'中国现造快船，将来所费不赀'，君知其意否？"凌云："我国正当整顿海军，凡造船制器自应不遗余力。"宽谓："非海部尚书意也。今中国多造快船而无钢甲，故发此语。缘

---

① 按：正文原无标题，据书前原目录及本卷封面之标题补。

义国有护甲快船两艘，护有薄甲，为义国所创造，英、德造快船专尚速进，倘遇战事，用以截夺商船，兼可探敌报信，与钢甲相辅而行，非恃此船可临敌也，故有快船仍须多造钢甲，此博尚书所谓所费不赀之意耳。”

午前抵拿波利，谒见水师提督古尔希，订于翌晨游厂。是日星期，例应休息，午后往观火山古迹。是地原罗马故都，因地震山崩，满城埋没，迨千年后开挖，人物楼房俨然尚在，第见残基颓址，半壁缺垣，接修整齐。是地有五星诸神古庙，遗像犹存，外墙都抹红灰，内壁鲜不彩绘。挖出之完人，色若石灰，尚存发齿。又有古瓷铜瓦诸器，罗陈安置，以备游观。火山绝顶，昼见恍若黑云突出，凝而不散，晚则若霞高起，尚非火焰腾空，此固千古之胜迹，观此亦非偶然耳。

初五日辰六点钟，往游各厂。

好笃恩哥碑兵船锅炉机器厂

厂由好笃恩、哥碑二人合建于拿波利。厂势宽广，工匠四百余名。机件纵横，入望皆是专代各国承造各式兵船、锅炉等件，计自设厂以来，历为义国政府制造锅炉、汽机共十四副。谨将近年所造各式兵船照译原书，计开于下：

一、置沙尔覃业钢甲巨船，马力二万二千八百匹。

一、置贡非盎柴探敌报信船，马力二千二百匹。

一、置排尔提两腰护甲快船，马力六千五百匹。

一、置伊利特两腰薄质护甲快船，马力四千匹。

一、置喀带飞咪两腰薄质护甲快船，马力四千匹。

一、置爱尔碑两腰护甲快船,马力六千五百匹。

一、置喀拉博利亚两腰护甲快船,马力四千匹。

一、置浮司笃华沙呢头等两腰护甲快船,马力一万三千匹。

一、置佛雷司头等护甲快船,马力一万三千匹。

一、置爱芒呢哎尔飞里孛笃钢甲巨舰,马力一万三千五百匹。

仿照笃尼克洛夫特式,造成鱼雷二只及汽机锅炉等件;又仿照德国希沙式,造成鱼雷船两只以及汽机锅炉;又为南美洲阿尚丁国定造头等护甲快船名然纳拉尔桑麦丹汽机锅炉,得马力一万三千匹之力,此则是厂可举以告人者,如数家珍耳。若现在造而未成各船,亦有数类,兹不赘述。

巴低胜商轮厂

此厂在拿波利,现为厂主巴低胜两昆弟主持,年皆在二十以外,虽承先业,各能精手制造,故能胜任而愉快。厂与前厂相近,不过略观其梗概。是日所见者计有商轮二只,运水船一只,各船身俱已垂成,不久即可下水,长各在百迈当内外。此项之船专走美国一路,为义国商船公司所定造;运船造法与众不同,惜其内布置尚未完全,莫察究竟,盖专运淡水接济兵船,为义国海部定造者也。

拿波利官船坞

拿波利跨海湾之右,为义大利南境商埠,即拿波利会城,处北纬线四十度五十一分四十七秒,巴黎东经线十四度五十四分五十七秒,在罗马东南相距二百零五法里。户口四十五万。形势严整,巴西泼山扼其背,浮徐佛火山处其东南,喀波喀、善德、阿佛沙三阜在其西,而地中海汪洋结淼则在面前,纵观即是。埠之周围,宽广得十六法里。西北有散得模炮台,居高临下,管摄全境。西南有欧夫及萨笃纳夫两炮台,该国不以炮台示人,故可望而不可即。

当至附近之官船坞游览。坞基不广,盖因前数年已设新坞于师班西亚,新坞[①]是坞仅如告朔之饩羊耳。今坞中仅有粮食栈、机器房数所,以备接济兵轮修理之用,兵船泊有大小快船、雷船十余号。当登马尔哥巴洛钢质快船,查是船于一千八百八千九年下水,长百迈当,宽十四迈当,入水五迈当八十生的,压水力四千四百六十吨,暗轮二,马力一万匹,速率十九海里,煤装六百吨,所置炮位计有十五、十二生的口径者各八尊。继登爱尔排钢质快船,船于一千八百九十三年下水,长八十三迈当,宽五迈当三十生的,压水力二千七百三十二吨,双暗轮,马力六千五百匹,速率十九海里,弁兵一百四十七名,炮位计有二十五生的口径者二尊,十五生的口径者六尊,快炮六尊,罗登飞小快炮二尊。两船布置齐整,纪律严明。鱼雷筒各于首尾分置,惟安置鱼雷筒座则有新式,因诘其妙。谓:此式炮座可以对准来船一直竟去,其力则甚猛而有准,不似旧式雷座出筒时势极高,然后沉于水面始能直前,力既缓而无准。至汽机锅炉,式虽稍异,而规矩法门实出一辙,但云新奇灵妙处全在能增速率耳。

波锄里阿摩士庄炮厂

午后三点钟,乘三马登山健车前往拿波利海湾游观。该厂海

---

① 按:“新坞”二字似为衍字。

边山岸虽高，下湾环修筑尚属平坦，中途所经山洞，约行二刻之久，始出洞门。查波锄里为义国地中海之小埠，在该省海湾北口，处拿波利城西北，相距十法里，户口九千名。是处有英国阿摹士庄分厂。初，义国所需炮位皆须仰给他邦，因请英国阿摹士庄至其地分建此厂，约定工匠夫役，皆用义人，义国所需水陆大炮，悉令该厂承造，照给价值，而厂中经费则由英厂自备，如是者盖已十余年矣；迨后义国人材倍出，不数年，尽得其技，故现今该厂不但工匠为义人，即总办至工师皆隶义籍。所制炮位，前二年曾代英国阿厂造成二十四生的口径之大炮二十四尊，现又代造十八尊，工竣运送英厂。而本厂初不以拿波利分厂工值较廉而取价肯贱也，是英阿厂生财之计，固（因）工而在义分厂，所用之义人，工精料实，亦于斯可征矣。但该厂尽得阿厂造炮之法，只专造炮，不似牛喀司阿厂制造之全。厂临海枕山，极得形胜。大机器房一所，长一百三十迈当，宽一百迈当。起重机十六架，自五吨至七十吨之炮件，俱能悬升移动。钻凿切刨小件机器，计有三百十副，其大件机具有：炮膛镌纹之螺丝杆十二副，内长十二至十五迈当者四，自七迈当半至九迈当者八；刨床五座，各长十五迈当；盘车二具，对径七迈当者一，四迈当半者一；水力压机一座，重五百吨。凡炮体、炮箍各料，俱由德尔呢钢厂购运，故无烦自行鼓铸造就。各炮也须移入考验房，由政府所派炮队兵官逐一验视，不合则剔之，合则接收，方可发寄。此不独造炮为然也，即造船、造机向例如此，亦各国如此。即在他国制造各器，所派监工、验收之官，不过一二通晓制造之员，所以不敢受蒙也。是厂兼造炮台，炮架则运动极灵，台则屹然镇峙，规模无殊英厂，大炮有重至一百一零五吨者，快炮自二吨至七吨有差，前一年内计造大小炮位共百十三尊。厂基虽不如牛喀司本厂之大，然专造一门，尚属可观。厂之内外遍筑铁路，以资运物通达，直抵码头，建有起重之机，以便炮件到船运往他国焉。

初六清晨，由拿波利海口起行回罗马客寓。当于下午往赴外、兵二部辞行致谢。凌等自到罗马，自游厂日起，凡游各厂车店等费皆海部预备，辞让则至意不肯，固是未便耽延，当赴里芜恩、师班西牙、热纳瓦等处，计与归程较近，故未复返义都耳。

初七日晨八点钟，由罗马起程，前赴里芜恩埠。里芜恩乃义大利西北海口，隶笃斯喀省，距罗马一百余法里，户口九万余众，是埠设有制造各厂焉。

乌郎度商船厂①

乌郎度一厂，乃弟兄四人通力合作，主持厂务，先是伯、仲在然恩之毕喇地方为制造工师，嗣因奉义国工部尚书伯爵喀务尔之命，造成铁质明轮汽船一只，为义国自造铁船之始，船名昔息里亚·乌郎度，遂得见重于世，是以续经定造之船络绎而至。前为北阿洲之马六嘉国承造炮船一只，刻已安置炮位，装饰齐全，专候该国验收，现因法国侦知，恐马因得此利船将不利于其所属之阿尔及耳地方，故特霸阻不准提取，马慑法威，迄今竟未擅动，该厂现拟请主出售是船，沽待善价。计其自始至今，为义国及他国造成大小战船已有四十余艘，中最巨者为义军之钢甲船，名来邦笃，长四百英尺，宽七十三英尺零六，高五十二英尺，甲厚十九英寸，压水力一万三千八百吨，马力万八千匹，速率十八海里。现厂中下水已成之船有三，

① 书前原目录及本卷封面所题标题，均为“乌郎度兵商轮船厂”。

造而未就者有四，皆他国定造，另有承修之船二，则系美国游弋地中海之兵船也。至其炼钢熔铁厂基得九万三千平方英码，制器厂基得二万六千二百平方英码，船坞地基五万平方英码，中有旱船坞一所，坞中能容五船。炼钢之厂，置高炉五座，起重机数架，备造汽机锅炉。装配机件之处，厂长四百四十五英尺，宽七十三英尺，机器尽属新式，灵捷异常，铁轨电灯内外皆是，工匠一千四百余众。

附乌郎度厂为马六嘉国承造炮船节略。现拟出售。

船体

全身以麦丁西蒙钢料制成，中腰双层护带，下舱面障水门与煤舱相通，煤舱环锅炉机器舱而结构，以隔墙十三层分全船为十四格，房舱、底舱俱用电灯照耀。

尺寸斤两

船长六十三迈当五十生的，每百生的为一迈当，每迈当合营造尺三尺有零。宽八迈当十五生的，深五迈当四十生的，入水三迈当六十生的，压水力一千二百吨。

炮位

阿摹士庄炮，口径一百二十密里一尊，口径一百密里者五尊，又口径三十七密里者四尊，施格达开山炮口径三十七密里者二尊。放鱼雷筒一具，在船之首。瞭敌电灯一盏。

机器

汽机一副，三重涨力，号马力二千四百匹，正备用水锅齐全，锅面极阔。

速率

纯任自然，每钟行十四海里，加力速进，每钟行十六海里。

煤斤

煤舱容煤二百四十吨，倘减力缓进，每钟行十海里时，则所有之煤足敷行走五千五百海里之用。

船价

全船连炮位及舱房装饰实价法金一百八十万方。合库银四十五万两之谱。

水师武备学堂

学堂在里芜恩，逼临大海，房楼极形巍焕，点缀亦甚裔皇，地近乌郎度厂，遂于下午往观。是学堂建自一千八百八十七年，章程三百十五条，课程分班，统归海部尚书节制，每年轮派现任之副水师提督一员为督办，教习、监院俱从水师人员内挑选。学生一百二十人，昼夜住学，每日除授诸生艺学外，须乘桴出海，历练风涛，每年环游大洋一次，初入学时纳资八百八方作衣履费，另每年各纳津贴八百方，统计须三千二百方。合银八百两有零。现充督办姓马尔基，是夕亲自导引遍观一切。

入门即督办办公之所及学生会亲大厅。凡歇课时，准其亲眷前来看视，限有定时。厅内陈设华丽，座位新洁。再进则为学堂、书库、船样院、器械厅。学堂分两所：一听讲，一诵读，各有定位，分桌列座。书库储英、德、法、义文字书籍，大率关涉水师学问诸书，为数不下万种，听诸生随时检阅。船样院，凡义国自有兵船以来由旧而新各项式样无不备，有器械、锅炉等件，有置于船样院者，有置于外面者，无非欲令诸生按式考求，易知要领。器械厅，自大小炮位、钻弹、炸弹，以及鱼雷、伏雷、快枪、手枪，莫不陈炫，有浑然整质者、划然两开者。海底碰雷，乃以钢绳系沉于海，敌船触绳而雷立发，雷式圆形，似搬指套盒，下垂铁坠；电线发雷一具，形若圆球，亦有练坠。火药分门别类，咸陈于玻璃罩间。又有百吨重木质炮样，容药二桶，炮作两开，是欲诸生习见周知，毫无疑窦。海滨宽敞，置有木船，桅竿高竖，周系软梯，下悬铁网，以备诸生缘梯升桅，以防失足。室下地隐有练身厅一所，诸生斗剑、习拳、纵跃、猱升，咸于厅内练习。又有医室、药房，学生患病令居其室，由专司病事人服伺。亦有妇女，一如英国之名纳司者。又有改过静室数间，学生如有倔强懒惰，或犯学规，禀明督办，监禁示罚；室中墙壁洁白，然只有一板一桌，板置睡具，桌备读书，禁限自五日至半月有差，视所犯过愆重轻而决。楼上如诸生公共卧室，彻夜有巡查官兵查看。诸生除课程外，行有余力，则至操场演练施放枪炮，或上文所云各项杂技，或登划船、汽舟，冲驶于波涛之内。规模宏备，教法周详，洵得武备之实学焉耳。

是晚酉刻搭车起行，前往师班西牙海口。

初八日晨八点钟，往游师班西牙海口官制造局兵船坞。师班西牙滨临地中海，在然恩省城之东南，相距八十法里，户口一万四千，现任为水师副提督马念劬为督办。

师班西牙制造局兵船坞①

是制局滨临大海，地接船坞，为义国水师制造屯泊兵船之总汇，修建刚及十年。中有制炮造台、造弹各厂，及机器、锅炉、钢甲、

① 按：书前原目录及本卷封面标题为“师班牙官制造局兵船坞”。

钢板、修理兵船，无不各有专厂；又有粮食栈、物料厂、木器作、考究船样房、绘图处、修船之旱坞。局中各厂内机器崭新，房楼巍焕，形势既胜都隆，制造且多秘法。当见造船厂中现制一船，舱内机房及各要害处之夹墙内填满软木漆胶，即酒瓶塞盖之木，用黑胶黏合一处，取其性软而涩，弹触难透，沾水即涨。火药药弹各舱夹墙内填榇绒絮，绒若柳絮，火燃不着。是为临敌过险之助耳。更有密室一所，系用蜡造成船样，在水池中试验抵力、拒力，试无不合，迨验尽善，然后发厂饬造，故每船式样虽稍有不同，无难配合咸宜，俾臻绝妙。即今称雄之德国，因与义密联，每造兵船尚多就正于该处。是处所房长阔，中一方池，远及半里，下以验船，上有电气，自行木台可登而上以观船行。至其所有兵船见于万国船谱者，计有头等钢甲二十一号，中以五船为最巨，各长一百二十五迈当有零，马力一万八千至二万二千八百匹，二、三等两腰护甲穹面快船六十四号，鱼雷船、鱼雷猎船一百八十号，海底雷船一号。船坞分三截，地位宽阔，足容大小战船数百，现泊大钢甲六号，头等护甲快船十余号，大小鱼雷艇四十余号。

当登来邦笃钢甲巨船。管驾为甲必丹善奇，船中弁兵纪律森严，规模整肃。除船身尺寸已详前章外，查其工成下水即系在一千八百八十二年。前后活炮台内，各置大炮二尊，口径十一生的，重一百零三吨；马克心罗登飞快炮四；中船内有十五生的口径之炮八尊，十二生的口径之炮四尊，梅花机器炮十四尊，放鱼雷筒五具。弁兵共六百六十四人。

继登沙尔罩业钢甲巨舰[①]，船身尺寸速率与前相似，惟于六年

---

① 按：据吴著，此处漏掉“船为水师总统驻节，总统他出，未遇”。

前告成，式样较新，钢甲稍薄，压力亦轻，马力增，快炮位亦有区别，计前后活台内列大炮二，口径三十四生的，重只六十八吨；中舱内十五生的口径之炮八尊，十二生的口径之炮六尊，梅花机器炮十尊，放鱼筒五具，俱用新式炮座，上舱面管驾房左右各置罗登飞快炮二尊。

旋登小火轮观海底雷船一只。是船密藏于坞之隐处，船名度翻，度翻本海中大鱼之名。为义国水师副将某所造，长四十三迈当。鱼雷二具，暗置船头左右，雷筒约露四分之一，如鱼双目，而却在水内。外观形若巨鱼，仅露其背，背微凸而两旁尚属平宽。前有瞭敌小亭，作六角圆式，周嵌玻璃。船首正中直出一管下垂，式如象鼻，长约一迈当有零。宽副将谓："此防触暗礁，设以自卫，藉可遇触知避也。"全船除中枢鱼背微露水面，余皆没入水中，遇敌可伏二十迈当以下。鱼背直竖钢管一具，径五寸，高丈许，管巅四面旋转，内有回光镜，敌船如被照入，则船底之人视之历历，即知鱼雷向何处开放矣。船尾暗轮二具，每钟速率能行二十一海里，行驶全用电力。船内能容八人。据闻历经试验，成效昭然。

凌前在巴黎闻法国已屡试此式之船，谓能在海内翻折，取名跟头船，迄今尚未尽合；即英商阿林所造此式之船，去岁在新交赤浴堂试验小式之船，虽拟集股设厂，造办尚未有成；今于义国见之，然尚不敢谓义国制造独精。窃疑英、法等国有意隐讳，但一切新奇制造不肯令外人观耳。

旋入澳登第九十九号烧煤油之大鱼雷一船，时已奉海部特谕，整备驶行。凌等盘桓审视，始悉其机器无稍变更，惟锅炉略有添改。其在火炉前面添接扁而且长之钢柜，柜中横叠钢管二条，管间俱有小孔数十，每孔安置横鞘，其在水锅左右添有钢桶二只，中储油渣，底有漏孔，通入炉前柜管，火炉之内周遍涂抹耐火之泥，而中间却空无所有，此锅炉添造之情形也。后登船而见船旁面有铁盖一，启视即容油渣之桶。宽副将命水手取刨花，令沾此油，以火燃之，竟不能着。当疑油渣必配掺他料，诘之于宽。但谓：并无他物，全在用法，渣仍原物耳。但采购油渣时，须用化学器具严加考验，以桑的格拉特寒暑表热至一百三十度，始能发火。每购到后，存乎极大之圆囤内，囤用钢皮制成，如煤气灯公司之火罩，台基厂赫税务司即有是罩。囤临水滨，其墙脚有大圆孔一，孔外系接大管，但船取用此渣，只须泊至岸边，以管置于船面备用之储渣斗中，拧开管门，渣自流出，此煤油渣安放之情形也。油渣既储于斗，则随时倾流于锅旁两桶之中，各有盘绕之热汽管一，是管与汽锅通，故能热汽贯注，其引火蒸汽，系在炉之两门内各置上下二盆，上盆盛渣，下盆盛木花与寻常之油，用火燃点下盆木花，藉以烧热上盆，热盛火透，渣始自燃，乃即抽去下盆；尽在上盆中逐渐添渣，以养火势，迨锅汽沸腾，奔注于渣桶盘绕之管，则炉前柜管因炉中有火亦日渐热矣；如此内外夹攻，历时六点钟久，按海部恐火急有损锅炉，致难经久，故定章程，以六点钟烧热锅为度。倘海面有警，燃以急火，约十二分时柜鞘油渣亦可燃着。总计热度至一千三百度光景夫，而后撤去火盆，开鞘即钢管开小孔之横鞘。燃点，则火焰即喷吐而出矣；而后开动机簧，拨定舵向，船即一往直前矣，此煤油渣烧用之情形也。现今欧洲煤价，每吨在二十五方之谱，合银六两有零。而煤油价刻下虽已增涨，然每吨所值仅在四方，加以自俄运欧之水脚，每吨合十三方，共不超过十七方左右。合银约四两零。且煤在船中占地多而易于着火，此渣占地既小，如过火警，初起时尚可以此浇灭。况煤可以行二十海里者，如用此渣，船之重力顿减，速率自增，约可多行二三海里，用煤百吨之船，改用此渣，即二十五吨而已。足(另)烧煤多浓烟，黑漫矫腾，冲于半空，敌人在数十里外即可瞭见；油渣初着火时，固有火星微射出，迨逾数分钟后，即无所见，烟更渺于其不能窥。烧煤则火夫须时时添煤，畚搗搬运，劳苦异常；煤渣桶口通于船面，只须揭开桶盖，随时于备用之油渣斗内按管加添，煤须用火夫多人轮流值事，此则但须以一人在舱司理开火门，瞻验火候，以一人在船面添放油渣。烧煤则火门内须屡开，其热不可向迩，此则柜鞘火门向内，故火舱之热度更减，人居其中，自可久耐。此煤油渣与煤较比之情形也。凌等时在船内历半钟时候，遂遨游船澳，驰驶大洋，进退疾徐，无不如志，而揆其蒸洗运机之力，全仗煤油渣一物，此灵妙火炉之奥已耳。宽谓："中国如欲采用此渣，当在新嘉坡、苏门答腊或美国产煤油处收购，较为便宜。现该国各船多改用煤渣生火蒸汽，独出冠时，各国尤望尘不及。"

查煤油渣一物，即煤油之底滓也，色黑而汁浓，从前未知用法，煤油厂人恒委弃之。宽副将格物功深，独自心得，前在俄国造煤油处罗致此渣，迭加试验，竟著奇效，遂为其国海军采用，据为独得之奇，不轻示人。故法国海军虽在都隆，拟欲仿办，而究未明用法，迄今有愿莫偿。义国政府愿与中国格外联交，故肯开诚相示，然尚详谆谆嘱托慎勿泄于其邻邦也。据称，中国如欲采用，彼国固肯派员到华教导，即中国派员赴义学习亦无不可，事属简易，数月当可学成。但愿中国政府知我义国制造不逊于他邦，差堪与英、德相颉颃，但求倘有应需制造，照顾义国商厂，义国非徒获利，实足显制造之精，而交谊自当弥笃矣。陵窃窥其意，是欲中国藉学用煤油渣一法而造彼兵船也，否则但学能用煤渣之法，而无是锅炉，又奚裨耶？是雷船，长六十余迈当，宽近七迈当，深四迈当有零，入水二迈当有零，舱面鱼雷筒二具，四生的七密里口径之炮四尊，小快炮三尊，压水力三百余吨，马力三百二十匹，弁兵二十余人。是夕风狂浪激，驶出坞外船极颠，侧见两旁山顶、山腰俱设炮台，山巅之炮较巨，盖攻口外来船者也，山腰之炮略小，备击枪口敌船者也。口原宽阔，故筑石堤一道，横截其间，倘敌船闯进，使不能于台前迳过，施炮截击，良益益耳。此坞三面倚山，结束天成，形势雄整，法国舆图家蒲尔贤许为地球第一善埠，洵不诬矣。

初九日清晨，仍同宽礼巴第起程前往热纳瓦省。法称然恩。宽谓：曩年然恩地方人名克利司笃夫哥隆皮者，往探阿美利加洲四国后，始知有此大地，迄今已逾四百有二年矣。义人每不忘其功，曾于四年前特聘欧洲诸国各派兵船至此海口相贺，以彰其功，计到者十四国，洵为一时盛事。本国政府特命将各国兵船咸照影象，极为华美可观，嗣后装饰成册分送诸国，君民各主无不欣羡爱护，籍考各国船制纯疵时，与中国政府寄呈一册，未审缘何拒而未纳，此图仍存于本处学堂云云。

然恩盎萨度船厂

初十日晨八点钟，往观是厂。厂在然恩省。然恩属义大利此(北)境，省城义人称曰热纳瓦，俗呼沓奴滏。背枕高山，面临地中海，户口二十万，商务既盛，制造亦繁。最巨之厂曰盎萨度，厂主姓蓬勃里呢，兄弟二人，长者为上议院绅，次为水师兵官，克绍箕裘，主持厂务。厂分四处，二船厂，一锅炉机器兼铁轨汽车厂，一制造轮船机器厂。船厂中现为义国赶造护腰快船一艘，又为日斯巴尼亚国已下水之船安置机器，此外搭架承造商船运船，二厂分造共二十余只，各船制式多与前同，无烦琐述。惟问该厂所造两腰护甲穹面快船制自该厂始？据云：近年各国所造穹甲快船，两腰都无护甲，取其轻快，备以截船、探信，遇战且能辅助甲船，非兼善之法也。本厂所造是船，非但各关要处而有护甲，船之两腰均用钢甲护持，但此项钢甲，坚而且薄，轻速则当快船，坚实可作铁甲，一法两用之计也。先是义国政府定造是船一只，工犹未竣，而为美洲之阿尚丁国相恳情，让义复饬照造一船，又为日斯巴尼亚国相恳情，让因而再造一船，限以一年工竣。言之历历，制造可见一斑矣。总署饬查一节，谓船坞内所造军器俱有精细妙法，盖即此耳。锅炉一厂，器具精备，工作繁多，所造暗轮转杆经久不锈。其余布置亦与他厂大同小异，工匠二千余名，分善艺事。

是夕因凌等至厂游历，厂主特令熔成熟钢三桶，浇钢板一方，长约二丈，宽其及半，中作阳纹龙式一条，夭矫玲珑，酷肖中国旗记，两旁作义大利旗式者二，盖藉此所以示敬于中国也。

乌特罗船厂

十一日往游是厂，厂亦在然恩。分设六处，厂业为乌特罗父子主持，专造兵船、商船、鱼雷及关涉船上所用船坞所需各机件。厂内现造鱼雷十余号，商船五只。中有大鱼雷一艇，乃义国海部定造，长六十七迈当，宽六迈当八十五生的，深三迈当八十生的，压水力三百二十五吨，每钟速率三十一海里，煤四十吨，连得淡水、粮食、弁兵及一应器具载重共至三百二十五吨，汽机马力实有八千匹。船身用钢掺镍，内分十格，以防遇险杜塞补救。汽机二副，各转轮一具，每分时能转四百次，每机汽鼓四个，小锅八个，锅中众管结撰而成，热水全在众管，约每一寸见方地位得英权二百三十五磅之压力。烟筒三具。船面有小炮台二：一在船头，内置七十五密里口经之炮一尊；一在船艄，内置五十七密里口径之炮一尊；又快炮四，分置舱面左右；中央平面高出处置放鱼雷筒二，旋转自如，八面可运达。转舵起锚之器，一用汽力，一用手力。又有摆渡划船二只，发电生光机一具，及抽水机、逼风器等无不齐备。此大致情形也。闻此船除炮位、鱼雷另算外，该船实价计需法金一百六十万方，合英金四万二千四百镑云。厂中亦有修船旱坞，坞通水面，坞之前有活船，可直泊是处，而起闸泄水，船体显露于外，修理自易易耳。锅炉厂中制法则易地皆同，纵汽机锅炉制式不一，而矩镬所存，要在领会，略为改变，即为新式。然每出一新法，必经其国家考验是否有异寻常，验果不虚，给与执凭，而是物即以是人名之也。窃查锅炉一机，工艺最精，即外面之钢罩，系属两层，周围排满钢钉，每关一钉须用人工，非若他机用模浇灌浑沦而成者也。

附录　法国海部官制

尚书一

由首相荐于国主，降旨派授掌辖全国海军事务，任无年限。如有大事请于议院，不获见允则退，倘原保之首相辞职，则与俱退；惟责任重要，熟手宜资，故后来首相每有招之复任者。溯法自大挫于德，第三次改为民主国，迄今有二十四年矣，海部尚书共易二十二员，其中非水师出身者只居其四。前尚书姓培司那，秩居水师总兵，年六十有三，固水师名将也，肄业于水师学堂。年十七学成出仕为小兵官，历练有年，迭著奇绩，旋在总统地中海师船之查雷总戎处为筹笔所领班，继以副将，往中国海面统带巡船二载，回国后推升总兵，在海部总办海图船样事宜及稽查师船等差，未几擢孛来司德埠水师府尹，去冬因海部尚书福尔举升国主，遂由首相李宝荐承斯乏，乙未九月李宝告退，继之者为蒲属沃，而海部尚书因之亦易。现在海部尚书为鹿克罗沃，本下议院卿，向来留心水师事务，历膺水师查勘大臣，屡著功绩，故特以此职畀之云。

总理处

水师总兵一，为营务处领班，兼充尚书房总办；水师参将一，为水师总兵中军官，兼充营务处领班。

营务处 副领班一，水师守备充之。

第一司 水师游击一，为本司领班，副以水师都司二，考求各国水师兵力、各国海疆防务，汇集各国船只、炮位、弁兵、经费四项卷宗。

汇集派驻他国之水师随员函牍。

考察该随员等及他项出差人员之详报，考察本国及他国日报所论水师事宜。

凡采用各条悉行归并存档。

第二司 水师游击一，为本司领班，副以水师步队游击一，水师都司一。

考求本国兵船坞及各海疆之防务。

汇集兵船坞、商船坞所置炮位，所备经费各项卷宗，与兵部藩部会商海岸及属地之防务。

掌理炮台防务，掌理屯驻水师处所及阿耳及尔之电线、电标、雷船防务。

掌理战时通道事宜。

与邮政电报局互相联络。

掌理海军所用之气球事宜。

调度水师。

第三司 水师游击改为本司领班，副以水师都司二，汇集战船、弁兵、军器、粮食四项卷宗。

汇集商船数目，商船进项卷宗。

会同船务司匀配战船队伍。

调度战船。

总理条诰事宜。

预备岁操事宜。

考求各项武备。

与各项勘议事件大臣联络一气。

掌理机要事宜。

清档房　水师守备一,掌收档案。

船务司　水师守备一,为本司领班,又副管帮管各一。

掌理调遣船只事宜。

掌理后备船队事宜。

掌理运兵运物事宜。

会同营务处知会各项稽查委员。

会同营务处知会战船分统及一应出差人员。

此外兼差系掌理水利事宜。

节制水利各官。

察看水利。

刊印实学论说游历记载。

搜求有益行船之雅器仪器。

会同营务处第二司办理电标事宜。

尚书房　总办一,即筹笔所领班,水师总兵充之;副办一,即筹笔所领班,水师守备充之。

尚书房传宣官　水师都司四,水师步队守备一,水师炮队守备一,陆军炮队守备一。俱为海部尚书传宣一切。

尚书房文报处　正管一,副管二。掌理开拆文书及登记派发等事。

汇集所办事宜呈奏国主。

不涉本部各司之事,悉行开发;关涉本部各司之事,悉行汇集。

经理议院及都察院来文。

转发谳堂关提人证之文移。

汇集水师员弁之申详。

汇集电文电码。

以文件交部局转递他国。

掌理移咨他部之文件。

掌理因公人员乘搭火车之免价票据。

则例房 明例官一。汇集本部各司与则例会中商榷事宜之各项卷宗,考核援例干请之事,俾资准驳。

管理本部各事宜应如何援行例案之处,为之斟酌拟议。

管理本部及属员等被控之事所担干系。

接收谳署移咨本部尚书之文。

考核查勘大臣之案稿。

办妥水师弁兵之生身据。

经理异国人之充当水师者自请入籍事宜。

凡报效银两及遗嘱充公之款应否接受为之查核例文。

本部一应斯章为之考求其例,斟酌其辞。

书记房 书记官一。办理私函或系尚书订期见客或遇有机密事件皆为之拟稿作信。

稽察处 领班一,副管、帮管各一。

其应先查核加戳方准照办者,计开如下:

各员调补、升擢之文凭及增添人数或出差本国、异国致有应销、应支款项。

凡由上所嘱或为下所请一切拨付匀摊之款。

所谓加俸加奖或给公费等项,又定购物料商故事件及订立合同等。

各项应引部章之事及各司援例相争之事。

承办物料之商人或请还押款或请准宕欠或请予减让各事宜。

所请给予坐俸及恤款事宜。

国家久拨经费或他部父解款项事宜。

此外兼差系覆看各司之办公文卷。

监视经办专员在巴黎与商人议价及验收物料。

稽查水师残老院事宜。

细考本部支应之流水帐。

代海部尚书致公函于各埠各厂之稽查官。

派员调员稽查事务。

总管员役所　水师总兵一，为本所总管，副以水师守备一。

第一项襄管所　水师守备一，为本所襄管。

襄管所甲字房　兵船内营务处。人员：首领一，即上文之襄管兼充，又协领副领各一。

掌管水师大员之会议事宜。

掌管水师总查官之聚会。

掌管水师官弁升迁次序。

掌管水师工程会议事宜。

掌管水师官督议或预议之巴黎会议事宜。

掌管五口水师府尹公署。

掌管水师官及机器师之编队事宜。

掌管五口各学堂之说理讲书事宜。

掌管水师初学学堂及优生历练学堂事宜。

掌管比考事宜。

掌管各学生之出学名次。

掌管该生等游资奖赏及初次入队事宜。

掌管五口官熟(塾)之学生游资。按以上游资,凡学生考在前列者,皆得此款约一二千方不等,由海部派员率领往游各处险要。

掌管苏里冈之天文坛。

襄管所乙字房 管派充水手。 首领一,协领、副领各一。

掌管驻扎陆地之队伍。

掌管战船备船之水兵、水手。

掌管水兵水手之细数。

掌管兵船之瞭向水手、各队武弁、各队支应及各队乐工之正副头目。

掌管专艺学堂肄业生之配合事宜,及诸生等调动事宜,又该堂等一切条诰。

掌管备考把总之水手学堂。

掌管桅务学堂、炮务学堂、鱼雷学堂。

掌管枪队。

掌管已得执照之舵工配合事宜。

掌管司机学堂、引港学堂、会计学堂及会计学堂中宣讲管事算帐之功课。

掌管枪法、剑法、耸跃法之学堂,又击鼓吹叭之学堂。

掌管欲充水师教习预先练习之各项功课。

掌管比考及升迁事宜。

掌管宝星功牌及他国所赠宝星事宜。

掌管水手救生出力应得之奖赏。

掌管各项小统领事宜。

掌管纪律事宜。

掌管各项善士捐献之奖银。

掌管司理事务之文员。

掌管稽察事宜。

掌管水手之岁需经费,开单汇呈由海部尚书转咨议院。

此外,兼管者如水手承招、水手续充或满役回里;归入后备队中各项节制,续招之法应遵照陆军之律例。

掌管后备队局务。

掌管注册候得之水手。

掌管得胜功牌。

掌管水手初学学堂。

掌管水手书库。

掌管恤孤塾。

掌管水手幼学堂。

掌管已得游资之水手学堂。

掌管善男善女遗嘱捐款。

掌管水手生身据。

掌管水手记事簿。

掌管司坞司雷之正水手。

掌管坞内司船之老水手。

掌管救火之水手,司阍之水手。

掌管兵船水手布置安插之法,又专艺学堂、司机学堂及学充教习之功课。

掌管司雷水手之布置事宜。

如有关涉前项水手之报折申呈，则为考核而条列之，兼办前项事宜之函牍。

凡关涉水手之谕旨、例章及应给陆路稽查官之训条，悉为拟稿。

掌管水手注册候传事宜。

招致熟于航海之人代为注册，补充兵船差使。

掌管水手退役事宜。

兵船水手及本房兼管之水手如须更改衣式，应与司俸房公同考校。

掌管水手布囊物件。

布置各队之制衣作场。

水手额俸及每月津贴，应如何按照谕旨及如何讲解谕旨，亦会同司俸房办理。

襄管所丙字房　管兵丁。首领一，水师步队参将充之，协领一。

掌管沿海及属地之巡捕。

掌管本国及属地之炮位，即督办炮务处，又铸炮厂、堆炮栈等皆是。

掌管验炮委员、演炮学生、造炮学生、炮队营司炮匠、放炮及扇男茄法国属地在于阿洲之协助修理火器队、看守台垒兵、又扇男茄之炮车队、马炮队。

掌管水师步队。

掌管水师营务处驻扎本国之水师步营，驻扎属地之水师步营、步队，扇男茄土兵枪队，安南土兵枪队，北圻土兵枪队，印度土兵枪队，何沙在阿洲之苏丹人，亦属法国枪队，沙格拉佛在印度洋马达加斯岛中之土人，亦属法枪队。

掌管水师纪律队、属地纪律队。

掌管屋来隆岛在法国外府之兵房。

凡水师初次入伍及满役复充，悉照陆军律例办理。凡水师已经满役归入后备队者，应如何管辖而续调之，亦归本房掌管。

属地陆兵满役而归入后备队者，所有管辖续招之法亦归本房掌管。

配合每年入伍新兵。

拟就条诰，颁给本国及属地之查察军械委员，盖用海部尚书及本房之关防。

遇有查察军械委员以教练调遣事宜具呈申请，则当考核而转呈海部尚书。

掌管水师及属地土兵之细数。

掌管本国及属地之一应弁兵升迁奖赏事宜宝星功牌救生牌等。

凡本国及属地兵丁之衣服、器具、粮食、鞋靴、冠帽等项，如须酌改，应会同专精其事之稽查委员和衷商办。

考察属地部募新兵之法及在属地所行之兵制。

预备水师所需经费。

掌管水师生身据及其书库。

第二项襄管所　襄管一。

襄管所丁字房　管当差队理事官及水师词讼。

首领一，即本所襄管兼充，协领二。

掌管筑造台垒队及该队历练学堂。

掌管水利官。

掌管水师理事公署及该署仆隶。

掌管会计工料人员。

掌管工程所办公人员。

掌管面包厂工役。

掌管五口当差造桥筑路之艺师。

掌管水师中天主教师。

掌管水利考官、水利掌教。

掌管五口外之督率工程委员及各厂办公人员。

掌管水利督工委员、绘图委员。

掌管各项正副工头。

掌管瞭向水手学堂、初学学堂。

掌管各项办公人员。

掌管货栈及办公房之看守人,又阍人及划船人。

掌管海滨司理电标人。

掌管本房之舟子名单。

掌管海军及属地各军之谳鞫事宜。

掌管遣兵入纪律队。

掌管纪律队。

掌管驻京之额外兵丁。

掌管制造官厂之谳鞫事宜。

掌管谳署。

覆审署陆军会谳官刑部会谳官,又水师掌谳署。

掌管水师内专案谳署。

覆校已断定之案。

掌管水师巡捕府人役及永远承充之书办。

掌管总监察官。

掌管水师囹圄之监察人。

掌管宽宥过失或赦罪减罪之条。

掌管革去或暂摘宝星及功牌等事。

兵丁如有逃营逆令等事,则当寻获而惩办之。

掌管水师囹圄。

掌管罪犯之衣服铺程。

掌管捉犯审案之两项费用。

掌管所戊字房　管俸薪衣服粮食。首领一,协领二。

掌管营务处委员当差队水师兵丁、兵船、水手及各项办公人员之俸薪奖赏。

掌管邮局分行专备水师存款生息。

掌管兵船水手水兵之衣服棚帐铺程等购办屯积事宜。

掌管兵队内会计事宜。

掌管兵船水手、水兵之用款归并覆核事宜。

掌管水师官弁或兵船水手举荐申请事宜。

掌管水师之游历费、引导费、放假费。

掌管水师搭船回国费。

掌管引港费。

掌管贴补费及各项犒赏费。

掌管水师学堂学生费。

掌管各埠头二等学堂学生游历费之帐务。

筹备水师项下所雇人役之经费来源。

襄管所己字房　管医院粮台。首领、协领各一。

掌管粮台及医院之购物屯积事宜。

掌管制造粮食事宜。

掌管食品之配合。

掌管粮台工役并给发工资。

掌管兵船及官厂之覆核粮帐事宜。

掌管司粮者,善于经理应得犒赏事宜。

掌管医院司事侍病之教门,善女及各项差人等。

病人应赴温泉病院,由医官具结申请,则将该结细加考核。

核定本国及阿尔及耳所有准入平民医院、陆军医院、疯人医院各弁兵之用款。

掌管逐埠解粮事宜。

掌管粮食药料发寄巡远兵船及岛间公所。

开列每年粮价。

预备粮台及医院之经费帐目。

匀摊粮台及医院各项事宜所需款项。

收回粮台及医院所给商人承办货物之立限文凭。

掌管罗司福尔之女婴医院。

总管材料所 总管一,由造船总办兼充;副总管一,水师头等艺员充之。

材料所第一房 管制造船只。首领一,头等艺师充之;协领、副领各一。

掌管造船事宜。

除炮位及随身军器外,所有船只及船中机器杂物等图说,由本房转呈海部尚书以候核准。

掌管此项船料之构造护惜事宜。

掌管兵船之装置炮位事宜。

每兵船应用何项炮位、若干炮位，代为拟议办理。

与勘议炮位大员从长商榷。凡核定炮数之文件，悉用本房及炮务督办之关防。

核定各船应备粮食药弹之数，及造船厂、他项工厂所需器具之数。

凡人工所制之物及送来试用之物，或非兵船常用之物，则此项物价即由本房与订。

拟缮条诰领给炮台总查，俾资照办。盖用海部尚书及本房关防。

凡各项节略及勘议大臣会议船图、船工、船料、船质之一切文件，皆当考核而分类储之。

预备兵船清单。

掌管本部石印作坊。

掌管船厂及料栈之正副工头及催短雇各匠之津贴。

掌管工匠之抚恤事宜。

以上各工之工资及修理兵船之款项，皆在经费内动用，即由本房预筹此项经费。

材料所第二房　管水利工程及房屋事宜。首领、协领各一。

本国界内海面堤坝、灯塔及海军所转之房屋道路工程一应图说，由本房转呈海部尚书鉴核。

又海军在境外备用之房屋，亦由本房兼管。

以上各项工程其应如何兴作而护惜之，即统由本房掌管。

掌管海军之购屋、租屋、管屋事宜。

掌管各埠各坞之开浚事宜。

掌管船厂清洁事宜。

掌管灯塔之建造守护点灯事宜。

掌管电标电线之守护事宜。

掌管海军房屋外建造路灯事宜。

掌管兵房之家具灯火。

掌管陆地学堂及电标房之家具。

掌管各衙署及办公处又巡兵、站卫房一切家具、暖炉、灯火等事。海军衙门不在其内。

掌管庆贺时节各公所檐瑞之灯彩。以煤气灯或五彩璃灯扎成字句或各色花样。

掌管水利工程之正副工头及长工短工等之津贴事宜。

订购水利工程应用之材料器具。

沿海一带应兴工作关涉水陆二军者,由本房拟就条诰。

查考航海事宜。

拟缮条诰颁给水利工委员。盖用海部尚书房及材料所关防。

勘议大臣之会议节略及以上各项工程之图说,均考核而分类储之。

预备款目,请领经费,藉资各项工程之用度。

材料所第三房　管屯积转运。首领一,协领、副领各一。

掌管五战埠之屯储材料事宜,又恩特来厂、房沙萨特锻铁厂及远方驻泊兵船处之屯储材料,亦一体经理。

除机器大件商厂代造之船及鱼雷、火炮、水利工程各项专门器具外,凡关涉官厂造船所用之料悉由本房订购。

凡管木、管煤等兵官所呈节略片移议单等件关涉屯积事宜者,则为考核而次第之。

缮就款目,请颁购科经费。即造船所用之料。

以海部所领款项专充本房用度者，酌量匀摊。

汇聚各项用款。

掌管海面雇船运物事宜。

掌管归并铁路运物事宜。

掌管巴黎料栈之巡丁。

掌管栈中搬运及屯储布置事宜。

监察商厂所　总察官一，由官厂造船总办兼充。

监察商厂承办工程，并在商厂监收材料。

海军材料总栈 在巴黎塞纳江滨皮黎街第六十四号。　首领协领各一，由总管材料所派委。司帐一，兼充看守之职。

督办炮务所　督办一，水师炮队总兵充之。随员一，水师炮队守备充之。

炮务所室第一房　总管炮务。首领、协领各一。

饬令官厂、商厂制造炮位，以供兵船船厂台垒及本国属地陆路要隘。专指海军所辖之处之用。

掌管炮位之护惜事宜。

掌管炮学学堂所需物件。

掌管炮位及附件之制作事宜。

掌管炮架及随身携带之军器。

掌管采购炮位及护惜修理事宜。

掌管屯积火药事宜。

掌管以上各物议价宜。

掌管以上各项差使及所需用费。

掌管各炮房文职人员。督办炮务所、吕爱尔铸炮厂、巴黎化验物质所、稽查造炮所。

拟缮条诰,颁给炮位总查官。盖用海部尚书房及本房之关防。

预备造炮经费。

以海部所领款项,酌量匀摊,藉作卒工购炮之用。

汇聚经费内应支之用费。

炮务所第二房 管理造炮。首领一,水师炮队参将充之。协领一,水师炮队队长充之。

凡关涉造炮之条议图样,皆为考订而申请之。

掌管炮位及其配件,又弹药及装弹之具。

炮位如何结构,如何制造,如何加精,如何护惜,如何试验,如何考准,如何每岁稽查,所有应颁之条诰皆由本房拟缮。盖用尚书房及本房关防。

颁给炮学学堂之条诰,亦由本房拟缮。

会同水师工程会及炮位总查所商办事宜。

复答工程会及总查所咨请事宜。

化验物质所、稽查造炮所 在巴黎麻尔郎大街第十一号。水师炮队参将一,为此验物质所之总管,兼查造炮事宜。水师炮队游击一,为帮总管。

总会计所 总管一,水师总支应官充之,兼充都察院议卿。帮总管一。文案一,水师副支应官充之。

会计所第一房 管所有款项、付款,均于境外开销。首领一,协领二。

以勘议事件委员之命令，传知外府承办人员，一切款项应在巴黎及各府付讫者，即行径令支付，支付承办货物商人款项，及本部所用人役之用项，以收款入款凭单发给海部之司帐司款人员。

稽查款柜。

考核会计衙门之谕令。

拨还各部所垫款项。

所有期票或由兵船或由属地或由领事发出者，均当细核而即令付讫。

谕令拨还领事所垫款项。

与领事及属地记帐往来，以便代海军垫款。

稽查司理期票人员。

按照一千八百八十一年正月二十九日之谕章，给付商船应得奖银。

会计所第二房　管津贴款项。首领、协领各一。

汇集常年经费及额外添款事宜。

以此等事宜知会都察院及考议经费委员。

匀摊律例项下之经费。

立清款项帐目兼附关涉此事之条诰。

汇合外府帐目。

一切付款命令及委令属员所办事宜，皆当复核而注于册。

册中记注应有双分。

代他部及他国所垫款项为之收还。

掌理让款归款事宜。

掌管循案付款事宜、通融挹注事宜以及款项盈绌事宜。

掌理事竣请款事宜。

以各项帐目知会户部。

兼咨会计衙门。

掌管一切帐目事宜。

掌管帐务中一应章程条诰。

会计所第三房　管材料帐务。首领一，海军大支应官充之。协领二。

掌管材料总帐。

拟备关涉材料，帐务之谕旨、章程及货目等件。

凡司帐人员之授职升调及该员等呈缴押粮银两等事，由本所会同总管员役处和衷办理。

掌管该员等供职事宜。

料栈进出物件帐、家具、房屋帐及所用材料工役帐，由本所覆核而汇聚之。

细核材料之细帐卷宗，倘查点件数相符或查有货物物遗失或查明管料人是否担其责任，当时各有记录，此项记录亦应一体细核。

掌管材料之转运帐务。

掌管截结之帐、欠找之帐、免扣押款之帐、认缴赔款之帐。

掌管总帐。

汇聚各帐而宣刊之。

与五埠海军公所、巴黎会计衙门及海部办公所文牍往来。

监察巴黎料栈之司帐人员。

会计所第四房　管海部之档案房内执事、藏书库及刷印宣布事宜。首领一。协领二

掌管中局人员。

掌管海部中襄助人员。

拟缮中局之谕旨章程。

掌管各执事之名册。

掌管各执事之升迁奖赏事宜。

掌管各执事之俸银领纸及俸银细帐。

关涉中局人员之申呈由总管就质于海部尚书者,俱加验戳。

掌管满役之兵。

遵照律例招集军兵及以位置留给旧兵承充。

掌管部勒事宜。

掌管中局物件。

议订物件价值,拟就定物清单,清结以上物件帐务。

经管海部房屋。

购备公事房之一应家具。

掌管员役物件之款项。

掌管邮政电报德律风事宜。

加押于所发文书之上。

出具保结声明,文据上所签名姓系属亲笔。

缮译生身据及一应公牍。

将各项文据收藏、归并、标注以成海部卷宗。

以各项案卷源流考任海部尚书所准看卷之人阅看。

监察各埠卷宗,标注各卷宗之细数。

与海军勘卷大臣和衷商榷。

凡海军旧员,或水手、或官弁兵丁、或海部文员及各执事人等所需考语保结,俱由本房办理,发给于本人。

凡海军中文武各官之遗产纸据应与袭产者细心考核。

凡政府所请之律例条规,俱在本房存放,并为登记而珍藏之。

宣布海军律例。

颁给律例谕旨之副单,并刊官报。

掌管各埠书库中人役物件。

掌管海部书库。

代兵船、兵队、医院、监狱四项书库筹买书籍,定购日报、月报。

各项卷宗应刊、应存、应发者,悉由本房掌管;又兵船水手报、海军官秩录、书库清册、海军官报、海道属地报章,亦一体办理。

与商家议价,付清各项用款,管理所支经费,以备各项文牍条议之用,又海军医报、造台技艺报、讲究火器报,亦一体照办。

摘叙海军官报。

经理各项刊印事宜,凡关涉刊印事宜之价值及一切用款,俱由本房议订支发。

为各战埠、各属地之印字作坊预备材料。

已印成之件发寄兵队及驻防远地之兵船。

掌管装订事宜。

颁刊告白招商承办物件。

以宣示之件发交日报、月报、实学报、衙事报,刊登。

会计所第五房　管商船。首领、协领各一。

掌管各处海道之疆界。

掌管行海瞭海诸人之会馆。

掌管商船船主。

掌管随时听雇之引港人。

拟立引港章程。

掌管商船之医生及其药箱。

掌管商船船牌引港凭照。

掌管富家所置之游玩汽船。

掌管救生局津贴事宜。

掌管赛船事宜。

掌管水师博物院之津贴。

商船沉没或彼此相撞，以及种种祸变，俱由本房查明致祸之原。

掌管商船讼事衙门。

覆核已经断定之案，或竟宽免，或用恩减，或释放而加罚，仍即收监，或永撤宝星功牌，或暂行摘去。

掌管招雇航海之人及资遣回国事宜，倘因以上二事而致涉讼，则亦一体管理。

掌管船上执事人等之生身、照在船病故、生育事宜、跳海自尽之人证单，及病故报官之口供。

航海者已经登舟放洋，倘其家属忽欲寻觅，则由本房代为办理。

他国之船售于法人，由本房以文凭给予售主。

掌管船旗事宜。

掌管局外船只行驶事宜。

掌管万国海道通例。

掌管水手幼学堂之津贴事宜。

掌管救命奖银。

会计所第六房　管捕鱼、水道。首领、协领各一。

掌管海面、海滨、大荡、大河、运河及咸水等处，保护渔户之巡捕。

掌管不出远门之渔户及捕鱼消遣之居民，又砺池、蟠池及堆储蛤族之栈房，亦一体兼管。

掌管以上各渔所之清册。

掌管蓄养孳生水族之法。

掌管蛤族、鳞介试验孳生事宜。

掌管捕鱼学会以备渔人顾问。

稽查海面捕鱼事宜。

掌管渔户稽察委员、渔业调处绅董以及渔业陪审耆绅。

掌管第五队海口渔业绅董调处之权。

设法鼓励海滨渔户。

渔户遇灾失所筹款抚恤。

定立渔户之注册当兵界限，又海水通入江河至何处始无盐味，亦应标明地段，令人了然。

划定河岸界限。

掌管海中涨滩。

掌管海边一切作坊。

掌管法属阿尔及耳之渔务及一应海滨产业。

掌管法国及阿尔及耳报官注册之捕鱼细帐。

掌管渔务月报。即附在水师报中。

掌管芒斯海及北海之各国公共捕鱼事宜。

掌管海面捕捉大鱼事宜。

掌管耽尔纳浮及以斯郎特。皆法国之属地之渔务。

海面捕获大鱼应给奖赏，由本房会同商部而详加考核。

藏书库 司书官一。

掌管书籍舆图，分门编次。

支应处 支付期票款项兼管本部款柜。司帐官一。

凡海军在他国所付期票，由他国商人持以收款，应请海部大臣核准，然后加戳付清。

议院核堆之经费内开支各项用款，一经海部大臣谕令办妥后即将各帐汇并一处。

掌管每年呈报会计衙门之用款清单。按照一千八百四十五年十一月初七日之章程及一千八百六十二年五月三十一日之上谕。

一切费用可在户部尚书移送海部之款上开支者，应即照付。

付讫奉部人员卒俸、仆隶人等工资及本国属土办公处所之一切零星用款。

付给路费及一应紧要用款。

水师残老养育院 正管副管各一。

残老院第一房 管支发帐目。首领、协领各一。

将所需款项通盘筹算汇列清草单，藉请经费。

汇聚本院三库之帐：曰临阵盈余库，曰航海备豫库，曰残老养育库。又本院库藏之帐亦一体兼管、覆核、收发款项之文据。

掌管逐日流水帐以及总帐，藉资考核各员利权，俾承袭家产之人、有款被欠之人、款项皆有着落。

除半俸及折俸外，并将各人帐款及各种用度一律付清。

开支议院所准之款，年终结帐，或应弥补所缺，或应尚须续付，即当核定数目。

将本院收发款项之数开明宣布。

本院库藏中办事之正副人员,即由本房管理。

掌管承办物件商人押柜之事。

验明病故之印结,即准给于恤款。

掌管航海备豫库、残老、养育库所付款项是否合例。

追徼欠款以充残老养育库之用度。

大小罚款及入官之物悉充残老养育库之用度。

咨行户部。

咨行会计衙门。

掌管善姓助款及遗嘱献款之帐。

掌管大宗帐务。

掌管章程条诰。

残老院第二房 管临阵盈余库、船只失事库、航海备豫库。首领、协领各一。

临阵盈余库

与督分盈余委员、外部大臣、属地总督出具领事文牍往来。

分派盈余之帐呈质海部尚书者,为之详加勘核。

临阵所获盈余应如何匀派,由本库颁发谕条。

查核例章以资分派。

船只失事库

汇聚失事情形之详报,及海面、海滨所捞残物。

覆核失事后之料理事宜。

与外部大臣、各部海口、各处属地、各处领事及保险公司文牍往来。

掌管失事及救生例案。

贩卖油鱼之船,如在海滨搁浅,则将船中所载之物出卖易资，为之料理清楚。

每年失事船只及各项意外之变，在船伤命者亦在其内。悉为查明列帐。

航海备豫库

在巴黎，在外府，在属土，为海军水手、商船水手于卒资上划付安家款项，如该家属等不能自来，委人代支亦即照付。

覆核本库帐目。

临阵所得物件分别匀摊。

水手、水兵、海部司员、属土员役之遗产，代为料理清楚，拨付应袭之人。

因此与属地总督、外府、外县牧令及各该家属文牍住来。

凡存放本库之款三年未经提取者，统行宣刊，以便周知。

寻觅存款之人失事公例。

有一公例与各国定妥，专论失事船只水手工资、水手遗产及搭客遗产，如有向他国辨论之事，应咨请转行。

救生奖银。

救人一命，应得善士盖利狄郎遗嘱捐款利息项下之奖银，则由在事之证人开单呈请，应将各单汇聚一处。

奖银或救生功牌，当分别给付。

残老院第三房　管分俸。首领、协领各一。

海军文武人员之养俸，免役各兵之养俸工资，由本房料理付讫。

咨行查病大臣、户部尚书及都察院。

拟缮恩赏条诰。

知会得赏之人。

发给得赏文凭。

如有人因争养俸涉讼,都察院则应将其控呈,悉心考核。

酌改养俸事宜。

注册局之经费帐目由本房掌管。

应领养俸人,如有余款,当代经理清楚。

请发半俸折俸之申呈,悉心考核。

以此项事宜知会都察院。

付给半捧折俸银两。

得领养俸人之迁移住址,一并经管。

养俸满期而止或缘事撤章,亦由本房掌管。

残老院银库所付养俸由本房随时注册。

每三月核对此簿一次。

与残老院司库及本国外府阿耳又各属地之藩司函牍往来。

裁撤兵丁优加恩赏,如数付讫。

由残老院库款中及善士遗嘱捐款内提付恤银。

商船或有失事,或有他项祸端,则照一千八百九十三年正月初三日律例第十二条,优恤被难水手或其家属。

以抚恤事宜知会捐款库司。

残老院总库司

总司库一,海军满差之总支应官充之。

总管临阵盈余库、航海备豫库、残老养育库之各项事宜。

临阵盈余库

凡海军阵获辎重,则由本库代收,一俟其事之一官匀摊定后,即行如数分拨应得之人。

航海备豫库

海军中武官、水手、兵丁、工匠及海部中文武各员之存款,如本人或家属未经提取以致入库中者，则为查核而次第之，至因船只沉没而以所捞遗物缴库，亦即照此办理。

即以此项存款、存物给送本人及其家属。

以收发款项之凭据撮叙大要汇咨会计衙门。

残老养育库

本库应得之捐款或股分票未曾缴到者，则为之如数收齐。

凡海军兵弁、海部文员之养俸，应先查核领纸，并在簿上加写眉注，即列银库之帐代为开发。

发给宝星俸、功牌俸。

水兵注册局执事人等应得之半俸、折俸则列海部之帐，代为开发。

按照一千八百八十五年十一月十七日例文，永备总册一本，以便填注领款人名姓。

发给赏款恤款与海军中人及其父母寡妇、孤儿、孤女等，并发本院人员俸薪、本院逐日浇裹之费，又征收款项及刷印知启等种种费用。

存在本库之款已届二年者，即照总司库官之谕提还应得此款之人。

开发杂费

为本院收发各款之帐，概行汇聚。

凡收支各款之凭据，毋论其或由藩库交来，或由本院银库正副经理人交来，皆当详核。

三库公共事宜

所有各帐之不合例者，或经指驳，或加厘订，则与藩库及海军银库之司帐人通函查考。本院在外未收之款，如有人具呈阻止收款，应将该呈接收加戳存案。

办理收支款项之凭据作为辅帐。办理此等辅帐，系将已支之款厘订清楚，并发应发之款，又各项捐款之帐，海军恤孤之帐，建立坊表，善堂之帐，亦均在内。

与户部所转藩库、本院司库及各属地之司库汇划银钱。

汇立本院总帐。

答复会计衙门之命令。

司帐者差满乞休，给予正派无讹之保结。

兼管因款涉讼之事。

鱼雷司 首领一，水师守备充之。协领一，水师千总充之；提调二，二等艺师充之。

掌管一应关涉鱼雷之事。

购备专门材料或竟制造此项材料。

制造鱼雷材料，饬在本厂磋磨而配合之。

管理本司事宜及其用费。

将已有之鱼雷察看具质料而匀配之。

掌管鱼雷经费及其卷宗。

将防护海口之呆定鱼雷、活动鱼雷及备齐炮位之船详加考核。

凡鱼雷应如何预备考验，则由本司拟缮条诰。

鱼雷材料应如何逐年查察，亦由本司拟缮条诰。

会同鱼雷总查官办理节略总查，如有所见及申请之事，即应照办。

鱼雷应如何绘图贴说，由本司考校筹办。

应如何建造鱼雷，爱惜鱼雷，配合鱼雷，皆由本司拟缮条诰。

会同工程会拟订节略，该会如有陈说申请之事，即应照办。

水利局 另在巴黎之千尼浮西得街第十三号。　首领一，水师副将充之。工程总管一，水师艺师充之。

第一房　总管水利事宜。首领一，头等水利艺师充之。

第二房　管理本国海滨。首领一，头等水利艺师充之。

第三房　管理海图及其卷宗。首领一，头等水利艺师充之。

第四房　管理行船条诰。首领一，水师游击充之。

第五房　管理水利仪器。首领一，头等水师艺师充之。

第六房　管理行船仪器。首领一，水师游击充之。

第七房　管理风信事宜。首领一，水师千总充之。

总管水利工程。凡关涉水利者，无论何项工程，皆当办理而监察之。一切详略图说足备实学稽考之助可列于案卷中者，皆当珍藏而次第编列之。

兼管水利巡捕事宜。

公事房　首领、协领各一。

与承办物料商人议订价值。

覆核发票及各项帐单而注诸册。

备置门簿一本，登记来人名姓、住址以及承办事务缘由。

稽查存栈材料之帐。

兼管该栈巡丁。

司帐一。一应存栈材料，由该司帐经管以专责任，如有错舛，惟彼是问。

司书一。归工程总管水利艺师节制，将各项书籍珍藏而分别次第之。

海军议会及至勘事件会

上议会 按照一千八百八十九年十一月初五、九十年十月二十一、九十二年二月初二日之谕章。

监议大臣一，海部尚书充之；会议大臣计有西边地中海又东海、即土耳其一带洋面。北海即英德等国一带洋面。海军船队之各总统，及一应水师副将，曾充水师府尹、战船分统，或水师营务处总办者，又五口之现任水师府尹、巴黎水师管务处总办亦在其内，至巴黎水师营务处副办，则将所议者拟稿以呈。

总稽查会 按照一千八百九十年十月二十一日、九十二年九月初一日之谕章。

会长一，水师总兵充之。会辅三，水师总兵及副将等分任之。副会辅三，皆由水师守备充当。文案一，水师书记官充之。

总查炮位

总查一，陆军总兵充之。协查一，陆军副将充之。

总查步队

总查一，协查二，陆军总兵充之。

总查炮台

总查一，水师副将充之。协查一，造船督办充之。

总查沿海工程

总查一，头等稽察桥路工程官充之。协查一，桥路工师头目充之。

稽查渔务

稽查官一。

稽查煤栈

稽查官一，机器工师充之。

工程议会

监议一，水师总兵充之。与议者十六员，自水陆总兵副将以迄工师炮弁无不具备。文案一，水师二等工师充之。

考察工程帐务会

会首一，会辅十四，正文案一，副文案二，自上下议院卿、水陆各统领，以迄水利工师及会计衙门司帐官等无不具备。

水利会

会首一，水师副将充之。会辅五，水利工师及水师守备等充之。文案一，水利工师充之。

稽核军械及兵丁水手衣服会

会首一，水师副将充之。会辅七，水师守备及工师医官、炮弁等充之。

购料议价会

会首一，水师支应官充之。会辅六，水师守备、工师、炮弁及医官、药师等充之。文案一，副支应官充之。

管理机器巨器会

会首一，海军炮台总查官充之。会辅八，造船督办、水师支应、头等工师、机器总查、水师守备、炮队游击等充之。文案一，水师复支应充之。

海滨行舟会

会首一，水师守备充。

稽查海军队伍会

会首一，水师步阵总兵充之。会辅七，水师步队、炮队等官充之。文案一，水师步队游击充之。又在巴黎当差之陆军统领，毋论差使久暂，一体入会。

考察病症会

会首一，养生会督办充之。会辅三，水师医官长充之。文案一，头等医官充之。

考验物质会

会首一，化学翰林充之。会辅一，格致学堂考官充之。

残老院议事会

会首一，副会首一，会辅七，上下议院卿，水陆各总兵，又都察院卿等充之。文案二，残老院支应官充之。

判分临阵盈余会

会首一，都察院卿充之。会辅七，记名公使、都察院副郎、水师守备等充之。文案一，都察院书记官充之。

料理失事船只会

会首一，水师副将充之。会辅一，水师守备充之。文案一，水师游击充之。

渔务备问会

会首一，下议院卿充之。会辅十五，自下议院卿、博物院官长、大书院掌教、实学院总办、农牧院总办、火轮船行头、生物院书记、水师支应、海部襄办以迄水师守备、渔务总查等充之。正副文案各一，渔务房协领充之。

总查藏书库、水手公所、置炮兵船、海军队伍、水师医院、水师监狱等会

会首一，水师总兵充之。会辅六，水师炮步队守备及大书库司书官等充之。文案一，水师中局之主稿兼充。

水师案卷会

会首一，上议院卿实任翰林学士充之。会辅十五，翰林学士、上下议院卿、都察院卿、水师总兵、会计衙门总办等充之。文案一，会计衙门协领兼充。

水师例案会

会首一，都察院卿充之。会辅九，都察院卿及律师等充之。正副文案二，海部正副主稿兼充。

海滨警察灯会

会首一，工部尚书兼充。会辅十，水师总兵、实学院长、工程总管、水利工师、桥路工师等充之。正副文案二，桥路工师充之。

总察捐款会 专备水陆兵丁患病受伤等事所用

会首一，兵部尚书兼充。副会首一，陆军总兵兼充。会辅十，上下议院卿、都察院卿、官银行总办、户部会计司总办、兵部理事司总办、残老院理事司等兼充。文案二，残老院理事官、兵部主稿官兼充。

图书在版编目(CIP)数据

四国游纪 /（清）凤凌撰;赵中亚整理. —上海:上海古籍出版社, 2020.7

（近代中外交涉史料丛刊）

ISBN 978-7-5325-9606-5

Ⅰ. ①四… Ⅱ. ①凤… ②赵… Ⅲ. ①军事装备—国际交流—史料—中国—清后期 Ⅳ. ①E295.2

中国版本图书馆 CIP 数据核字(2020)第 066642 号

近代中外交涉史料丛刊

四国游纪

凤 凌 撰

赵中亚 整理

上海古籍出版社出版发行

（上海瑞金二路 272 号 邮政编码 200020）

（1）网址：www.guji.com.cn

（2）E-mail：guji1@guji.com.cn

（3）易文网网址：www.ewen.co

浙江临安曙光印务有限公司印刷

开本 890×1240 1/32 印张 8.5 插页 4 字数 191,000

2020 年 7 月第 1 版 2020 年 7 月第 1 次印刷

ISBN 978-7-5325-9606-5

K · 2834 定价：46.00 元

如有质量问题,请与承印公司联系